基于Excel分析的
财务管理实训

龚新龙 著

企业管理出版社
ENTERPRISE MANAGEMENT PUBLISHING HOUSE

内容提要

Excel 作为一个简单易学、功能强大的数据处理软件,已经广泛应用于各类企业日常的财务管理中。本书由浅入深地讲解了如何用 Excel 软件轻松做好财务管理工作,通过充分展示 Excel 的强大功能来进行财务管理实训。

本书共有 11 章。第 1~3 章讲解了 Excel 的基本操作中遇到的一些复杂问题。第 4 章主要介绍了财务数据的图表处理技巧,使复杂图表变得更加直观、清晰。第 5 章通过银行按揭贷款的还款额计算案例,讲述了相对引用和绝对引用的含义及对函数的使用技巧。第 6 章是通过计算静态和动态的投资决策指标,对投资项目的可行性进行判断和决策。第 7 章通过对现金、应收账款和存货的决策模型,来应用 Excel 解决企业的营运资金管理的决策问题。第 8 章讲解了对企业财务预算的处理。第 9 章主要是通过规划求解的方式,讲解了对企业的利润最大化和成本最小化的问题进行规划。第 10 章通过偿债能力、营运能力、盈利能力指标及杜邦财务分析体系,对企业的财务报表进行了详细分析。第 11 章是用 Excel 中的数据分析工具,对企业财务数据的不同变量进行一元回归和多元回归分析。

本书内容丰富、案例典型,可作为高校学生学习财务管理课程后的综合实训,也可以作为会计与财务管理从业人员办公的参考,也适用于 Excel 的广大爱好者。

图书在版编目（CIP）数据

基于 Excel 分析的财务管理实训 / 龚新龙著. —北京:企业管理出版社,2021.5
ISBN 978-7-5164-2343-1

Ⅰ.①基… Ⅱ.①龚… Ⅲ.①表处理软件—应用—财务管理 Ⅳ.① F275-39

中国版本图书馆 CIP 数据核字（2021）第 052043 号

书　　　名：	基于 Excel 分析的财务管理实训
作　　　者：	龚新龙
责 任 编 辑：	杨慧芳
书　　　号：	ISBN 978-7-5164-2343-1
出 版 发 行：	企业管理出版社
地　　　址：	北京市海淀区紫竹院南路 17 号　邮编：100048
网　　　址：	http://www.emph.cn
电　　　话：	编辑部（010）68420309　发行部（010）68701816
电 子 信 箱：	314819720@qq.com
印　　　刷：	北京七彩京通数码快印有限公司
经　　　销：	新华书店
规　　　格：	710 毫米 ×1000 毫米　16 开本　15.25 印张　266 千字
版　　　次：	2021 年 7 月第 1 版　2021 年 7 月第 1 次印刷
定　　　价：	68.00 元

版权所有　翻印必究　印装有误　负责调换

前言

Excel 作为一个简单易学、功能强大的数据处理软件,已经广泛应用于各行各业日常的财务管理中。本书由浅入深地讲解了 Excel 2010 的基础知识,它是轻松做好财务管理的前提条件;用 Excel 轻松做好财务管理工作是基础知识的延伸和拓展,又是财务综合实训的基石。本书通过充分展示 Excel 的强大功能来进行财务管理实训。

本书特色

一、针对性

本书内容全面、重点突出。它以 Excel 在财务管理工作中的具体应用为主线,通过典型应用案例,在细致讲解思路和步骤的同时,把 Excel 常用功能的使用方法进行了完美融合。

二、实用性

每一个实例的制作步骤均严格按照实际操作来完成,没有步骤省略和跳跃,即使读者没有任何 Excel 操作经验,也能迅速掌握其实用技巧。本书用案例数据引导读者进入实际的操作学习。

三、透彻性

本书用大量的数据和案例进行一步步讲解,步步衔接,力求让读者知道为什么这样做,以及如何做。本书采用图文结合的讲解方式,每幅图都附有详细的操作步骤。读者在学习的过程中能够更加直观、清晰地看到操作的效果,易于理解和掌握,在讲解的过程中还穿插了各种提示技巧和注意事项,使讲解更加通俗易懂。

本书图文并茂、案例典型、内容丰富，可作为本科生学习财务管理课程后的综合培训教材，也可作为会计与财务管理从业人员办公的参考用书，同时也适用于 Excel 的广大爱好者。由于时间和作者水平有限，在书写过程中存在疏漏和不足之处，敬请广大读者批评指正。需要索取资料包的读者可以发送电子邮件 314819720@qq.com 领取。

目 录

第1章 输入和编辑财务数据 ··· 1
  1.1 输入身份证号码类的数据、以"0"开头的数据、分数 ········· 1
  1.2 序列数据的填充 ··· 3
  1.3 如何生成自定义的序列数据 ······································ 5

第2章 查找、替换 ·· 9
  2.1 常用的查找与替换功能 ··· 9
  2.2 带有替代字符的替换功能 ······································ 11
    2.2.1 将姓王的员工替换为"销售一部员工" ················ 12
    2.2.2 将姓名中只含有两个字的姓王的员工替换为
       "销售一部员工" ·· 12
    2.2.3 将表中"王*"的员工替换为"销售一部员工" ········ 13

第3章 常用函数的使用技巧 ·· 15
  3.1 "SUM"函数的使用技巧 ······································ 15
    3.1.1 "SUM"函数的一般使用 ································ 15
    3.1.2 "SUM"函数的多项求和的操作技巧 ·················· 18
    3.1.3 "SUM"函数分段求和的操作技巧 ···················· 20
  3.2 "SUMIF"函数的使用技巧 ···································· 22
    3.2.1 通过查找关键词对相应的数据进行求和 ············· 22
    3.2.2 对一定范围的数据进行求和 ··························· 23
    3.2.3 超过15位数的数字求和的使用技巧 ················· 23
    3.2.4 "SUMIF"函数对横向排列的按关键字求和的使用技巧 ··· 26
  3.3 "SUMIFS"函数的使用 ·· 27
  3.4 "VLOOKUP"函数的使用技巧 ······························ 28

　　　　3.4.1 "VLOOKUP"函数的使用 …………………………… 28
　　　　3.4.2 "VLOOKUP"函数通配符查找的使用技巧 …………… 29
　　　　3.4.3 "VLOOKUP"函数的模糊查找功能 …………………… 30

第4章　财务数据的图表处理技巧 …………………………… 32
　　4.1 同时存在常规数据和百分比数据的图表制作 …………… 32
　　　　4.1.1 图形一 ………………………………………………… 32
　　　　4.1.2 图形二 ………………………………………………… 58
　　4.2 常规数据的图表处理技巧 ……………………………… 67
　　4.3 百分比的数据图表处理技巧 …………………………… 80
　　4.4 双层饼图的处理技巧 …………………………………… 104

第5章　银行贷款的还款额计算 ……………………………… 117
　　5.1 相对引用与绝对引用 …………………………………… 117
　　5.2 银行按揭贷款的还款额计算 …………………………… 118
　　5.3 不同偿还期的贷款还款额计算 ………………………… 123

第6章　项目投资决策 ………………………………………… 127
　　6.1 项目投资的现金流量 …………………………………… 127
　　6.2 项目投资的评价指标 …………………………………… 134
　　　　6.2.1 项目投资的静态财务指标评价 ………………………… 135
　　　　6.2.2 项目投资的动态财务指标评价 ………………………… 137

第7章　营运资金管理 ………………………………………… 141
　　7.1 现金最佳持有量的规划求解 …………………………… 141
　　　　7.1.1 添加"规划求解"工具 ………………………………… 141
　　　　7.1.2 基于存货模式（鲍莫模型）的现金最佳持有量的
　　　　　　　规划求解 ……………………………………………… 143
　　7.2 应收账款的信用政策 …………………………………… 147
　　　　7.2.1 信用期限政策 ………………………………………… 147
　　　　7.2.2 现金折扣政策 ………………………………………… 154
　　7.3 存货的经济订货批量规划求解 ………………………… 160

第8章　财务预算 ……………………………………………… 168
　　8.1 编制销售预算表 ………………………………………… 168

8.2　编制生产预算表 ·· 170
　　8.3　编制直接材料消耗及采购预算表 ···························· 172
　　8.4　编制直接人工成本预算表 ···································· 177
　　8.5　编制制造费用预算表 ··· 178
　　8.6　编制销售及管理费用预算表 ································· 181
　　8.7　编制现金流量表 ·· 183
　　8.8　编制产品生产成本预算表 ···································· 192
　　8.9　编制预计损益表 ·· 196
　　8.10　编制 20X2 年 12 月 31 日预计资产负债表 ················ 197

第 9 章　利润和成本规划 ·· 199
　　9.1　利润最大化的规划求解 ······································· 199
　　9.2　成本最小化的规划求解 ······································· 206

第 10 章　财务分析 ··· 214
　　10.1　偿债能力分析 ··· 214
　　　　10.1.1　短期偿债能力分析 ···································· 214
　　　　10.1.2　长期偿债能力分析 ···································· 215
　　10.2　营运能力分析 ··· 216
　　10.3　盈利能力分析 ··· 217
　　10.4　杜邦财务分析体系 ··· 218

第 11 章　回归分析 ··· 221
　　11.1　一元线性回归分析 ··· 223
　　　　11.1.1　应用回归参数函数进行实线回归分析 ·············· 223
　　　　11.1.2　应用散点图和趋势线进行回归分析 ················· 226
　　11.2　多元线性回归分析 ··· 230

参考文献 ··· 234

第1章

输入和编辑财务数据

1.1 输入身份证号码类的数据、以"0"开头的数据、分数

在企业的财务数据处理过程中,人们往往会遇到填写身份证号码类的数据、以"0"开头的数据(比如:员工的工号)、分数等特殊类型的数据等。当直接输入这些数据后按"回车"键,会发现身份证号码会以科学计数法的形式显示;以"0"开头的数据前面的"0"全部都消失不见了;分数以日期的形式显示等情形。这主要是因为Excel默认:当输入的数字超过11位时,以科学计数法的形式显示;以"0"开头的数据是"数值"类型的,自动隐藏前面所有没有意义的数字"0";分数以日期格式的形式显示。

在遇到这类问题的时候,可以采用如下的方式进行处理。

Step1 打开"第1章/ABC公司员工工资表.xlsx"文件的Excel工资表,可以看到,我们在A列需要输入以"0"开头的公司员工编号。选中A3:A22间的单元格区域,单击鼠标右键,在弹出的快捷菜单中选中"设置单元格格式(F)..."选项,如图1-1所示。或者,选中A3:A22之间的单元格区域,单击"开始"选项卡下功能区的"数字"组对话框启动器按钮,如图1-2所示。

Step2 从弹出的"设置单元格格式"对话框中,单击"数字"选项卡,在"分类"列表框中选中"文本",再单击"确定"按钮,这样就把区域A3:A22之间的单元格的数字类型设置为文本格式。

Step3 在A3:A22区域中输入以"0"开头的员工编号,可以发现编号中前面所有的数字"0"都能正常显示出来,如图1-3所示。

对于身份证号码和分数的输入,大家也同样可以采用将单元格格式设置为"文本"的类型,实现身份证号码和分数按照正常值的形式显示。

图 1-1

图 1-2

图 1-3

1.2 序列数据的填充

在财务数据的处理过程中，人们经常需要填充输入一些序列数据，这些数据按"1、2、3、4……"的顺序显示，比如：按揭购买住房时，我们需要计算每个月应该偿还的金额、每期偿还的本金、每期偿还的利息、剩余的本金等。一般而言，偿还时间比较长，可能需要十年甚至三十年时间，对应的月份就会有120个月及360个月；如果一个个手动输入，既耗时又容易出错。遇到这类问题，大家可采用Excel的填充功能，就可以很方便地去解决。

对于这类问题，可以采用以下两种方法进行处理。

方法一

Step1 新建一个Excel文件，选择需要输入序列数据的第一个单元格，在第一个单元格中输入数字"1"。比如：我们要在A列输入1—240的序列数，可选中A1单元格，然后在A1单元格中输入数字"1"。

Step2 单击"开始"选项卡，在功能区的最右侧"编辑"命令中，单击"填充"右边的下拉按钮，如图1-4所示。

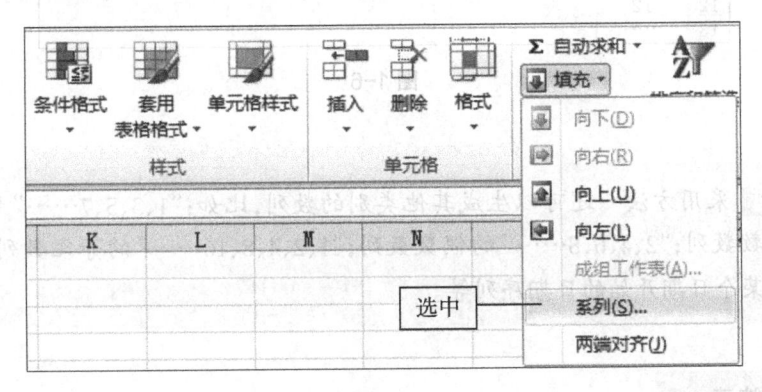

图1-4

Step3 选择"系列(S)…"选项，弹出"序列"对话框。并在"序列产生在"类别下方单击"列(C)"单选按钮；在"类型"类别中单击"等差序列(L)"单选按钮；在"步长值(S)"后面的文本框中输入数字"1"，在"终止值(O)"后面的文本框中输入数字"240"，如图1-5所示。

Step4 单击"确定"按钮。这时在A列的A1:A240的单元格区域生成了1—240的自然数序列数据，如图1-6所示。

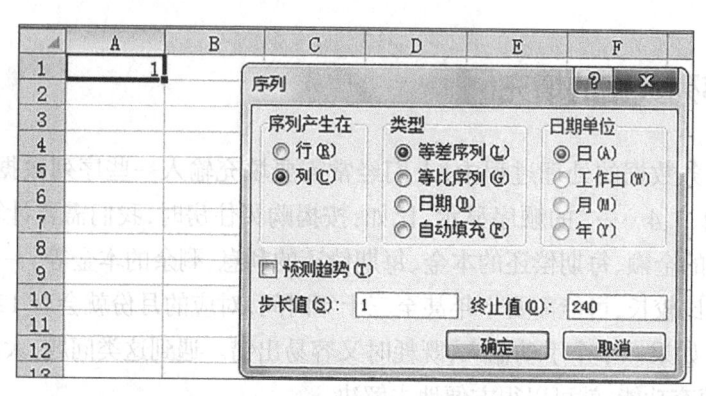

图 1-5

图 1-6

> 采用方法一还可以生成其他类别的数列,比如:"1、3、5、7……"的奇数数列;"2、4、6、8……"的偶数数列;"1、2、4、8、16……"的等比数列;以某个日期开始的日期序列等。

方法二

Step1 打开一个 Excel 文件,选择需要输入序列数据的第一个单元格,在第一个单元格中输入数字"1"。如要在 A 列输入"1—240"的序列数,需要先选中 A1 单元格,然后在 A1 单元格中输入数字"1",再把鼠标移动到 A1 单元格的右下角,此时这里出现一个黑色的"十"字形,如图 1-7 所示。

Step2 同时按住鼠标左键+Ctrl 键,并向下拖动鼠标,直至 A240 单元格,然后释放鼠标,这时也可以在 A 列生成图 1-6 所示的 1—240 自然数序列数据。

图 1-7

> 采用方法二还可以生成诸如："星期一、星期二、星期三……"类型的星期周期序列；"甲、乙、丙、丁……"等类型的天干地支系列等。

1.3 如何生成自定义的序列数据

在财务数据的处理过程中，经常需要输入公司员工的名字，比如：需要在 Excel 表格中生成 "张三、李四、王五、赵六、宋七、孙八、陈九、周十" 的公司员工名字，我们可以采用以下方法进行处理。

Step1 打开一个 Excel 表格文件，单击 "文件" 选项卡，单击 "选项" 命令，如图 1-8 所示。

Step2 在弹出的 "Excel 选项" 对话框中，单击 "高级" 选项，拖动 "Excel 选项" 对话框右侧的滚动条至最底部，单击 "编辑自定义列表(O)" 按钮，如图 1-9 所示。这时弹出 "自定义序列" 对话框，如图 1-10 所示。

Step3 在 "自定义序列" 对话框中，选中 "自定义序列(L)" 下的 "新序列" 选项；在 "输入序列(E)" 文本框中，输入 "张三、李四、王五、赵六、宋七、孙八、陈九、周十"，如图 1-11 所示。

Step4 单击 "自定义序列" 对话框右侧的 "添加" 按钮。这时可以看到刚才输入的 "张三、李四、王五、赵六、宋七、孙八、陈九、周十" 的序列自动添加到左边的 "自定义序列" 类别下，如图 1-12 所示。

Step5 单击 "确定" 按钮，返回到 Excel 工作表。在任何一个单元格中输入 "张三"，把鼠标移动到该单元格的右下角，这时此处会出现一个黑色的 "十" 字形，如图 1-13 所示。

Step6 此时按住鼠标左键，并往下拖动鼠标，可以看到表格中自动生成了

5

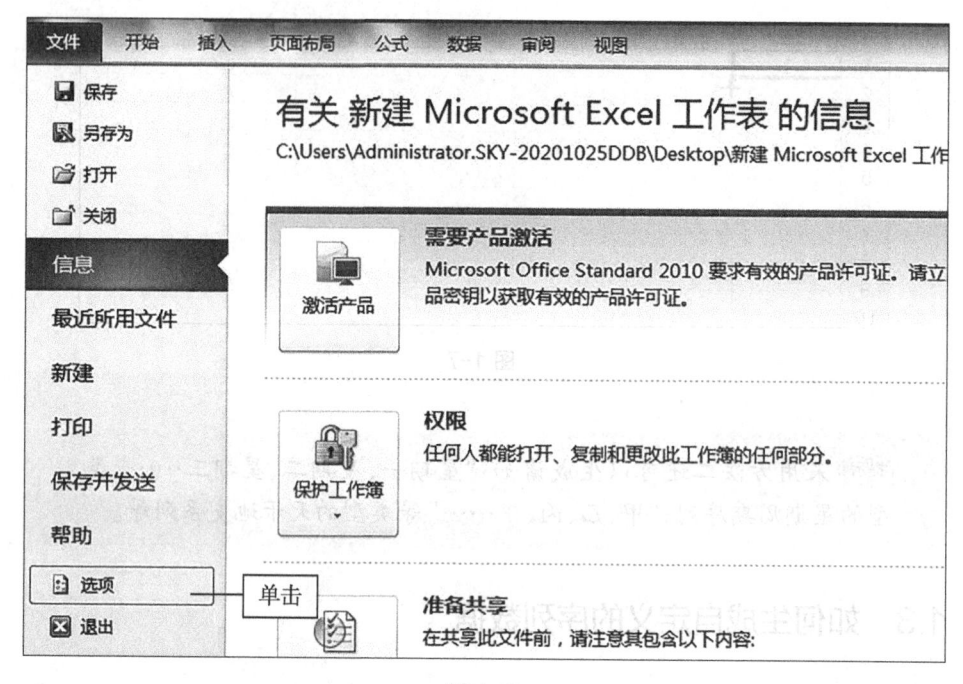

基于 **Excel** 分析的财务管理实训

图 1-8

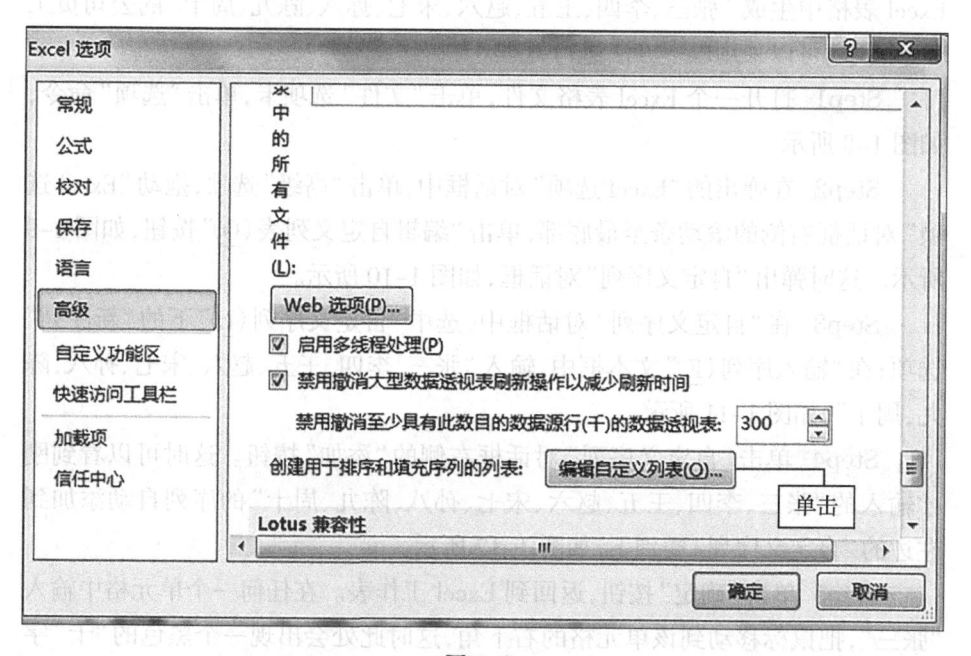

图 1-9

6

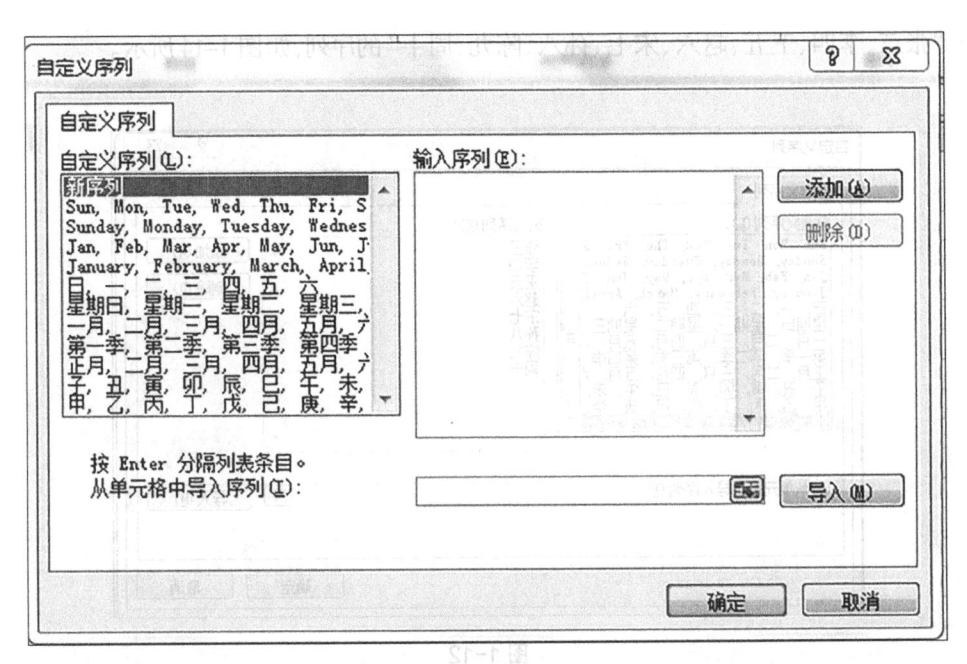

图 1-10

图 1-11

"张三、李四、王五、赵六、宋七、孙八、陈九、周十"的序列,如图1-14所示。

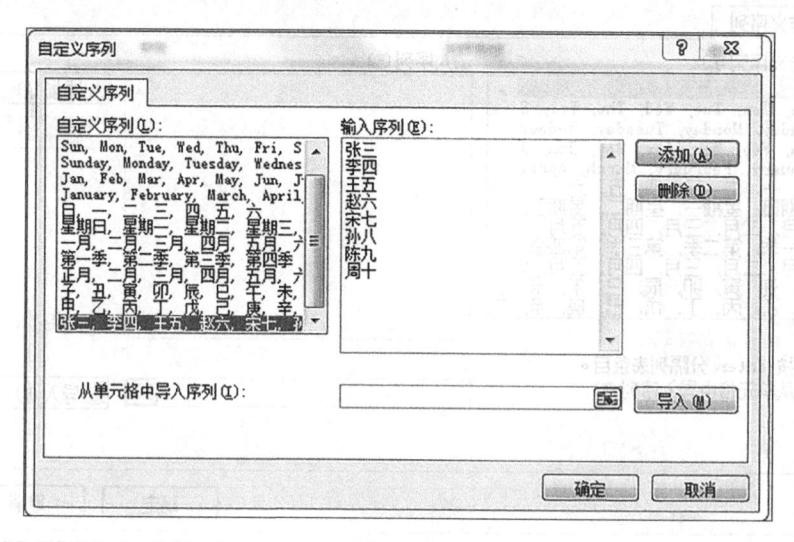

图 1-12

图 1-13

图 1-14

第 2 章

查找、替换

2.1 常用的查找与替换功能

我们在处理财务数据时,有时会发现数据在输入时存在不一致的情况,需要进行替换。然而,大量的数据靠手工更改既耗时,又可能存在遗漏,这时可以应用 Excel 的查找与替换功能。

打开"第 2 章 / 查找、替换 1.xlsx"的 Excel 工作表,如图 2-1 所示。

	A	B	C	D	E	F	G
1	地区	月	日	凭证号数	部门	科目划分	发生额
2	桂林	01	29	记-0023	一部门	邮寄费	15.00
3	桂林	01	29	记-0021	一部门	出租车费	34.80
4	桂林市	01	31	记-0031	二部门	邮寄费	20.00
5	桂林	01	29	记-0022	二厂	过桥过路费	100.00
6	桂林市	01	29	记-0023	二部门	运费附加	56.00
7	桂林	01	24	记-0008	财务部	独子费	79.00
8	桂林市	01	29	记-0021	二厂	过桥过路费	70.00
9	桂林市	01	29	记-0022	销售1部	出差费	78.00

图 2-1

将 A 列中的"桂林"和"桂林市"统一修改为"桂林市"。大家如果直接将"桂林"替换为"桂林市",会得到如图 2-2 所示的工作表。

原来的"桂林"经修改变成了"桂林市",但是原来的"桂林市"变成了"桂林市市",很显然这并没有达到预期的效果。因此,直接进行替换是不行的,需要配合"单元格匹配"来进行操作,具体操作步骤如下。

Step1 打开"第 2 章 / 查找、替换 1.xlsx"的 Excel 工作表,选中 A2:A9 的单元格区域,或选中其中任意一个单元格。单击"开始"选项卡,在功能区最右边的

	A	B	C	D	E	F	G
1	地区	月	日	凭证号数	部门	科目划分	发生额
2	桂林市	01	29	记-0023	一部门	邮寄费	15.00
3	桂林市	01	29	记-0021	一部门	出租车费	34.80
4	桂林市市	01	31	记-0031	二部门	邮寄费	20.00
5	桂林市	01	29	记-0022	二厂	过桥过路费	100.00
6	桂林市市	01	29	记-0023	二部门	运费附加	56.00
7	桂林市	01	24	记-0008	财务部	独子费	79.00
8	桂林市	01	29	记-0021	二厂	过桥过路费	70.00
9	桂林市市	01	29	记-0022	销售1部	出差费	78.00

图 2-2

"编辑"模块中,单击"查找和选择"下面的倒三角下拉按钮,在弹出的快捷菜单中选中"替换(R)..."选项,如图 2-3 所示。此时弹出"查找和替换"对话框,如图 2-4 所示。

Step2 在"查找和替换"对话框中,单击"选项(T)"按钮。在"查找内容(N)"右边的编辑栏中输入"桂林",在"替换为(E)"右边的编辑栏中输入"桂林市",选中"单元格匹配(O)"复选框,如图 2-5 所示。

Step3 单击"全部替换(A)"按钮,此时发现 A2:A9 单元格的内容全部被替换为"桂林市",如图 2-6 所示。

图 2-3

图 2-4

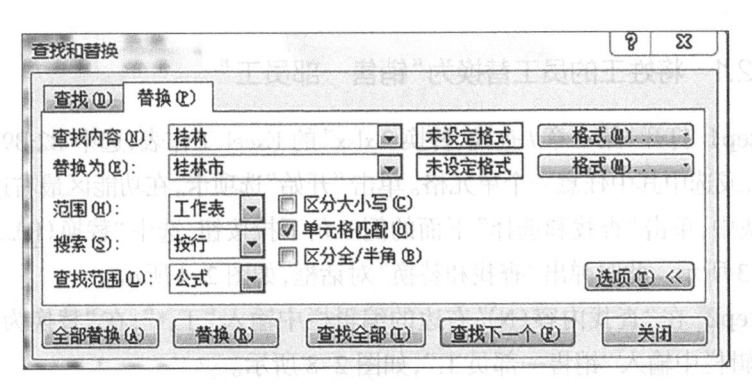

图 2-5

	A	B	C	D	E	F	G
1	地区	月	日	凭证号数	部门	科目划分	发生额
2	桂林市	01	29	记-0023	一部门	邮寄费	15.00
3	桂林市	01	29	记-0021	一部门	出租车费	34.80
4	桂林市	01	31	记-0031	二部门	邮寄费	20.00
5	桂林市	01	29	记-0022	二厂	过桥过路费	100.00
6	桂林市	01	29	记-0023	二部门	运费附加	56.00
7	桂林市	01	24	记-0008	财务部	独子费	79.00
8	桂林市	01	29	记-0021	二厂	过桥过路费	70.00
9	桂林市	01	29	记-0022	销售1部	出差费	78.00

图 2-6

2.2 带有替代字符的替换功能

在处理财务数据时，有时会发现单元格中包含"*"等字符，需要将此类单元格的内容进行替换。

打开"第 2 章 / 查找、替换 2.xlsx"的 Excel 工作表，如图 2-7 所示。

	A	B	C	D	E	F
1	地区	姓名	凭证号数	部门	科目划分	发生额
2	桂林	王三	记-0023	一部门	邮寄费	5.00
3	桂林	王四四	记-0021	一部门	出租车费	14.80
4	桂林市	王五	记-0031	二部	邮寄费	20.00
5	桂林	王四四	记-0021	一部门	出租车费	14.80
6	桂林市	王五	记-0031	二部	邮寄费	20.00
7	桂林	王六	记-0022	二厂	过桥过路费	50.00
8	桂林市区	李七	记-0023	二部门	运费附加	56.00
9	桂林	王*	记-0008	财务部	独子费	65.00

图 2-7

11

2.2.1 将姓王的员工替换为"销售一部员工"

Step1 打开"第 2 章 / 查找、替换 2.xlsx"的 Excel 工作表,选中 B2:B9 的单元格区域,或选中其中任意一个单元格。单击"开始"选项卡,在功能区最右边的"编辑"模块中,单击"查找和选择"下面的倒三角下拉按钮,选中"替换(R)..."选项,如图 2-3 所示。此时弹出"查找和替换"对话框,如图 2-4 所示。

Step2 在"查找内容(N)"右边的编辑栏中输入"王 *";在"替换为(E)"右侧的编辑栏中输入"销售一部员工",如图 2-8 所示。

图 2-8

Step3 单击"全部替换(A)"按钮,此时发现在 B2:B9 单元格中,所有姓王的员工都被替换为了"销售一部员工",如图 2-9 所示。

	A	B	C	D	E	F
1	地区	姓名	凭证号数	部门	科目划分	发生额
2	桂林	销售一部员工	记-0023	一部门	邮寄费	5.00
3	桂林	销售一部员工	记-0021	一部门	出租车费	14.80
4	桂林市	销售一部员工	记-0031	二部	邮寄费	20.00
5	桂林	销售一部员工	记-0021	一部门	出租车费	14.80
6	桂林市	销售一部员工	记-0031	二部	邮寄费	20.00
7	桂林	销售一部员工	记-0022	二厂	过桥过路费	50.00
8	桂林市区	李七	记-0023	二部门	运费附加	56.00
9	桂林	销售一部员工	记-0008	财务部	独子费	65.00

图 2-9

2.2.2 将姓名中只含有两个字的姓王的员工替换为"销售一部员工"

Step1 打开"第 2 章 / 查找、替换 2.xlsx"的 Excel 工作表,选中 B2:B9 的单元格区域,或选中其中任意一个单元格。单击"开始"选项卡,在功能区最右边的"编辑"模块中,单击"查找和选择"下面的倒三角下拉按钮,选中"替换(R)..."

选项,如图 2-3 所示。此时弹出"查找和替换"对话框,如图 2-4 所示。

Step2 在"查找和替换"对话框中,单击"选项(T)>>"按钮。在"查找内容(N)"右侧的编辑栏中输入"王?",在"替换为(E)"右侧的编辑栏中输入"销售一部员工",并选中"单元格匹配(O)"复选框,如图 2-10 所示。

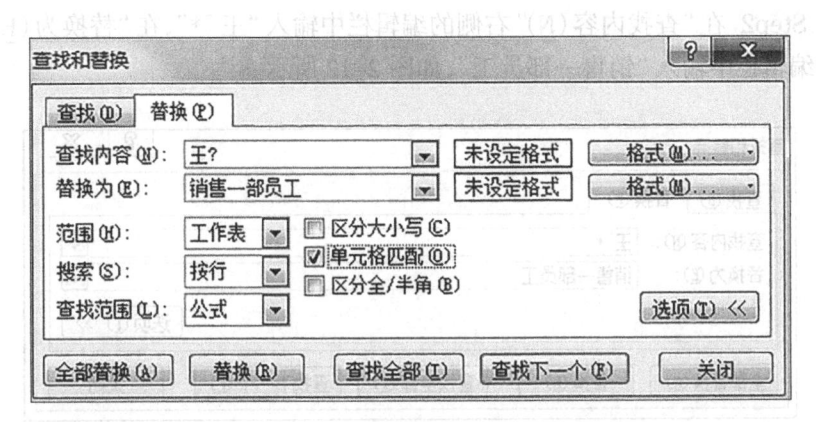

图 2-10

Step3 单击"全部替换(A)"按钮。此时发现 B2:B9 单元格中,姓名中只含有两个字的姓王的员工都被替换为了"销售一部员工",而姓名中含有三个字的姓王的员工并没有被替换,如图 2-11 所示。

	A	B	C	D	E	F
1	地区	姓名	凭证号数	部门	科目划分	发生额
2	桂林	销售一部员工	记-0023	一部门	邮寄费	5.00
3	桂林	王四四	记-0021	一部门	出租车费	14.80
4	桂林市	销售一部员工	记-0031	二部	邮寄费	20.00
5	桂林	王四四	记-0021	一部门	出租车费	14.80
6	桂林市	销售一部员工	记-0031	二部	邮寄费	20.00
7	桂林	销售一部员工	记-0022	二厂	过桥过路费	50.00
8	桂林市区	李七	记-0023	二部门	运费附加	56.00
9	桂林	销售一部员工	记-0008	财务部	独子费	65.00

图 2-11

2.2.3 将表中"王*"的员工替换为"销售一部员工"

如果直接按照这个要求操作,在"查找内容(N)"右侧的编辑栏中输入"王*",在"替换为(E)"右侧的编辑栏中输入"销售一部员工",结果如图 2-9 所示,此时所有的姓王的员工都替换为了"销售一部员工"。所以,此种情况需要做如下处理。

Step1 打开"第2章/查找、替换2.xlsx"的Excel工作表,选中B2:B9的单元格区域,或选中其中任意一个单元格。单击"开始"选项卡,在功能区最右边的"编辑"模块中,单击"查找和选择"下面的倒三角下拉按钮,选中"替换(R)..."选项,如图2-3所示。此时弹出"查找和替换"对话框,如图2-4所示。

Step2 在"查找内容(N)"右侧的编辑栏中输入"王~*",在"替换为(E)"右边的编辑栏中输入"销售一部员工",如图2-12所示。

图 2-12

Step3 单击"全部替换(A)"按钮。此时发现在B2:B9之间单元格中,只有"王 *"的员工被替换为了"销售一部员工",而其他姓王的员工并没有被替换,如图2-13所示。

	A	B	C	D	E	F
1	地区	姓名	凭证号数	部门	科目划分	发生额
2	桂林	王三	记-0023	一部门	邮寄费	5.00
3	桂林	王四四	记-0021	一部门	出租车费	14.80
4	桂林市	王五	记-0031	二部	邮寄费	20.00
5	桂林	王四四	记-0021	一部门	出租车费	14.80
6	桂林市	王五	记-0031	二部	邮寄费	20.00
7	桂林	王六	记-0022	二厂	过桥过路费	50.00
8	桂林市区	李七	记-0023	二部门	运费附加	56.00
9	桂林	销售一部员工	记-0008	财务部	独子费	65.00

图 2-13

第3章

常用函数的使用技巧

在 Excel 的使用中,函数的使用是必不可少的。下面通过对在处理财务数据的过程中,经常使用到的函数进行演示,我们来熟悉常用函数的使用技巧。

3.1 "SUM"函数的使用技巧

3.1.1 "SUM"函数的一般使用

对于"SUM"函数而言,一般的求和使用相对而言比较简单。如表 3-1 所示的财务数据,需要对其中的数据进行加总求和,通常采用的方法如下。

表 3-1

部门	凭证号数	费用名目	额度
财务部	记-0023	邮寄费	5.00
	记-0021	出租车费	14.80
	记-0031	邮寄费	20.00
	总计		
公关部	记-0022	出差费	78.00
	记-0022	手机费	150.00
	记-0026	邮寄费	150.00
	总计		
人资部	记-0021	资料费	258.00
	记-0037	办公用品	258.50
	记-0027	出租车费	277.70
	总计		

续表

部门	凭证号数	费用名目	额度
销售部	记-0027	出差费	408.00
	记-0022	交通工具消耗	600.00
	记-0008	采暖费补助	925.00
	总计		
经理室	记-0027	招待费	953.00
	记-0008	失业保险	1,068.00
	记-0024	修理费	1,260.00
	总计		
事业部	记-0031	手机费	1,300.00
	记-0025	出差费	1,328.90
	总计		

方法一

Step1 打开"第3章/sum函数1.xlsx"文件,选中D5单元格,依次选中"公式"选项卡,在"公式"选项卡下面的功能区中,选中最左侧的"插入函数"选项,弹出"插入函数"对话框。单击"或选择类别(C)"右侧的倒三角下拉按钮,在打开的列表框中选择"数学与三角函数"选项。接着在下面的"选择函数(N)"中,拖动右侧的上下滚动条,选择"SUM"函数,如图3-1所示,单击"确定"按钮。

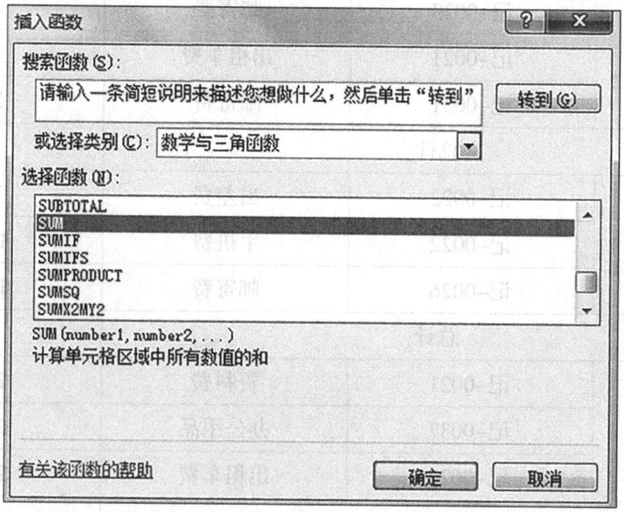

图 3-1

Step2 在弹出的"函数参数"对话框中,"Number1"右侧的编辑栏中已自动填充了"D2:D4",如图 3-2 所示。单击"确定"按钮返回到 Excel 工作表,我们这时可以看到 D5 单元格已经得到了计算的和为"39.80",并且在编辑栏中显示了公式"=SUM(D2:D4)",如图 3-3 所示。

图 3-2

	A	B	C	D
1	部门	凭证号数	费用名目	额度
2	财务部	记-0023	邮寄费	5.00
3		记-0021	出租车费	14.80
4		记-0031	邮寄费	20.00
5		总计		39.80
6	公关部	记-0022	出差费	78.00
7		记-0022	手机电话费	150.00
8		记-0026	邮寄费	150.00
9		总计		
10	人资部	记-0021	资料费	258.00
11		记-0037	办公用品	258.50
12		记-0027	出租车费	277.70
13		总计		
14	销售部	记-0027	出差费	408.00
15		记-0022	交通工具消耗	600.00
16		记-0008	采暖费补助	925.00
17		总计		
18	经理室	记-0027	招待费	953.00
19		记-0008	失业保险	1,068.00
20		记-0024	修理费	1,260.00
21		总计		
22	事业部	记-0031	手机电话费	1,300.00
23		记-0025	出差费	1,328.90
24		总计		

图 3-3

方法二

选择 D5 单元格,在编辑栏中直接输入"=SUM(D2:D4)",然后按"回车"键,也可以得到如图 3-3 所示的结果。

对 D9、D13、D17、D21、D24 采用同样的操作,可以将相应的和求出来。但是这样需要反复操作,如果需要计算的内容很多就会很耗时。下面我们通过简化技巧进行一次性的多项求和。我们使用 Excel 工具的一个最大特点就是能够将多次重复的操作步骤简洁化。

3.1.2 "SUM"函数的多项求和的操作技巧

下面通过简单的操作将 D5、D9、D13、D17、D21、D24 单元格所有的求和项目进行一次性计算,具体的操作步骤如下。

Step1 打开"第 3 章 /sum 函数 1.xlsx"文件,选择 D5:D24 单元格区域,或者直接选择 D 列,选择"开始"选项卡,在其功能区右侧的"查找和选择"中,单击下方黑色的倒三角下拉按钮,在弹出的下拉菜单中选中"定位条件(S)..."选项,如图 3-4 所示。

Step2 此时弹出"定位条件"对话框,在"定位条件"对话框中单击"空值(K)"单选按钮,然后单击"确定"按钮,如图 3-5 所示。

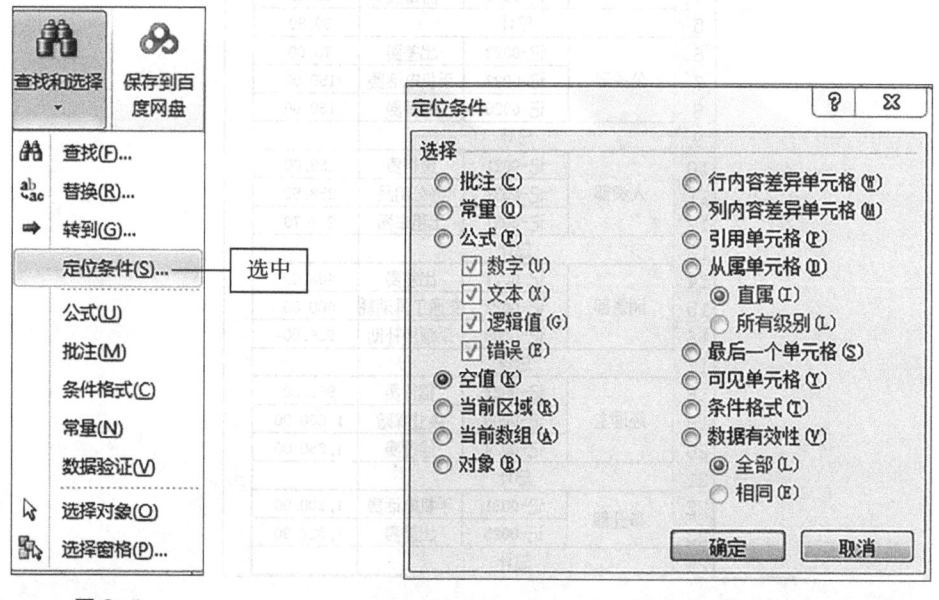

图 3-4

图 3-5

第 3 章　常用函数的使用技巧

Step3 返回到工作表,如图 3-6 所示。在表中可以看到,D5、D9、D13、D17、D21、D24 单元格都处于选中状态。选择"开始"选项卡下功能区右边的"自动求和"选项,如图 3-7 所示。如图 3-8 所示中,得到了所有需要求和的计算结果。

	A	B	C	D
1	部门	凭证号数	费用名目	额度
2	财务部	记-0023	邮寄费	5.00
3		记-0021	出租车费	14.80
4		记-0031	邮寄费	20.00
5		总计		
6	公关部	记-0022	出差费	78.00
7		记-0022	手机电话费	150.00
8		记-0026	邮寄费	150.00
9		总计		
10	人资部	记-0021	资料费	258.00
11		记-0037	办公用品	258.50
12		记-0027	出租车费	277.70
13		总计		
14	销售部	记-0027	出差费	408.00
15		记-0022	交通工具消耗	600.00
16		记-0008	采暖费补助	925.00
17		总计		
18	经理室	记-0027	招待费	953.00
19		记-0008	失业保险	1,068.00
20		记-0024	修理费	1,260.00
21		总计		
22	事业部	记-0031	手机电话费	1,300.00
23		记-0025	出差费	1,328.90
24		总计		

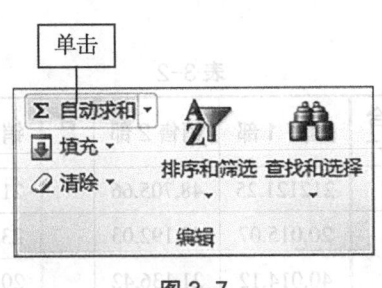

图 3-6

图 3-7

	A	B	C	D
1	部门	凭证号数	费用名目	额度
2	财务部	记-0023	邮寄费	5.00
3		记-0021	出租车费	14.80
4		记-0031	邮寄费	20.00
5	总计			39.80
6	公关部	记-0022	出差费	78.00
7		记-0022	手机电话费	150.00
8		记-0026	邮寄费	150.00
9	总计			378.00
10	人资部	记-0021	资料费	258.00
11		记-0037	办公用品	258.50
12		记-0027	出租车费	277.70
13	总计			794.20
14	销售部	记-0027	出差费	408.00
15		记-0022	交通工具消耗	600.00
16		记-0008	采暖费补助	925.00
17	总计			1,933.00
18	经理室	记-0027	招待费	953.00
19		记-0008	失业保险	1,068.00
20		记-0024	修理费	1,260.00
21	总计			3,281.00
22	事业部	记-0031	手机电话费	1,300.00
23		记-0025	出差费	1,328.90
24	总计			2,628.90

图 3-8

通过上面的操作方法,我们可以将需要多次插入 SUM 函数的求和计算进行简化操作,从而极大地提高了工作效率。

3.1.3 "SUM"函数分段求和的操作技巧

如表 3-2 所示,我们有时需要在不同列对数据进行求和计算,也可以在每列的第一个单元格进行求和计算,只需往下拖动公式,这样重复几次操作就能完成。但是,我们如果遇到数据比较多的情况,这样的操作步骤就比较烦琐,下面将进行简化操作。

表 3-2

销售1部	销售2部	合计	销售1部	销售2部	合计	销售1部	销售2部	合计
29,993.53	19,269.69		212121.25	48,705.66		21,015.94	23,710.26	
34,682.76	39,465.17		20,015.07	47,192.03		23,710.26	20,015.07	
12,492.95	21,015.94		40,014.12	21,136.42		20,015.07	40,014.12	

第 3 章　常用函数的使用技巧

续表

销售1部	销售2部	合计	销售1部	销售2部	合计	销售1部	销售2部	合计
30,449.31	23,710.26		21,423.95	27,499.51		40,014.12	21,423.95	
12,125.30	20,015.07		40,014.12	29,993.53		21,423.95	40,014.12	
20,015.07	40,014.12		108125.23	34,682.76		40,014.12	84,271.49	
40,014.12	21,423.95		19,269.69	12,492.95		108125.23	48,705.66	
21,423.95	40,014.12		39,465.17	30,449.31		20,015.07	47,192.03	

Step1 打开"第 3 章 /sum 函数 2.xlsx"文件,选中 C2:I9 单元格区域。选择"开始"选项卡,在"开始"选项卡下面的功能区中,单击右侧的"查找和选择"中下方黑色的倒三角下拉按钮,在弹出的下拉菜单中选中"定位条件(S)..."选项,如图 3-4 所示。

Step2 在弹出的"定位条件"对话框中,选择"空值(K)"单选按钮,如图 3-5 所示,单击"确定"按钮。

Step3 此时可以看到,C2:C9、F2:F9、I2:I9 单元格区域都处于被选中状态,如图 3-9 所示。

Step4 在编辑栏中直接输入"=SUM(A2:B2)",然后按住"Ctrl"+"Enter"组合键,可以看到在被选中的单元格区域一次性得到了所有的求和结果,如图 3-10 所示。

图 3-9

图 3-10

3.2 "SUMIF"函数的使用技巧

在处理实际财务数据的时候,有时需要通过关键词对相应的数据进行求和,如表 3-3 所示。比如:需要将"邮寄费""路桥费"等项目进行分别加总。此时,单纯加总函数"SUM"函数并不能得到解决,这里就需要应用到"SUMIF"函数。

表 3-3

日期	部门	费用名目	额度
01 月 29 日	公关部	邮寄费	5.00
01 月 29 日	公关部	出租车费	14.80
01 月 31 日	生产部	邮寄费	20.00
01 月 29 日	生产部	路桥费	50.00
01 月 29 日	生产部	运费附加	56.00
01 月 24 日	财务部	独子费	65.00
01 月 29 日	生产部	路桥费	70.00
01 月 29 日	销售 1 部	差旅费	78.00
01 月 29 日	经理室	通讯费	150.00

3.2.1 通过查找关键词对相应的数据进行求和

Step1 打开"第 3 章 /sumif 函数 1.xlsx"文件,这里需要统计"邮寄费""差旅费""路桥费""通讯费"对应"额度"的合计。我们选中 G3 单元格,在编辑栏中输入"=SUMIF(C:C,F3,D:D)"。

公式中 C:C 表示目标区域,F3 表示需要统计的关键词,D:D 表示将对应的关键词后面的"额度"进行加总。然后按"回车"键,得到如图 3-11 所示的结果。

图 3-11

Step2 选中 G3 单元格,将鼠标移动到 G3 单元格右下角,当出现黑色"十"字形时,双击鼠标左键,可以看到 G4:G6 单元格区域中均被填充,并得到了 F4:F6 单元格区域对应关键词的"额度"加总额,如图 3-12 所示。

	A	B	C	D	E	F	G
1	日期	部门	费用名目	额度		费用名目	额度
2	01月29日	公关部	邮寄费	5.00		费用名目	额度
3	01月29日	公关部	出租车费	14.80		邮寄费	1221.00
4	01月31日	生产部	邮寄费	20.00		差旅费	19913.40
5	01月29日	生产部	路桥费	50.00		路桥费	1263.00
6	01月29日	生产部	运费附加	56.00		通讯费	1800.00

图 3-12

3.2.2 对一定范围的数据进行求和

继续对"第 3 章 /sumif 函数 1.xlsx"文件工作表的 D 列数据中"额度"大于等于 500 的值进行求和。

打开"第 3 章 /sumif 函数 1.xlsx"文件,选中 I3 单元格,在编辑栏中输入公式"=SUMIF(D:D,">=500",D:D)",按回车键,即可将"额度"大于等于 500 的值进行求和。

> 因为求和的列和需要判定的大于等于 500 的条件的列是同一列,所以最后一个参数可以省略,即在编辑栏中输入"=SUMIF(D:D,">=500")",也可以得到同样的结果,求和结果如图 3-13 所示。

C	D	E	F	G	H	I
费用名目	额度		费用名目	额度		大于500的额度总计
邮寄费	5.00		邮寄费	1221.00		84146.86
出租车费	14.80		差旅费	19913.40		84146.86
邮寄费	20.00					

图 3-13

3.2.3 超过 15 位数的数字求和的使用技巧

在财务数据的处理中,经常会遇到有些数据的位数超过 15 位,比如:身份证号码、银行卡号等。我们在碰到这些数据的时候需要进行相应的处理。

如表 3-4 所示,在左侧的银行卡号中存在重复的卡号,我们需要将重复的

卡号右侧的"存款金额"进行求和统计，具体步骤操作如下。

表 3-4

银行卡号	存款金额
6223888811112222678	2000
3223444488887777212	1000
8273111177772222663	3000
9912333822271839992	2000
6222027789228918276	1500
4550202033399192837	2000
6200304401965436344	3000
6228712298443094323	2000
8273111177772222663	2000
6223888811112222223	2500
4300320010002938192	2000
4200192837465738291	3500
9912333822271839992	2500

Step1 打开"第3章/sumif 函数 2.xlsx"文件，选中 E2 单元格，在编辑栏中输入"=SUMIF(A:A,D2,B:B)"，然后按"回车"键，得到如图 3-14 所示的结果。

图 3-14

Step2 将鼠标移动到 G3 单元格右下角，出现黑色的"十"字形，然后双击鼠标左键，得到如图 3-15 所示的结果。

	A	B	C	D	E
1	银行卡号	存入金额		银行卡号	金额统计
2	6223888811112222678	2000		6223888811112222678	4500
3	3223444488887777212	1000		3223444488887777212	1000
4	8273111177772222663	3000		8273111177772222663	5000
5	9912333822271839992	2000		9912333822271839992	4500
6	6222027789228918276	1500		6222027789228918276	1500
7	4550202033399192837	2000		4550202033399192837	2000
8	6200304401965436344	3000		6200304401965436344	3000
9	6228712298443094323	2000		6228712298443094323	2000
10	8273111177772222663	2000		6223888811112222223	4500
11	6223888811112222223	2500		4300320010002938192	2000
12	4300320010002938192	2000		4200192837465738291	3500
13	4200192837465738291	3500			
14	9912333822271839992	2500			

图 3-15

但是从得到的结果来看，D2 单元格的银行卡号在 A 列中只出现一次，而且对应的金额为 2000，但用 SUMIF 函数计算的结果却是 4500；D10 单元格的银行卡号在 A 列中只出现一次，而且对应的金额为 2500，但用 SUMIF 函数计算的结果却是 4500。出现这样错误结果的最主要原因是对于数字而言，Excel 只认前面的 15 位数，而忽略了后面的数。从 A 列的数据来看，A2 和 A11 的银行卡号的前 15 位数是完全相同的，Excel 就将 A2 和 A11 单元格后面的"存入金额"进行了加总，最终得到的结果是 4500。

在遇到这样的情况时，我们需要做相应的处理，应该在编辑栏中输入"=SUMIF（A:A,D2&"*",B:B）"，然后按照上述第二步的操作进行，最终得到正确的结果，如图 3-16 所示。

	A	B	C	D	E
1	银行卡号	存入金额		银行卡号	金额统计
2	6223888811112222678	2000		6223888811112222678	2000
3	3223444488887777212	1000		3223444488887777212	1000
4	8273111177772222663	3000		8273111177772222663	5000
5	9912333822271839992	2000		9912333822271839992	4500
6	6222027789228918276	1500		6222027789228918276	1500
7	4550202033399192837	2000		4550202033399192837	2000
8	6200304401965436344	3000		6200304401965436344	3000
9	6228712298443094323	2000		6228712298443094323	2000
10	8273111177772222663	2000		6223888811112222223	2500
11	6223888811112222223	2500		4300320010002938192	2000
12	4300320010002938192	2000		4200192837465738291	3500
13	4200192837465738291	3500			
14	9912333822271839992	2500			

图 3-16

3.2.4 "SUMIF"函数对横向排列的按关键字求和的使用技巧

如表3-5中的数据,需要对"邮寄费""独子费""路桥费""差旅费"的项目进行统计,具体的操作步骤如下。

表3-5

费用项目	额度	费用项目	额度	费用项目	额度	费用项目	额度	费用项目	额度
邮寄费	5.00	邮寄费	150.00	交通工具消耗	600.00	通讯费	1,300.00	公积金	15,783.00
出租车费	14.80	话费补	180.00	采暖费补助	925.00	差旅费	1,328.90	抵税运费	31,330.77
邮寄费	20.00	资料费	258.00	招待费	953.00	工会经费	1,421.66	办公用品	18.00
路桥费	50.00	办公用品	258.50	路桥费	1,010.00	差旅费	1,755.00	差旅费	36.00
运费附加	56.00	养老保险	267.08	交通工具消耗	1,016.78	招待费	2,220.00	招待费	52.00
独子费	65.00	出租车费	277.70	邮寄费	1,046.00	差旅费	2,561.00	招待费	60.00
路桥费	70.00	招待费	278.00	教育经费	1,066.25	差旅费	2,977.90	独子费	65.00
差旅费	78.00	通讯费	350.00	失业保险	1,068.00	误餐费	3,048.40	差旅费	78.00
通讯费	150.00	差旅费	408.00	差旅费	1,256.30	招待费	3,600.00	招待费	80.00
邮寄费	150.00	差旅费	560.00	修理费	1,260.00	差旅费	6,058.90	其他	95.00

26

Step1 打开"第 3 章 /sumif 函数 3.xlsx"文件,选中 M3 单元格,在编辑栏中输入"=SUMIF(A:I,L3,$B$1)",然后按"回车"键。

Step2 将鼠标移动到 M3 单元格右下角,当出现黑色的"十"字形时,然后双击鼠标左键,得到如图 3-17 所示的结果。

项目	额度	费用项目	额度	费用项目	额度	费用项目	额度		科目划分	发生额
费	150.00	交通工具消耗	600.00	通讯费	1,300.00	公积金	15,783.00		邮寄费	1371
补	180.00	采暖费补助	925.00	差旅费	1,328.90	抵税运费	31,330.77		独子费	130
费	258.00	招待费	953.00	工会经费	1,421.66	办公用品	18.00		路桥费	1130
用品	258.50	路桥费	1,010.00	差旅费	1,755.00	差旅费	36.00		通讯费	1800
保险	267.08	交通工具消耗	1,016.78	差旅费	2,220.00	招待费	52.00			

图 3-17

3.3 "SUMIFS"函数的使用

上面介绍了当对一个关键词的数据统计时,可以采用"SUMIF"函数来计算结果。我们有时需要按两个或两个以上的关键词来进行数据统计,如表 3-6 所示。比如:需要统计公关部的邮寄费、财务部的独子费、生产部的路桥费以及经理室的通信费等。

表 3-6

日期	部门	科目划分	发生额
01 月 29 日	公关部	邮寄费	5.00
01 月 29 日	公关部	出租车费	14.80
01 月 31 日	生产部	邮寄费	20.00
01 月 29 日	生产部	路桥费	50.00
01 月 29 日	生产部	运费附加	56.00
01 月 24 日	财务部	独子费	65.00
01 月 29 日	生产部	路桥费	70.00
01 月 29 日	销售 1 部	差旅费	78.00
01 月 29 日	经理室	通信费	150.00
01 月 29 日	生产部	邮寄费	150.00
01 月 24 日	生产部	话费补	180.00
01 月 29 日	人力资源部	资料费	258.00
01 月 31 日	生产部	办公用品	258.50
01 月 24 日	财务部	养老保险	267.08

续表

日期	部门	科目划分	发生额
01月29日	生产部	出租车费	277.70
01月31日	经理室	招待费	278.00
01月31日	销售1部	通信费	350.00
01月29日	销售1部	差旅费	408.00

具体操作步骤如下。

Step1 打开"第3章/sumifs函数.xlsx"文件，选中H2单元格，在编辑栏中输入"=SUMIFS(D:D,B:B,F2,C:C,G2)"，然后按"回车"键。

Step2 将鼠标移动到H2单元格右下角，当出现黑色的"十"字形时，双击鼠标左键，得到如图3-18所示的结果。

图3-18

3.4 "VLOOKUP"函数的使用技巧

3.4.1 "VLOOKUP"函数的使用

在财务数据的处理中，经常会遇到大量的数据，需要从其中筛选出一部分对象进行信息统计和调查。这时，用户通常会使用到"VLOOKUP"函数。

例如：打开"第3章/vlookup函数1.xlsx"文件，"数据源"工作表中有一些企业的原始资料。在"一般应用"工作表中，需要查找企业的相关资料，要求是按照A列的公司简称，从"数据源"工作表中导出公司的具体名称。

具体操作步骤如下。

Step1 选中"一般应用"工作表中的B2单元格，在编辑栏中输入"=VLOOKUP(A2,数据源!A:B,2,0)"，然后按"回车"键，得到如图3-19所示的结果。

第 3 章 常用函数的使用技巧

	A	B	C	D	E
1	HC	公司名称			
2	FFDDSFH	发答实业有限公司			
3	RKGHKM				
4	GHDL				
5	YIUY				
6	BVFGH,L				
7	SDH				
8	GREAL				
9	DFJFDS				
10	TYO				
11	MORGK				
12	SIMOB				
13	TJKS				

B2 =VLOOKUP(A2,数据源!A:B,2,0)

图 3-19

> **提示** "VLOOKUP"函数中的 4 个参数解释：第 1 个参数表示需要查找的对象。第 2 个参数表示需要查找对象所在的源数据。第 3 个参数表示要返回的数据在源数据的第几列。第 4 个参数如果是"0"，表示精确匹配；如果是"1"，则表示模糊匹配。

Step2 将鼠标移动到 B2 单元格右下角，出现黑色的"十"字形，然后双击鼠标左键，最终将需要按 A2:A13 单元格区域的公司简称获取的公司名称全部找到，得到如图 3-20 所示的结果。

	A	B
1	HC	公司名称
2	FFDDSFH	发答实业有限公司
3	RKGHKM	大风歌实业
4	GHDL	歌海娜
5	YIUY	传播
6	BVFGH,L	正人资源
7	SDH	友恒信托
8	GREAL	仪和贸易
9	DFJFDS	鑫增贸易
10	TYO	幸义房屋
11	MORGK	仲堂企业
12	SIMOB	寓意电子
13	TJKS	桂花糕企业

图 3-20

3.4.2 "VLOOKUP"函数通配符查找的使用技巧

例如：打开"第 3 章 /vlookup 函数 1.xlsx"文件，在"通配符查找"工作表中，A2:A9 单元格区域是企业名称的简称，需要根据这些简称查找相关企业的地址。在这种情

况下，用户使用"VLOOKUP"函数的时候，就需要使用到通配符来解决相关问题。

具体操作步骤如下。

Step1 在"通配符查找"工作表中，选中 B2 单元格，在编辑栏中输入"=VLOOKUP(A2&"*",数据源!B:E,4,0)"，然后按"回车"键，得到如图 3-21 所示的结果。从中可以看出，即使要查找的对象只有前几个字符对应，采用通配符的方式也可以查找到相关信息。

图 3-21

Step2 将鼠标移动到 B2 单元格右下角，出现黑色的"十"字形，然后双击鼠标左键，最终将需要按 A2:A9 单元格区域的公司名称获取的公司地址全部找到，得到如图 3-22 所示的结果。

图 3-22

3.4.3 "VLOOKUP"函数的模糊查找功能

在"VLOOKUP"函数中的第 4 个参数中，如果是"0"，表示精确匹配；如果是"1"，则表示模糊匹配。这里的精确匹配，表示要查找的目标值(包括数字和文本等)和数据源中的值是完全相同的。模糊匹配是指"VLOOKUP"函数会按照目标值在数据源中进行查找，如果没有完全相同的值，则会取小于目标值

的数中最大的一个值。比如:"VLOOKUP"函数要查找的目标值是"20",但是在数据源中只有"21""16""15""11"这4个数,那么"VLOOKUP"函数最后返回的值是"16"。虽然在数据源中有4个数,并且"21"是最接近"20"的一个数,但是"21"要大于"20",所以"VLOOKUP"函数会忽略"21",而在小于"20"的所有数中返回最接近"20"的数,所以最终返回的值是"16"。

了解了这样的计算方法,在使用"VLOOKUP"函数的时候就有了更明确的概念,在按不同比例计算销售提成额度、按累进税率计算工资等工作时就可以很方便地被应用。下面以累进税计算扣税额度来进行分析。

打开"第3章/VLOOKUP函数2.xlsx"文件,在"模糊查找"工作表中,A1:D9单元格区域是累进税税率表,如果有某企业员工发放不同的工资,可以采用"VLOOKUP"函数模糊查找的概念计算每个人应缴纳的税额及最后应发的工资。

具体操作步骤如下。

Step1 在"模糊查找"工作表中,选中G4单元格,在编辑栏中输入"=IF(F4<=5000,0,(F4-5000)*VLOOKUP(F4-5000,$A$3:$D$9,3,1)-VLOOKUP(F4-5000,$A$3:$D$9,4,1))",然后按"回车"键,得到如图3-23所示的结果。

税率	速扣数(元)		计算个税	
			税前月薪	个税
3%	0		3000	0
10%	210		20000	
20%	1410		8000	
25%	2660		40500	
30%	4410		64500	
35%	7160			

图 3-23

Step2 将鼠标移动到G4单元格右下角,出现黑色的"十"字形,然后双击鼠标左键,得到如图3-24所示的结果。

计算个税	
税前月薪	个税
3000	0
20000	1590
8000	90
40500	6240
64500	13665

图 3-24

第4章

财务数据的图表处理技巧

4.1 同时存在常规数据和百分比数据的图表制作

工作中经常会遇到有常规数据和百分比数据同时存在的情况,需要对相关的数据做成图表的形式,以显示数据的变化趋势,让数据的使用者能直观地了解数据的变化情况。如表 4-1 所示,需要将此数据形成图表的形式。如果直接插入图表,得到的效果可能不太理想,只有需要进行一系列的变换,才能达到预期的效果。

表 4-1 分公司业绩与完成度

地区	销售额(万)	任务完成度(%)
北京	88	86.3%
天津	75	88.7%
武汉	87	84.9%
南宁	92	94.7%
重庆	79	89.6%

4.1.1 图形一

如果需要将表 4-1 中的数据做成图 4-1 的效果,具体操作步骤如下。

Step1 打开"第 4 章 / 图表 1.xlsx"文件,选中 A1:C6 区域的任何一个单元格。单击"插入"→"柱形图"选项卡下的倒三角按钮,在弹出的下拉菜单中选中"二维柱形图"中的第一个"簇状柱形图"选项,如图 4-2 所示,得到的结果如图 4-3 所示。

图 4-1

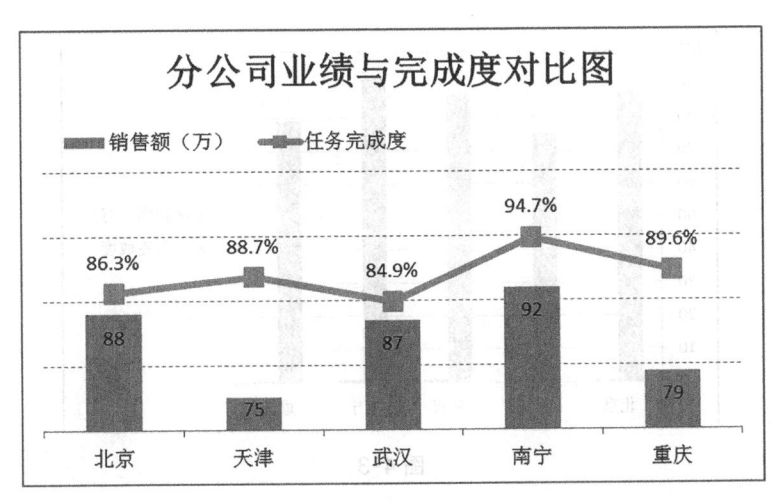

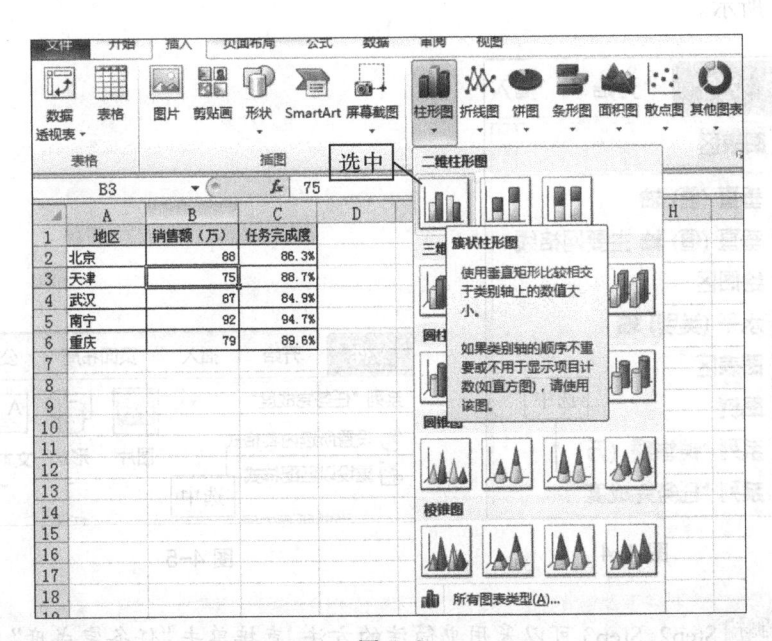

图 4-2

从图 4-3 中得知,显示的结果是非常不直观的,也无法判断具体数据的变化趋势,而且百分比的柱状图非常矮,无法清楚地显示。

Step2 在图表区域任意空白位置单击鼠标左键,在工作表的最上方,单击"图表工具"→"布局"选项卡,单击左侧"图表区"右边的倒三角按钮,在下拉菜单中选中"系列"任务完成度""选项,如图 4-4 所示。

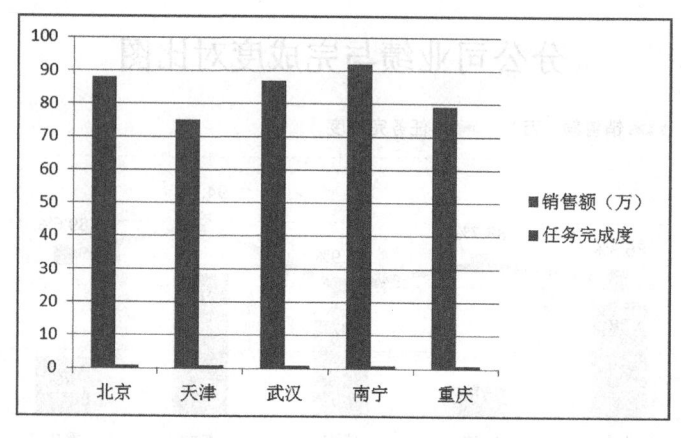

图 4-3

Step3 选中"系列"任务完成度""下面的"设置所选内容格式"选项,如图 4-5 所示。

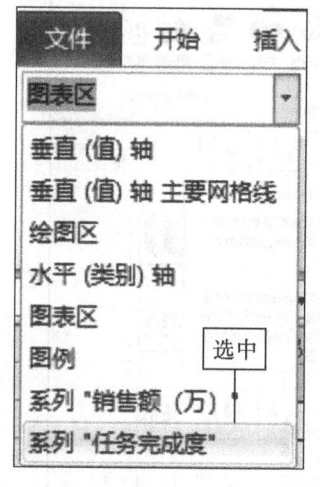

图 4-4

图 4-5

提示 Step2、Step3 可以采用更简洁的方法,直接单击"任务完成度"中的任何一个柱状(就是图 4-3 中比较矮的柱状),此时"任务完成度"中的柱状会被全部选中。然后单击鼠标右键,在弹出的快捷菜单中选中"设置数据系列格式(F)..."选项,如图 4-6 所示,弹出"设置数据系列格式"对话框。

还有另外一种最简洁的方法,在如图 4-3 的图表中选中任意柱状图,然后直接双击鼠标左键,也可以弹出"设置数据系列格式"对话框。

后面遇到类似的情况就不再赘述。

第 4 章 财务数据的图表处理技巧

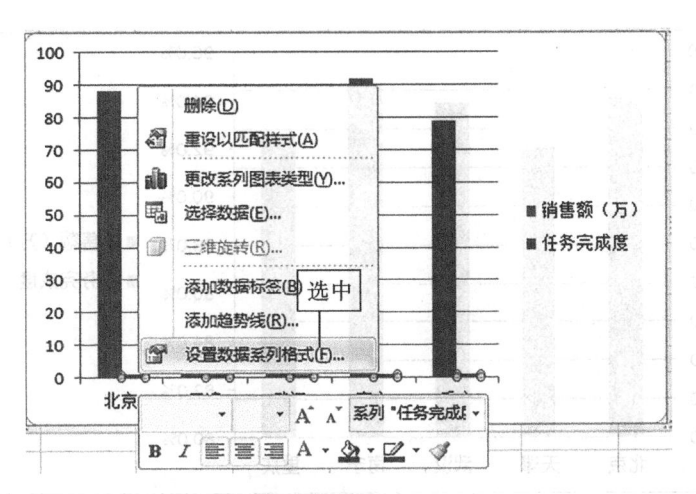

图 4-6

Step4 弹出"设置数据系列格式"对话框。在该对话框中选择左边的"系列选项"选项,在右边的"系列选项"选择框最下面的"系列绘制在"分组框中,单击"次坐标轴(S)"单选按钮,如图 4-7 所示。单击"关闭"按钮,并得到如图 4-8 所示的结果。

图 4-7

35

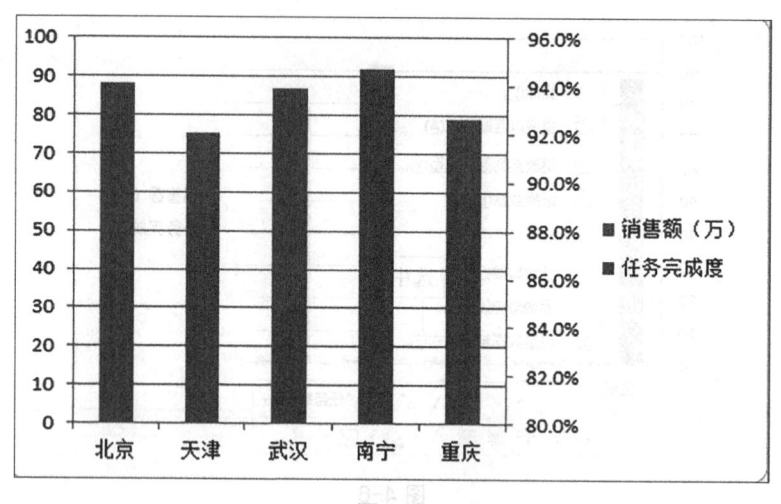

图 4-8

　　Step5 在图表区域任意空白位置单击鼠标左键,在工作表的最上方,单击"图表工具"→"布局"选项卡,单击左侧"图表区"右边的倒三角按钮,在弹出的下拉菜单中选中"垂直(值)轴"选项,如图 4-9 所示。

　　Step6 选中"垂直(值)轴"下面的"设置所选内容格式"选项,如图 4-10 所示。

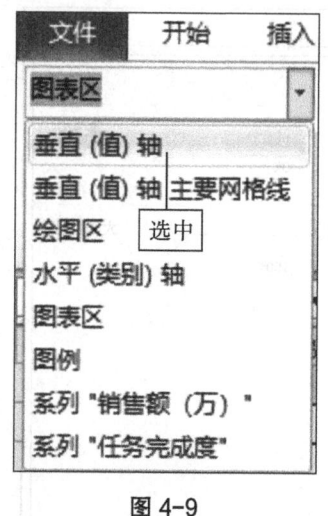

图 4-9

图 4-10

　　Step7 此时弹出"设置坐标轴格式"对话框。在该对话框中,选择左侧的"坐标轴选项"选项,在右边的"坐标轴选项"选择框中,在"最小值"右边,单击"固定(F)"单选按钮,并在右侧的编辑栏输入"70";在"最大值"右边单击"固定(I)"单选按钮,并在右侧的编辑栏中输入"110";在"主要刻度单位"右侧单击

"固定(X)"单选按钮,并在右侧的编辑栏中输入"10",如图 4-11 所示。单击"关闭"按钮,得到如图 4-12 所示的结果。

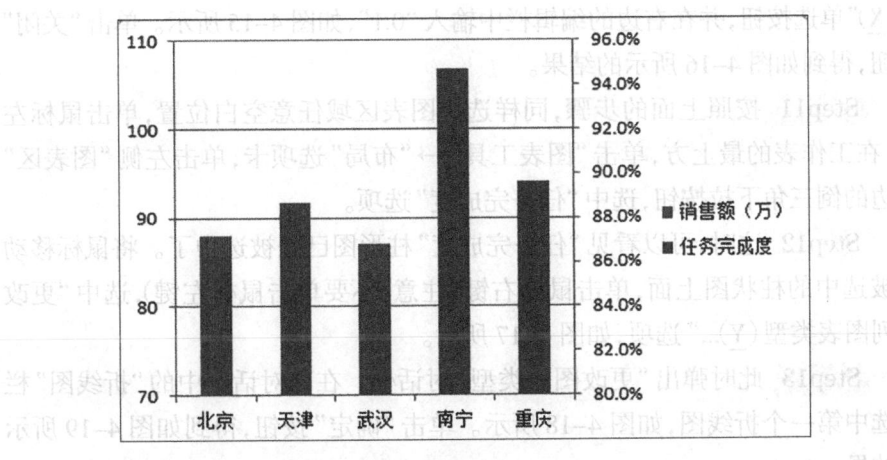

图 4-11

图 4-12

Step8 同样,在图表区域任意空白位置单击鼠标左键,在工作表的最上方,单击"图表工具"→"布局"选项卡,单击左侧"图表区"右边的倒三角按钮,在弹出的下拉菜单中选中"次坐标轴 垂直(值)轴"选项,如图 4-13 所示。

Step9 同样,选中"次坐标轴垂直(值)轴"下面的"设置所选内容格式"选项,如图 4-14 所示。

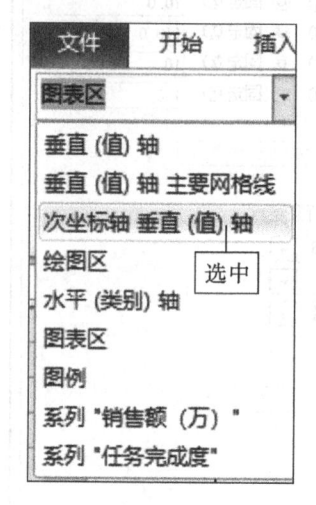

图 4-13

图 4-14

Step10 弹出"设置坐标轴格式"对话框。在该对话框中选择左边的"坐标轴选项"选项,在右边的"坐标轴选项"选择框中单击"最小值"右边的"固定(F)"单选按钮,并在右边的编辑栏中输入"0.65";在"最大值"右边,单击"固定(I)"单选按钮,并在右边的编辑栏中输入"1.05";在"主要刻度单位"右边,单击"固定(X)"单选按钮,并在右边的编辑栏中输入"0.1",如图 4-15 所示。单击"关闭"按钮,得到如图 4-16 所示的结果。

Step11 按照上面的步骤,同样选择图表区域任意空白位置,单击鼠标左键,在工作表的最上方,单击"图表工具"→"布局"选项卡,单击左侧"图表区"右边的倒三角下拉按钮,选中"任务完成度"选项。

Step12 这时,可以看见"任务完成度"柱形图已经被选中了。将鼠标移动到被选中的柱状图上面,单击鼠标右键(注意:不要单击鼠标左键),选中"更改系列图表类型(Y)…"选项,如图 4-17 所示。

Step13 此时弹出"更改图表类型"对话框。在该对话框中的"折线图"栏中选中第一个折线图,如图 4-18 所示。单击"确定"按钮,得到如图 4-19 所示的结果。

图 4-15

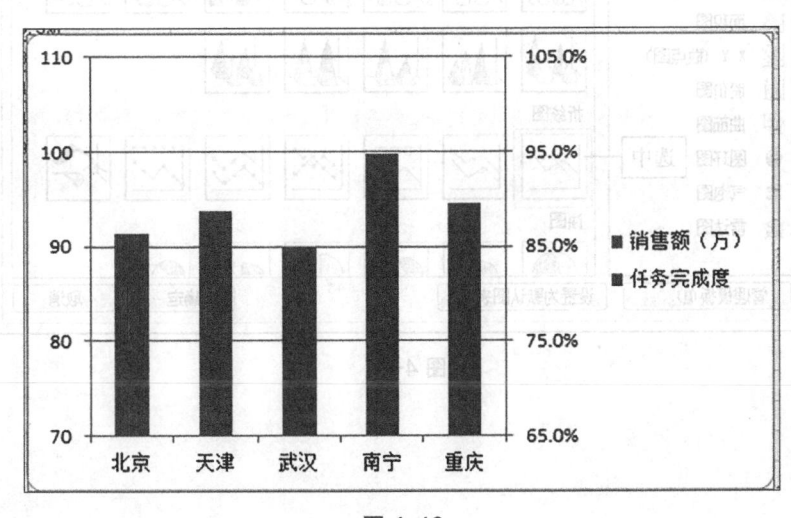

图 4-16

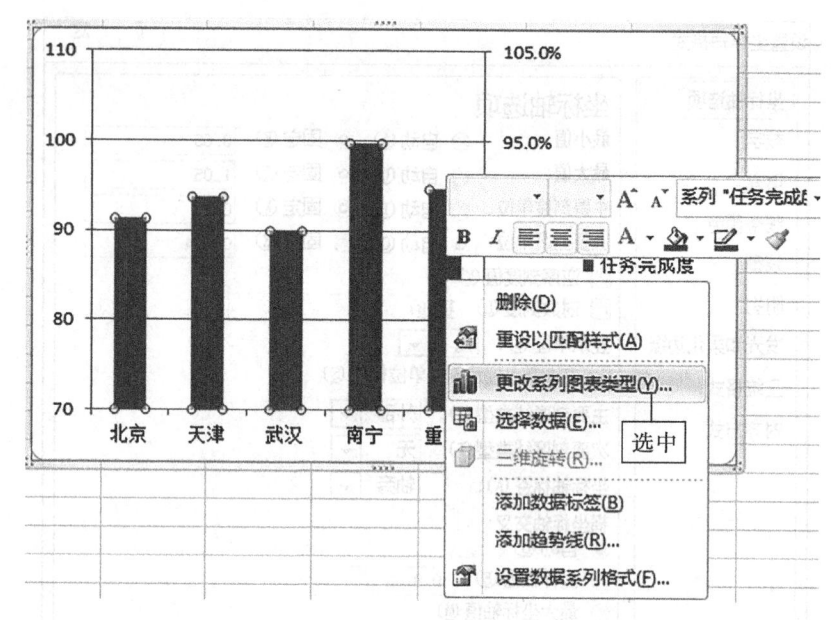

基于 **Excel** 分析的财务管理实训

图 4-17

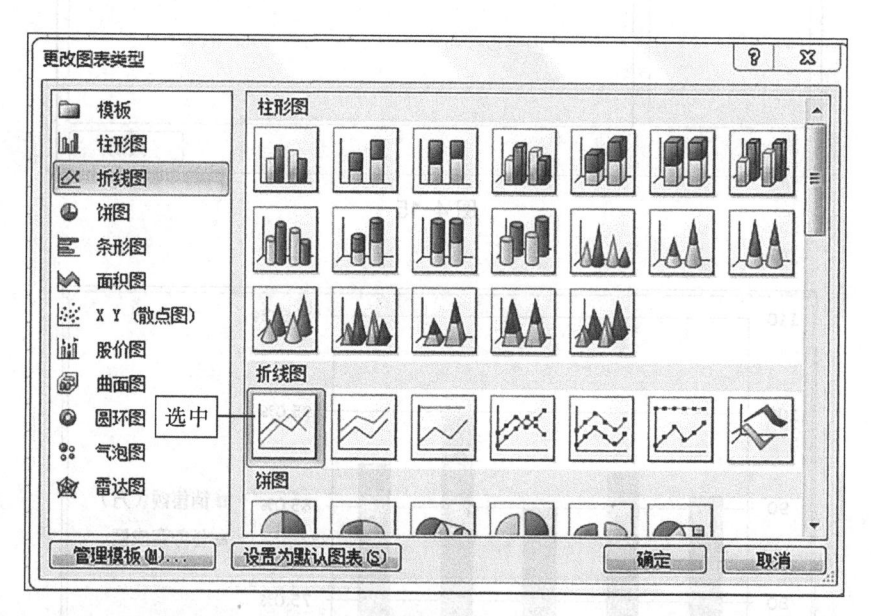

图 4-18

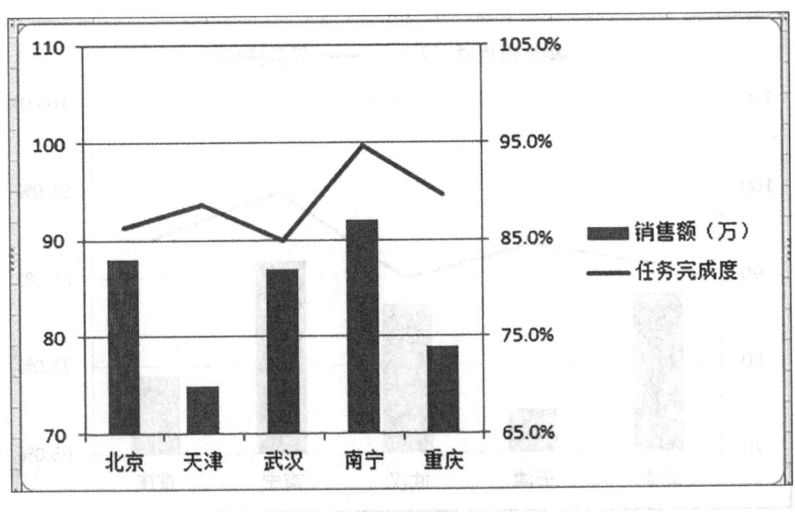

图 4-19

Step14 在图表区域任意空白位置单击鼠标左键,在工作表的最上方,单击"图表工具"→"布局"→"图例"选项卡,单击"图例"下面的倒三角下拉按钮,选中"在顶部显示图例"选项,如图 4-20 所示,得到如图 4-21 所示的结果。

图 4-20

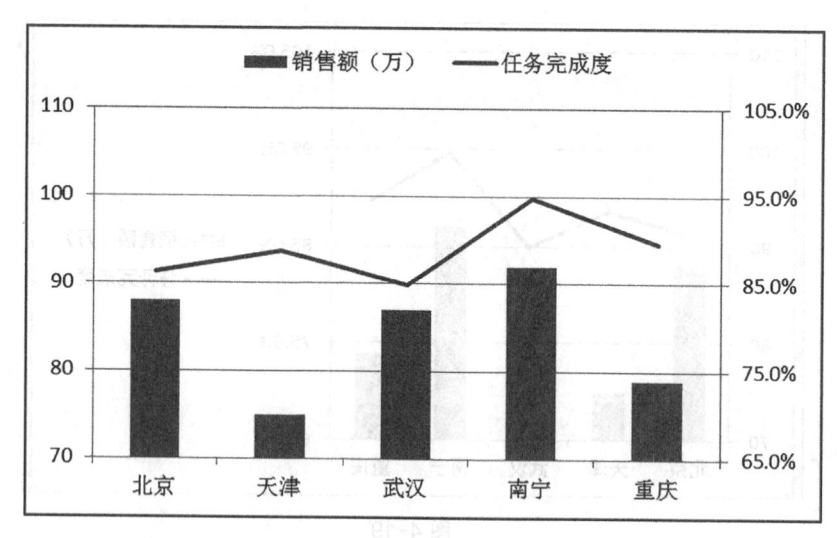

图 4-21

Step15 单击鼠标左键选中图表中的折线，再单击鼠标右键，在弹出的快捷菜单中选中"设置数据系列格式(F)..."选项，如图 4-22 所示。

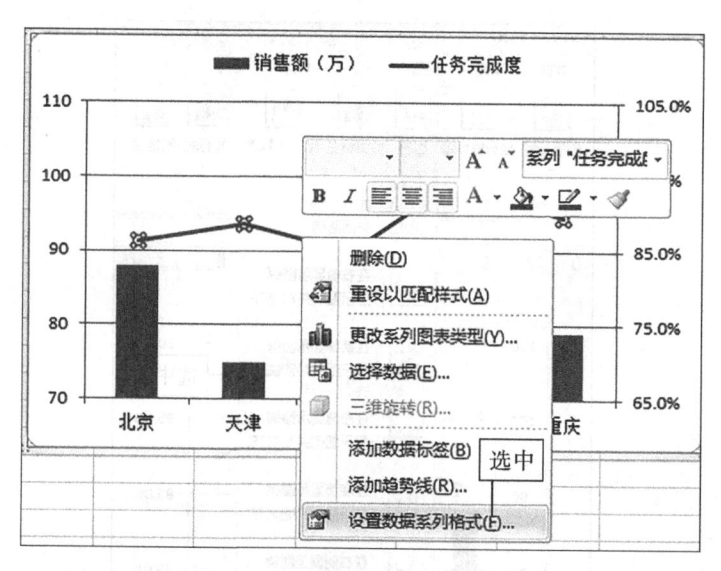

图 4-22

Step16 弹出"设置数据系列格式"对话框。在该对话框中选中"线条颜色"选项，在右边的"线条颜色"选择框中，单击"实线(S)"单选按钮，单击"颜色(C)"后面的倒三角按钮，在弹出的下拉菜单中选中"橄榄色"，如图 4-23 所示。

第 4 章　财务数据的图表处理技巧

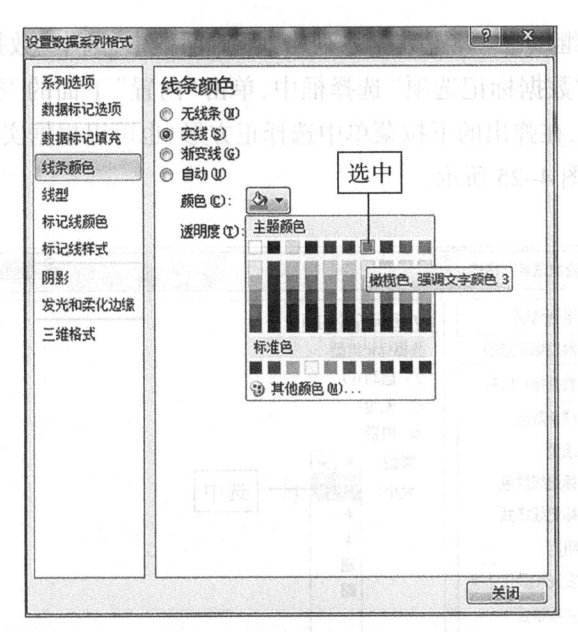

图 4-23

Step17　继续在"设置数据系列格式"对话框中选中"线型"选项,在右边的"线型"选择框中,把"宽度(W)"后面的数据修改为"3.75 磅"(可以根据实际情况,修改合适的线条宽度值),如图 4-24 所示。

图 4-24

43

Step18 继续在"设置数据系列格式"对话框中,选中"数据标记选项"选项,在右侧的"数据标记选项"选择框中,单击"内置"下面的"类型"后面的倒三角下拉按钮,在弹出的下拉菜单中选择正方形(也可以根据实际情况,选择合适的类型),如图 4-25 所示。

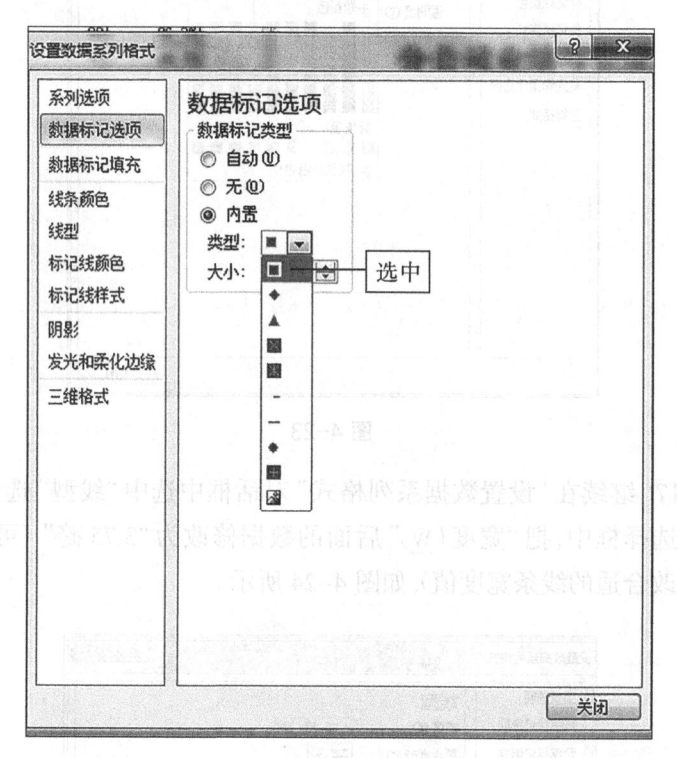

图 4-25

Step19 继续在"设置数据系列格式"对话框中,选中"数据标记选项"选项,在右侧的"数据标记选项"选择框中,在"内置"下面的"大小"编辑框中输入数据"9"(也可以根据实际情况,选择合适的值,也可以单击后面的倒三角和正三角调整数据的大小),如图 4-26 所示。

Step20 继续在"设置数据系列格式"对话框中,选中"数据标记填充"选项,在右边的"数据标记填充"选择框中,单击"纯色填充(S)"单击按钮;单击"填充颜色"下面的"颜色(C)"后面的倒三角下拉按钮,在弹出的下拉菜单中选中"橄榄色"(也可以根据实际情况,选择合适的颜色),如图 4-27 所示。

Step21 继续在"设置数据系列格式"对话框中,选中"标记线颜色"选项。在右边的"标记线颜色"选择框中,单击"实线(S)"按钮;在"填充颜色"下面的

第 4 章　财务数据的图表处理技巧

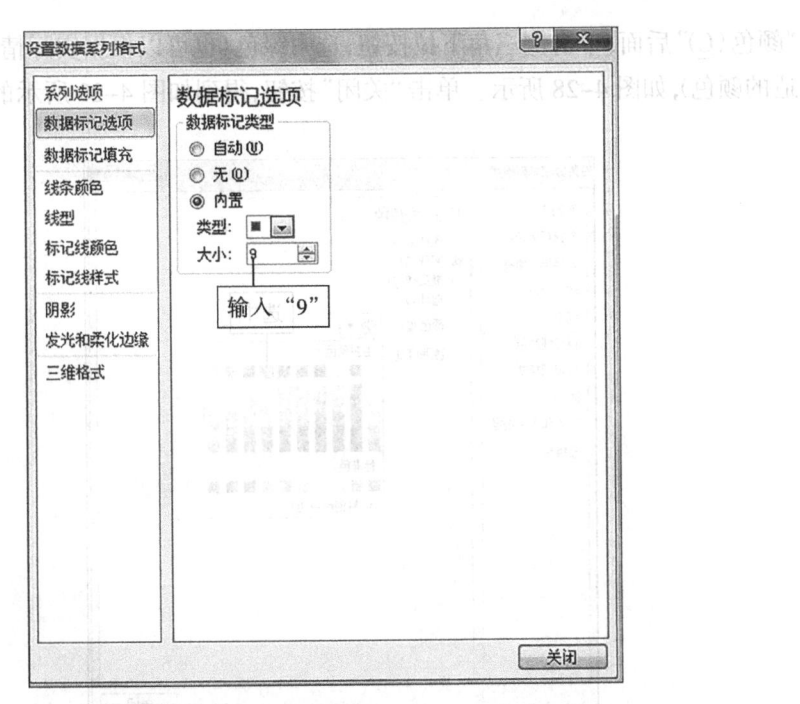

图 4-26

图 4-27

"颜色(C)"后面,单击倒三角下拉按钮,选中绿色(也可以根据实际情况,选择合适的颜色),如图4-28所示。单击"关闭"按钮,得到如图4-29所示的结果。

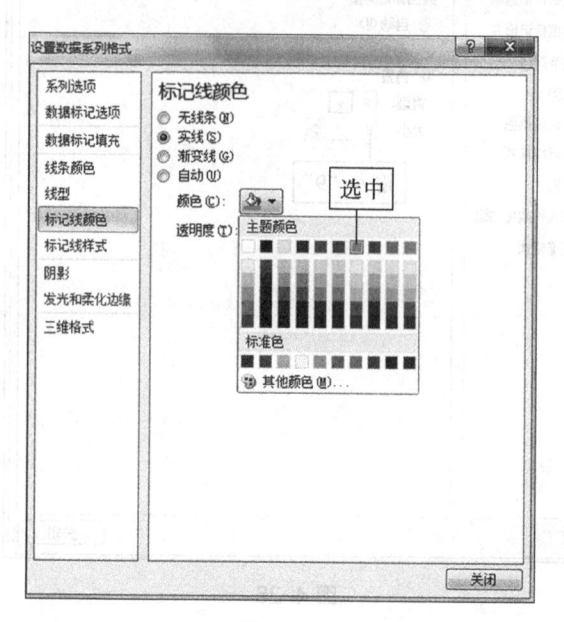

图 4-28

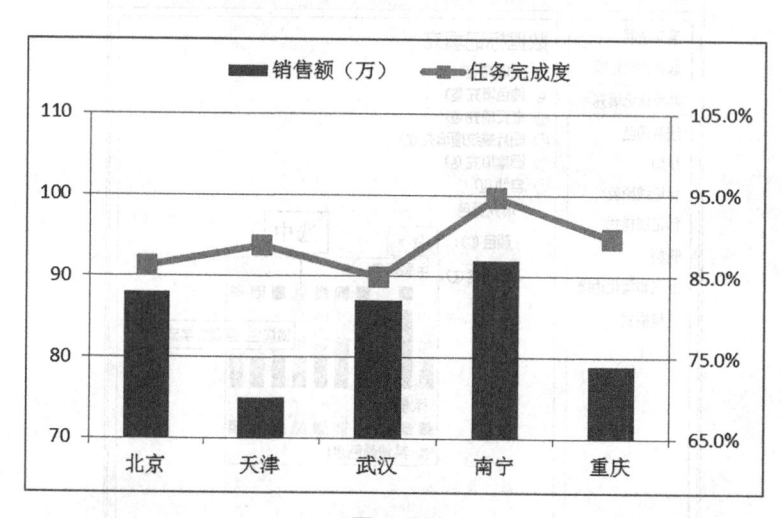

图 4-29

Step22 单击鼠标左键,选中图表中的柱状图,再单击鼠标右键,选中"设置数据系列格式(F)..."选项,如图4-30所示。

第 4 章 财务数据的图表处理技巧

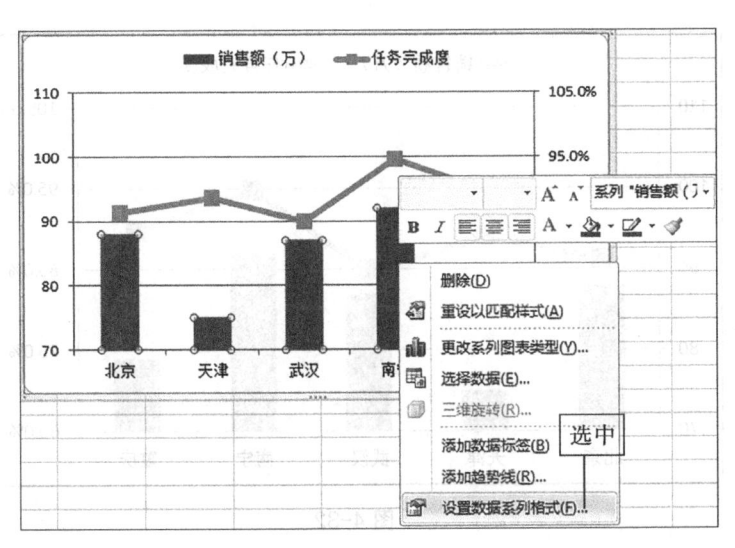

图 4-30

Step23 此时弹出"设置数据系列格式"对话框。在该对话框中,选中左边的"填充"选项,在右边的"填充"选择框中,单击"纯色填充(S)"单选按钮;单击"填充颜色"下面的"颜色(C)"后面的倒三角按钮,在弹出的下拉菜单中选中蓝色(也可以根据实际情况,选择合适的颜色),如图 4-31 所示。单击"关闭"按钮,得到如图 4-32 所示的结果。

图 4-31

47

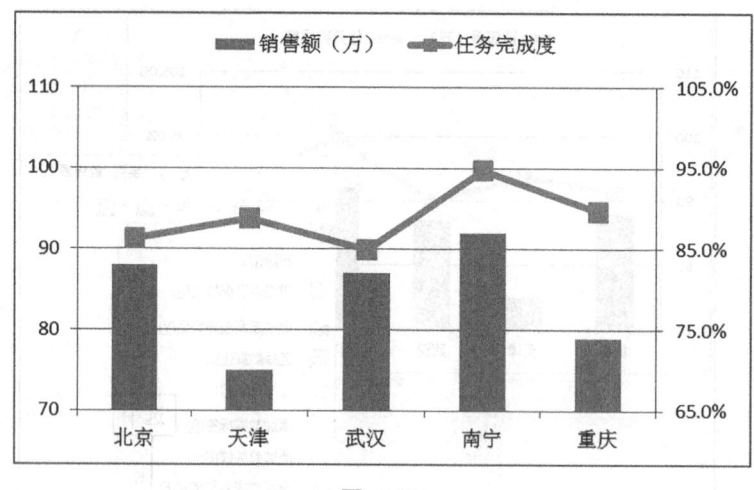

图 4-32

Step24 选中图例，按住鼠标左键拖动至如图 4-33 所示的位置。

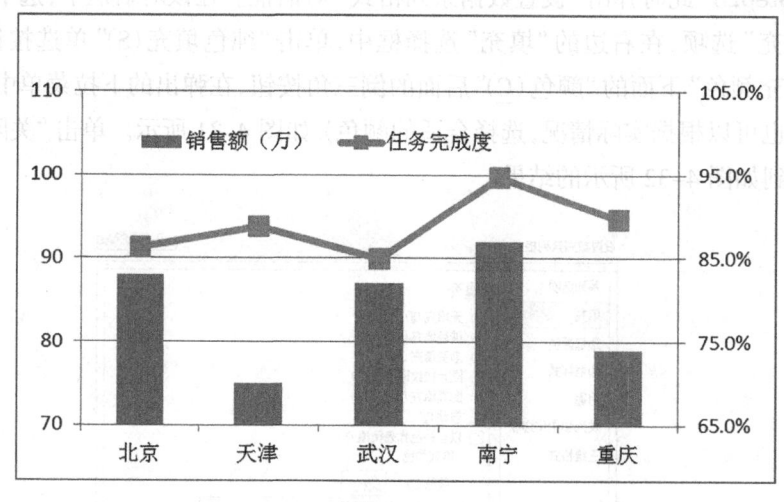

图 4-33

Step25 在图表区域任意空白位置单击鼠标左键，在工作表的最上方，单击"图表工具"→"布局"选项卡，单击左侧"图表区"右边的倒三角按钮，在弹出的下拉菜单中选中"垂直(值)轴"选项，如图 4-34 所示。

Step26 选中"垂直(值)轴"下面的"设置所选内容格式"选项，如图 4-35 所示。

Step27 此时弹出"设置坐标轴格式"对话框。在该对话框中，选中左侧的"坐标轴选项"选项，在右侧的"坐标轴选项"选择框中，单击"坐标轴标签(A)"后面的倒三角按钮，在弹出的下拉菜单中选择"无"选项，如图 4-36 所示。

第 4 章 财务数据的图表处理技巧

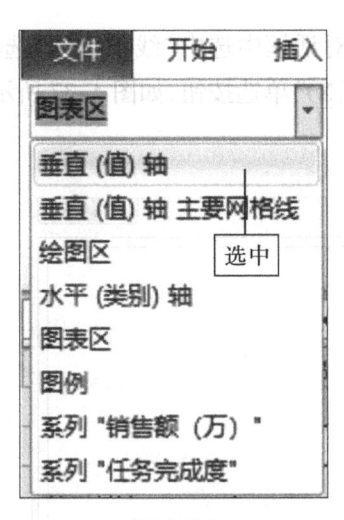

图 4-34

图 4-35

图 4-36

Step28 继续在"设置坐标轴格式"对话框中选中"线条颜色"选项,在右边的"线条颜色"选择框中,单击"无线条(N)"单选按钮,如图 4-37 所示。单击"关闭"按钮,得到如图 4-38 所示的结果。

图 4-37

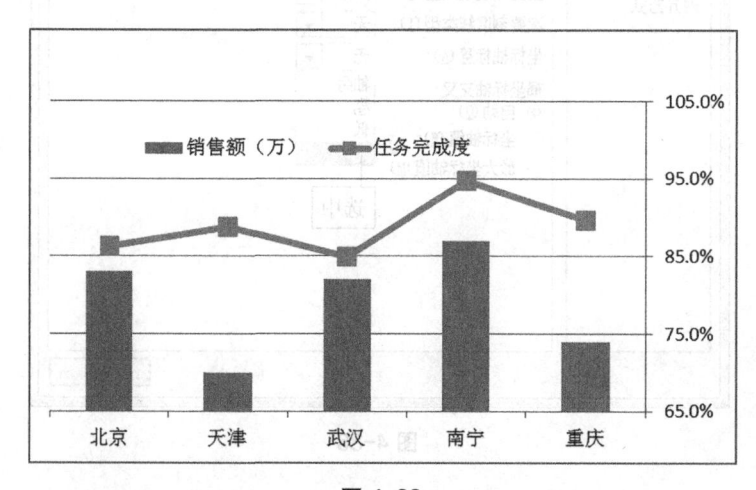

图 4-38

第 4 章 财务数据的图表处理技巧

Step29 在图表区域任意空白位置,单击鼠标左键,在工作表的最上方,单击"图表工具"→"布局"选项卡,单击左侧"图表区"右边的倒三角按钮,在弹出的下拉菜单中选中"次坐标轴 垂直(值)轴"选项,如图4-39所示。

Step30 选中"次坐标轴 垂直(值)轴"下面的"设置所选内容格式"选项,如图4-40所示。

图 4-39

图 4-40

Step31 此时弹出"设置坐标轴格式"对话框。在该对话框中选中左侧的"坐标轴选项"选项,在右边的"坐标轴选项"选择框中,单击"坐标轴标签(A)"右边的倒三角按钮,在弹出的下拉菜单中选中"无"选项,如图4-41所示。

图 4-41

Step32 继续在"设置坐标轴格式"对话框中选中"线条颜色"选项,在右边的"线条颜色"选择框中,单击"无线条(N)"单选按钮,如图 4-42 所示。单击"关闭"按钮,得到如图 4-43 所示的结果。

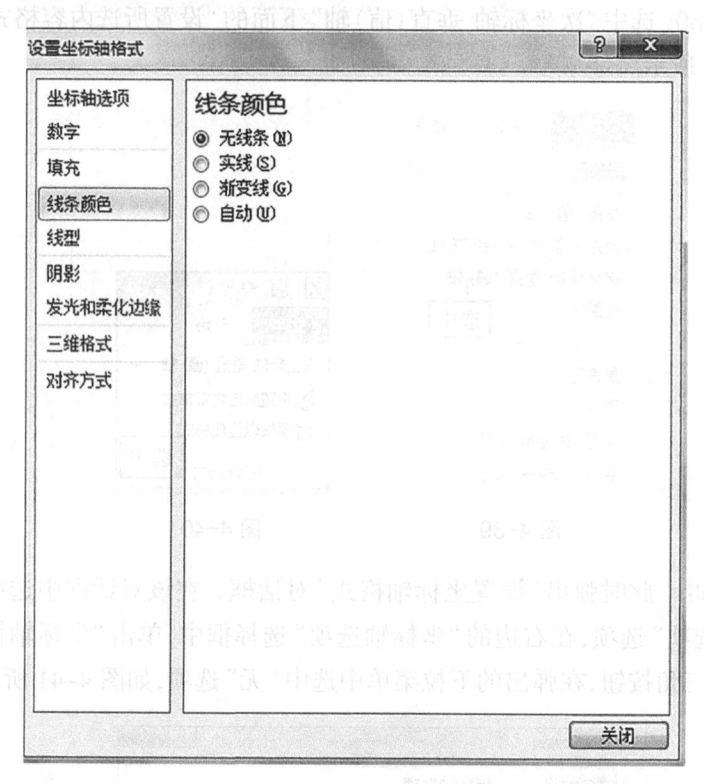

图 4-42

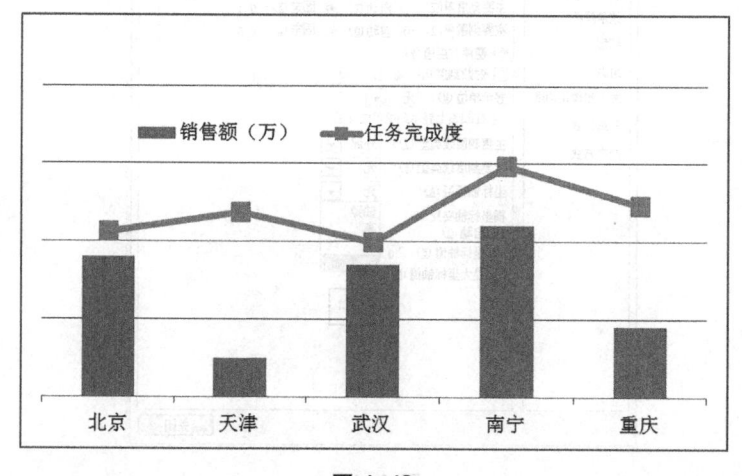

图 4-43

Step33 左键单击,选中折线图,在"图表工具"的"布局"中,单击"数据标签"下面的倒三角按钮,在弹出的下拉菜单,选中"上方"选项,如图4-44所示,得到如图4-45所示的结果。

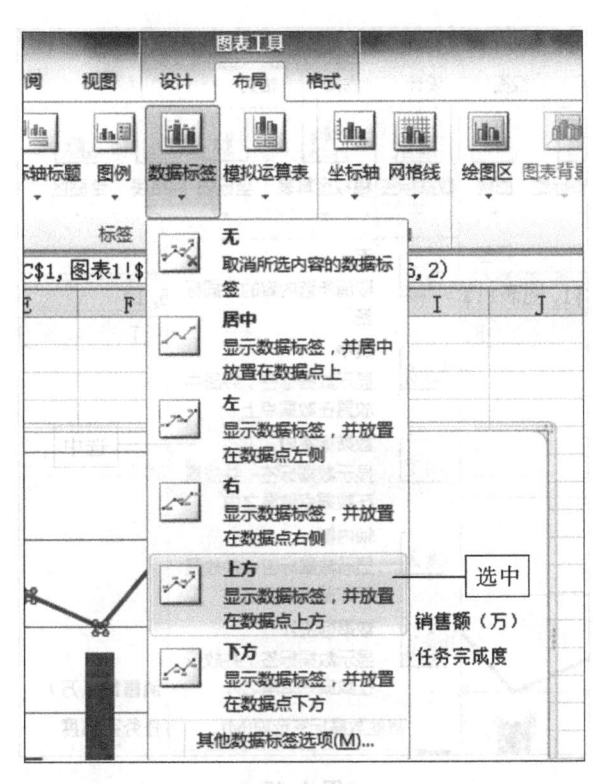

图 4-44

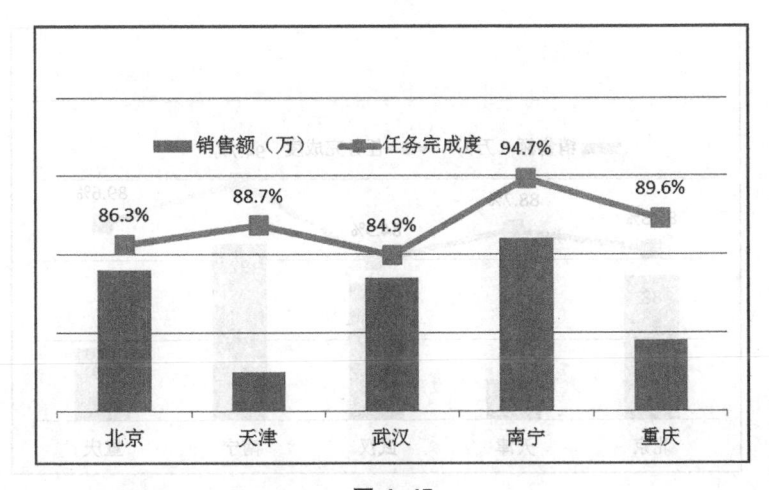

图 4-45

Step34 同样,单击鼠标左键,选中柱状图,单击"数据标签"下面倒三角按钮,在弹出的下拉菜单中选中"数据标签内"选项,如图 4-46 所示,得到如图 4-47 所示的结果。

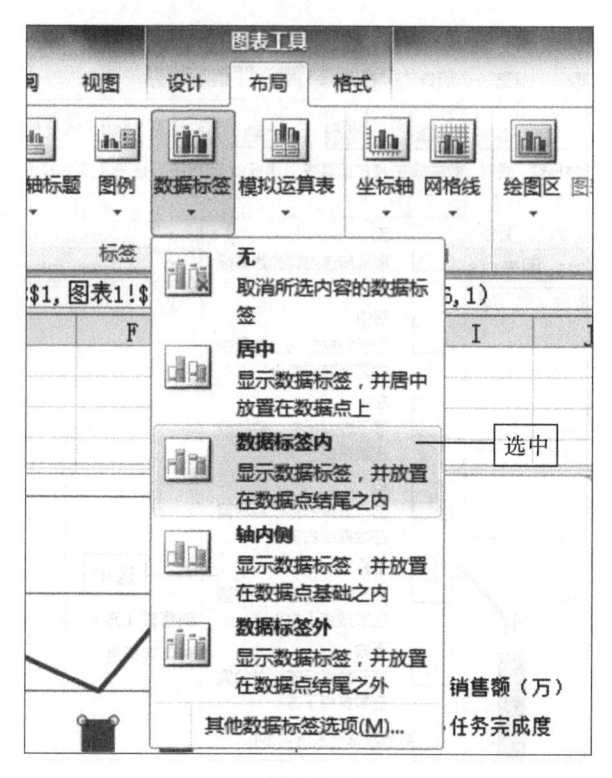

图 4-46

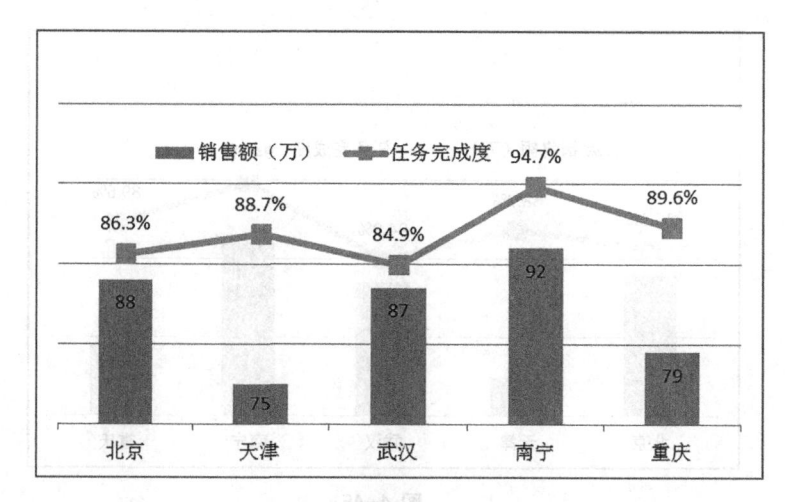

图 4-47

第 4 章　财务数据的图表处理技巧

Step35 在图表区域任意空白位置单击鼠标左键,在"图表工具"的"布局"中,单击"图表标题"下面的倒三角按钮,在弹出的下拉菜单选中"图表上方"选项,如图 4-48 所示,得到如图 4-49 所示的结果。

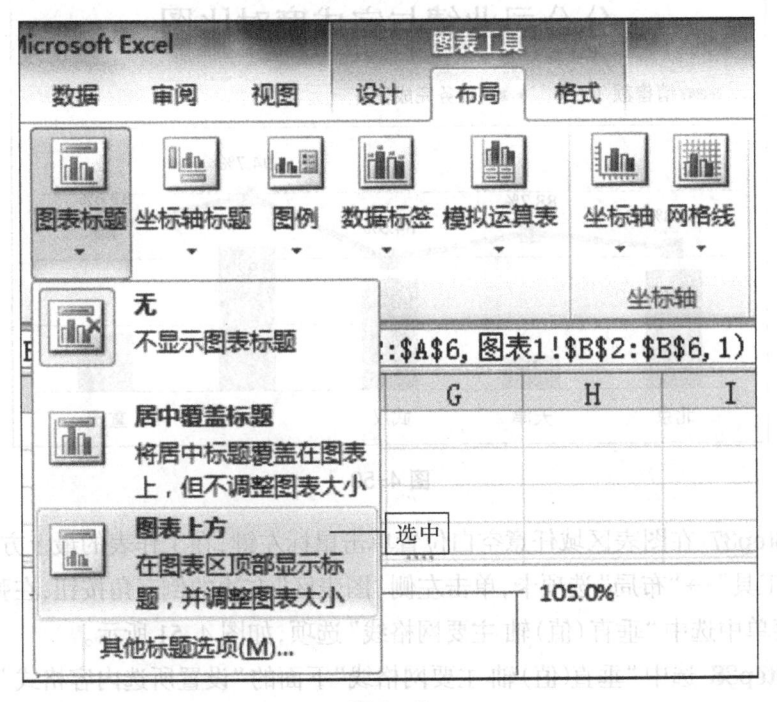

图 4-48

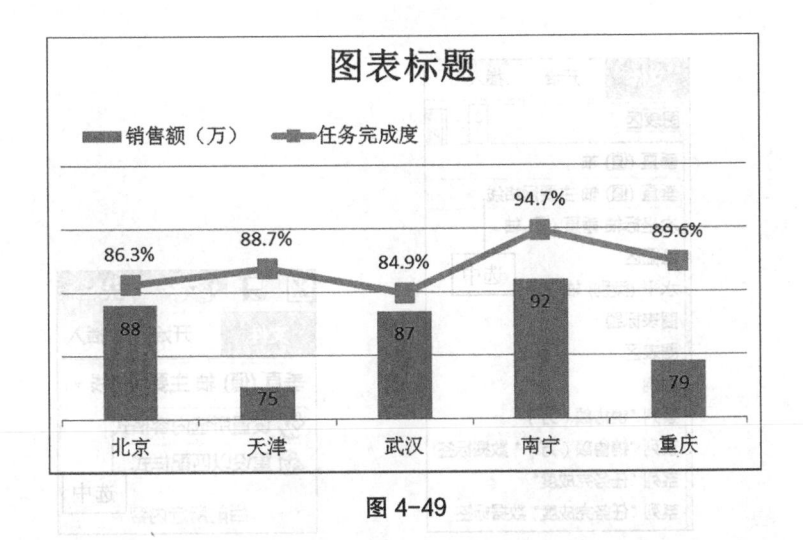

图 4-49

Step36 将"图表标题"修改为"分公司业绩与完成度对比图",得到如图 4-50 所示的结果。

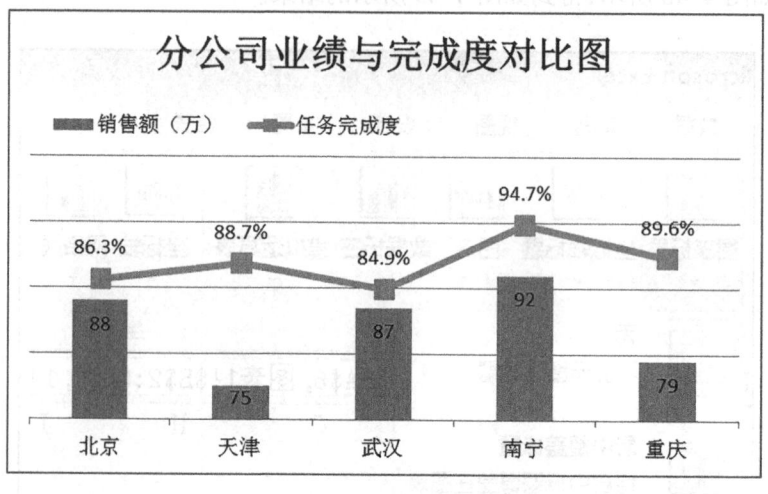

图 4-50

Step37 在图表区域任意空白位置单击鼠标左键,在工作表的最上方,单击"图表工具"→"布局"选项卡,单击左侧"图表区"右边的倒三角按钮,在弹出的下拉菜单中选中"垂直(值)轴 主要网格线"选项,如图 4-51 所示。

Step38 选中"垂直(值)轴 主要网格线"下面的"设置所选内容格式"选项,如图 4-52 所示。

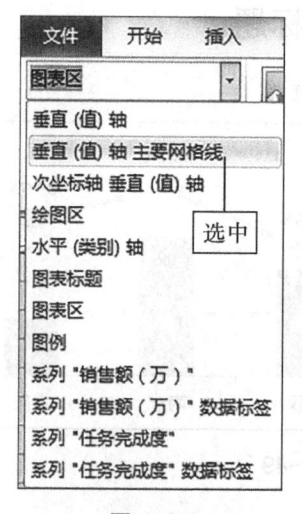

图 4-51   图 4-52

第 4 章　财务数据的图表处理技巧

Step39 此时弹出"设置主要网格线格式"对话框。在该对话框中,选中左边的"线型"选项,在右边的"线型"选择框中,单击"短划线类型(D)"后面的倒三角按钮,在弹出的下拉菜单中选择合适的虚线类型,如图 4-53 所示。单击"关闭"按钮,最终得到如图 4-54 所示的结果。

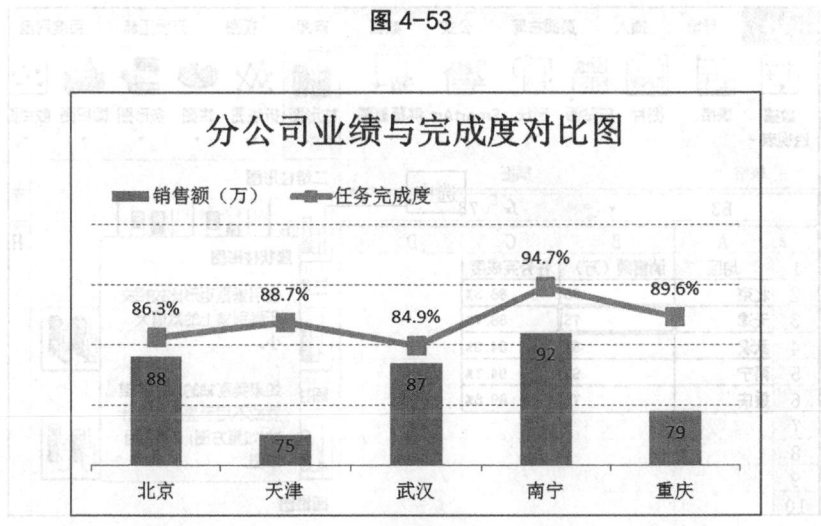

图 4-53

图 4-54

4.1.2 图形二

如果需要将表 4-1 的数据做成如图 4-55 的效果，具体操作步骤如下。

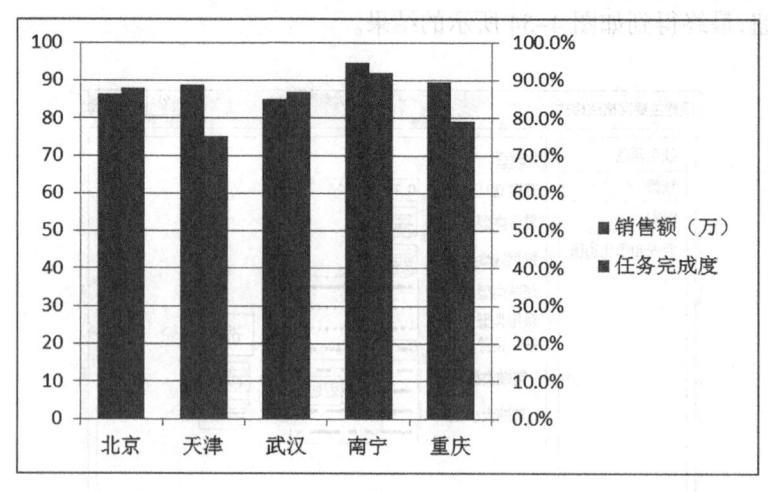

图 4-55

Step1 打开"第 4 章 / 图表 1.xlsx"文件，选中 A1:C6 区域的任意一个单元格，单击"插入"→"柱形图"选项卡下的倒三角按钮，在弹出的快捷菜单中选择"二维柱形图"，选中第一个"簇状柱形图"选项，如图 4-56 所示，并得到如图 4-57 所示的效果。

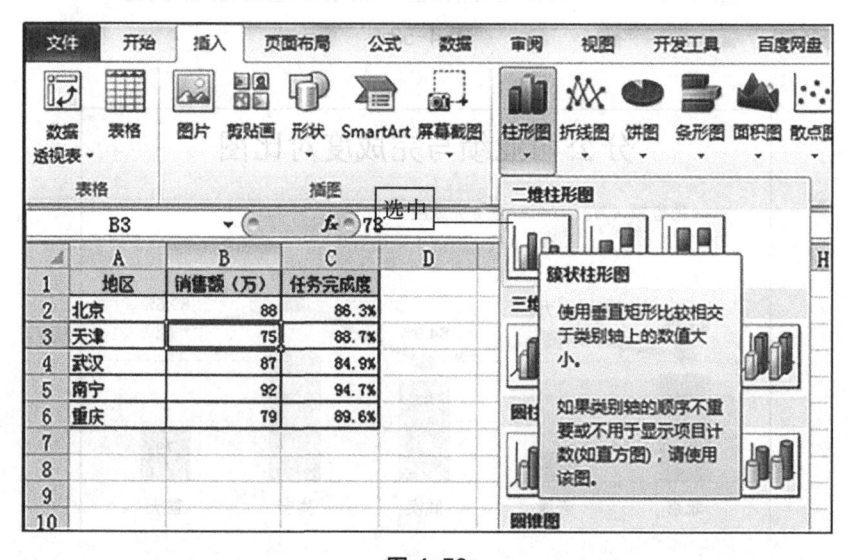

图 4-56

第 4 章 财务数据的图表处理技巧

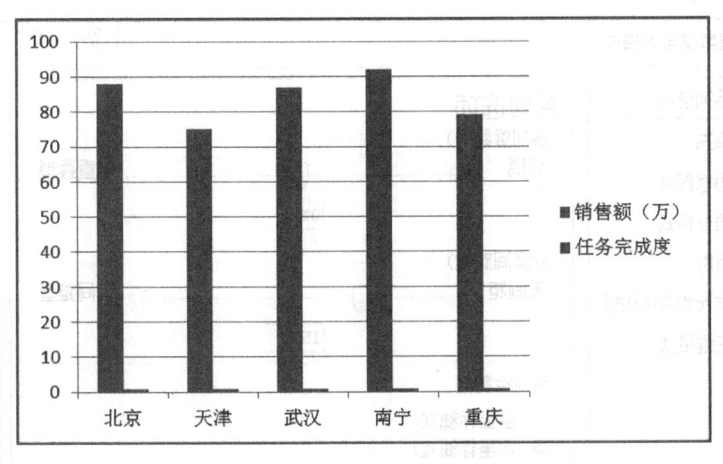

图 4-57

Step2 在图表区域任意空白位置单击鼠标左键,在工作表的最上方,单击"图表工具"→"布局"选项卡,单击左侧"图表区"右边的倒三角下拉菜单按钮,选中"系列"任务完成度""选项,如图 4-58 所示。

Step3 选中"系列"任务完成度""下方的"设置所选内容格式"选项,如图 4-59 所示。

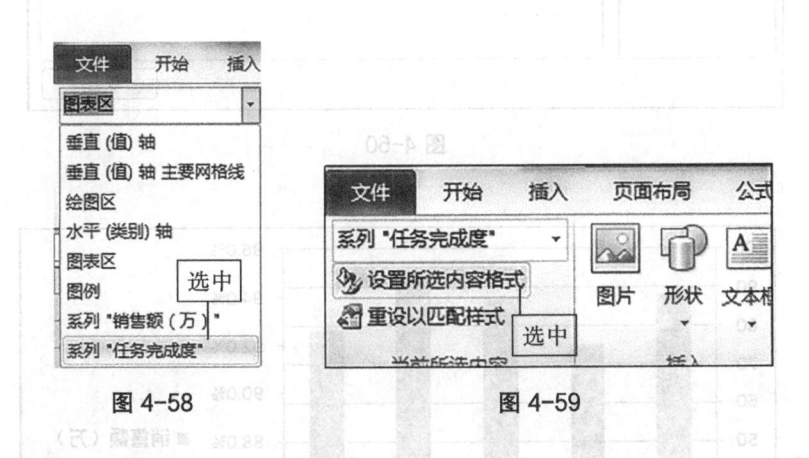

图 4-58

图 4-59

Step4 此时弹出"设置数据系列格式"对话框。在该对话框中选择左边的"系列选项"选项,在右侧的"系列选项"选择框中最下面的"系列绘制在"分组框中,单击"次坐标轴(S)"单选按钮,如图 4-60 所示,单击"关闭"按钮,并得到如图 4-61 所示的效果。

Step5 单击鼠标左键,选中任意柱状图;再单击鼠标右键,选中"选择数据(E)..."选项,如图 4-62 所示。此时弹出"选择数据源"对话框,如图 4-63 所示。

59

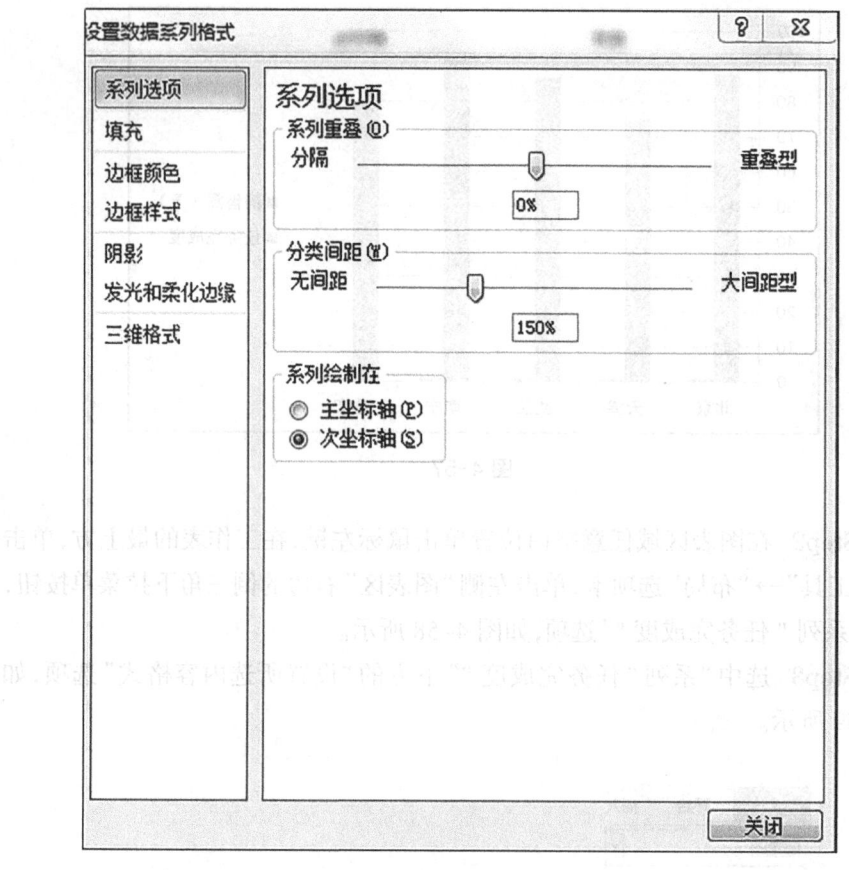

图 4-60

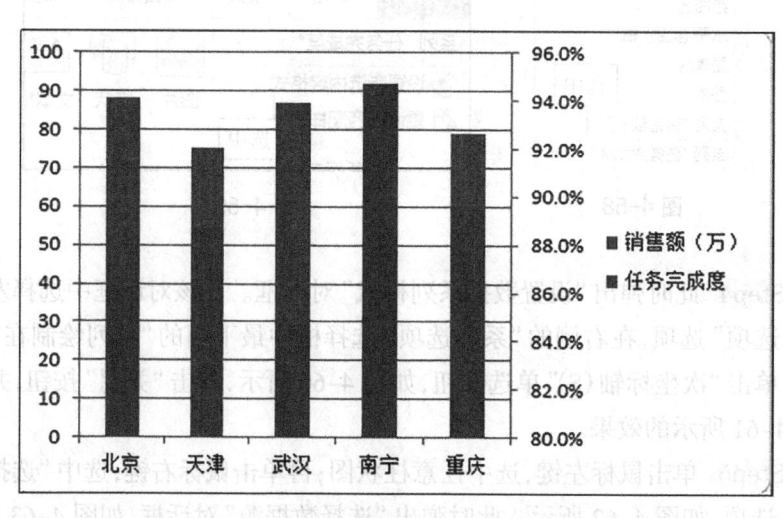

图 4-61

第 4 章 财务数据的图表处理技巧

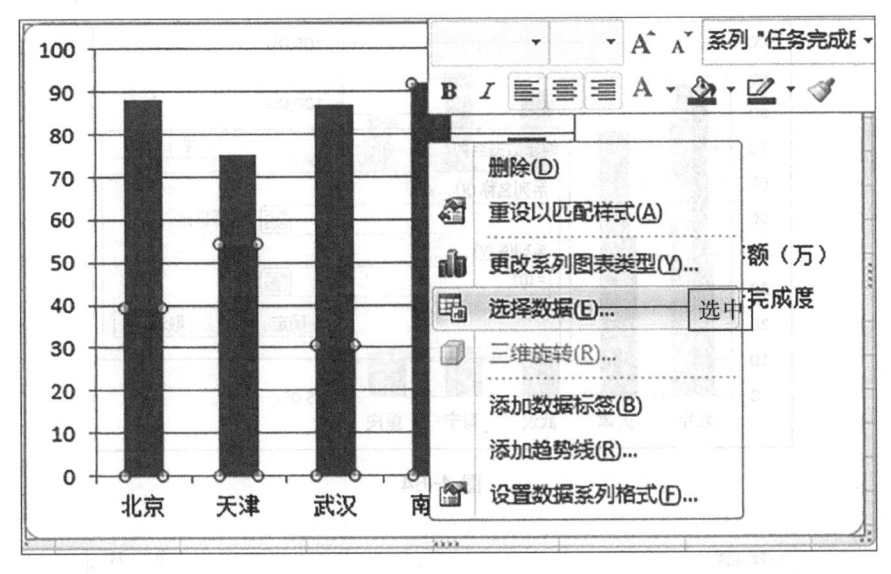

图 4-62

图 4-63

Step6 在"选择数据源"对话框中,单击"添加(A)"按钮,弹出"编辑数据系列"对话框,在"系列值(V)"编辑框中将数据改为"={0}",如图 4-64 所示。单击"确定"按钮,结果如图 4-65 所示。这时可发现在图 4-65 中,"销售额(万)"和"任务完成度"下面新添加了一个"系列 3"。再次单击"确定"按钮,得到如图 4-66 所示的结果。

Step7 重复前面的 Step6,添加新的"系列 4",最后再次单击"确定"按钮,得到如图 4-67 所示的结果。

61

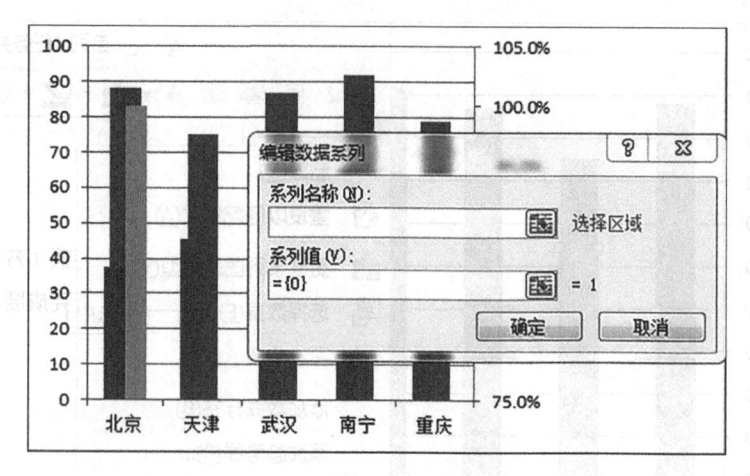

图 4-64

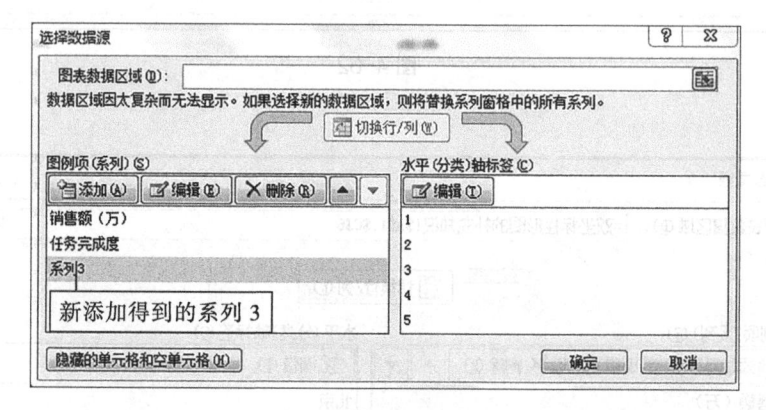

图 4-65

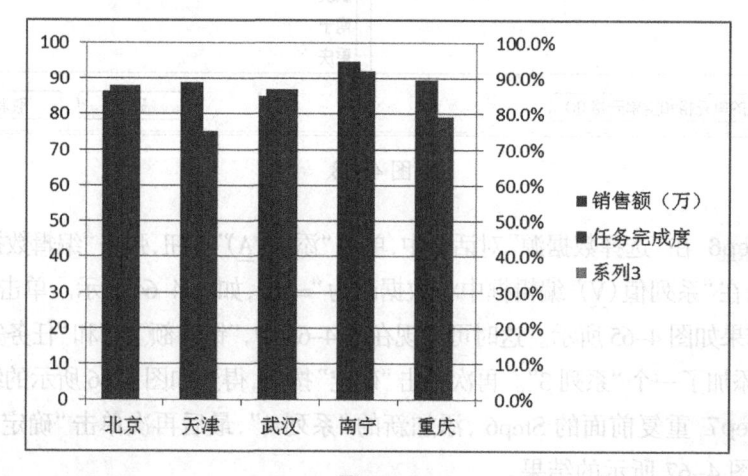

图 4-66

第 4 章 财务数据的图表处理技巧

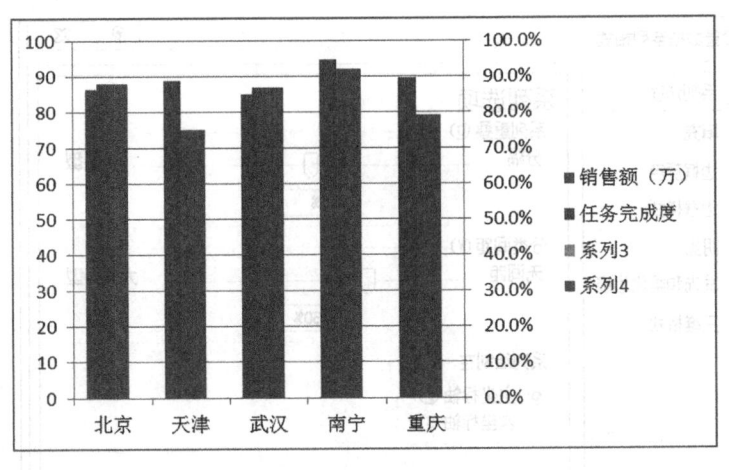

图 4-67

Step8 单击选中任意一个柱状图，单击"图表工具"→"布局"选项卡，单击"图表区"右侧的倒三角下拉菜单按钮，选中"系列 3"选项，如图 4-68 所示。

Step9 选中"系列 3"下面的"设置所选内容格式"选项，如图 4-69 所示。

图 4-68

图 4-69

Step10 此时弹出"设置数据系列格式"对话框。在该对话框中选择左侧的"系列选项"选项，在右边的"系列选项"选择框中最下面的"系列绘制在"分组框中，单击"主坐标轴(P)"单选按钮，如图 4-70 所示。单击"关闭"按钮，得到如图 4-71 所示的结果。

63

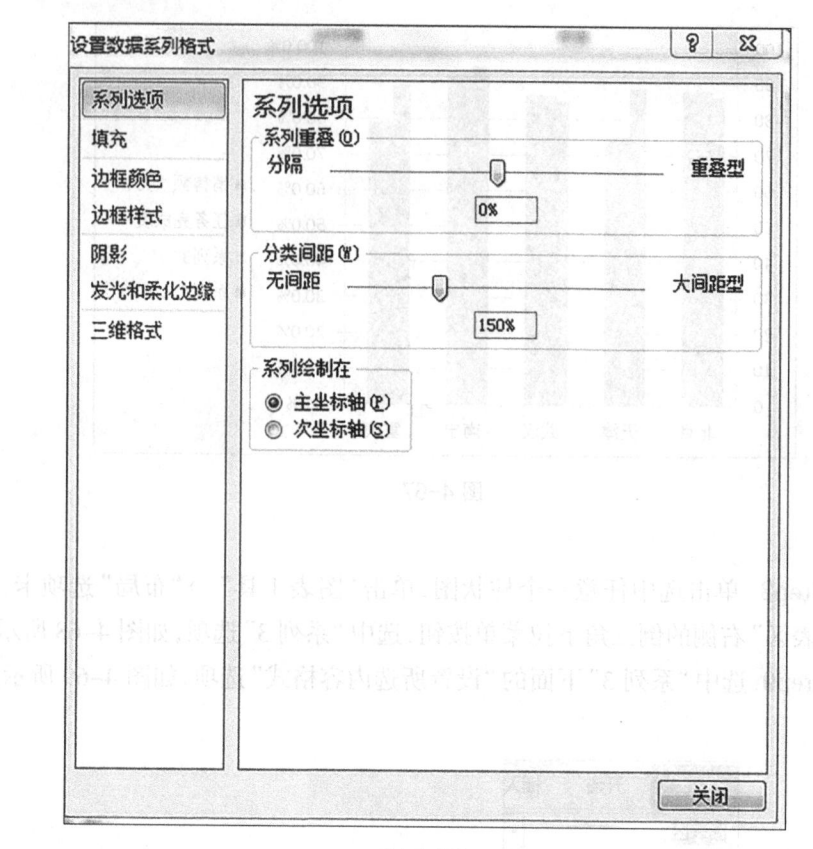

图 4-70

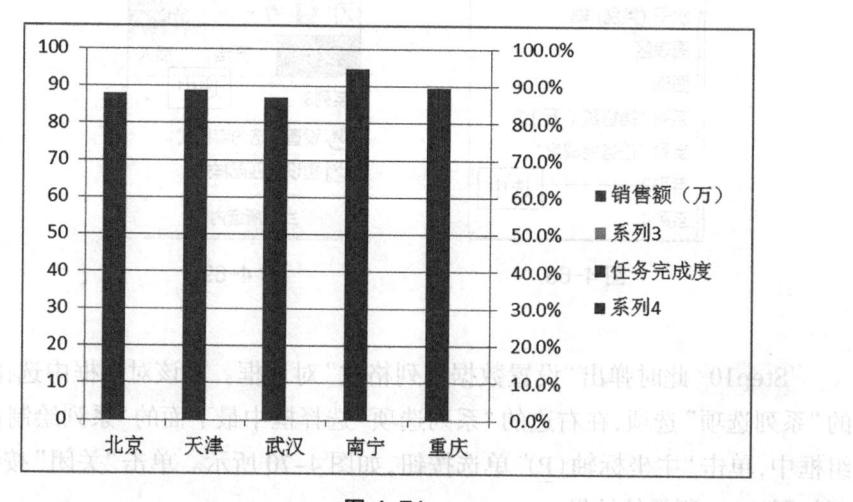

图 4-71

第4章 财务数据的图表处理技巧

Step11 单击选中任意柱状图,再单击鼠标右键,选择"选择数据(E)..."选项,如图4-72所示。弹出"选择数据源"对话框,在弹出的对话框中选择"系列3"选项,如图4-73所示。

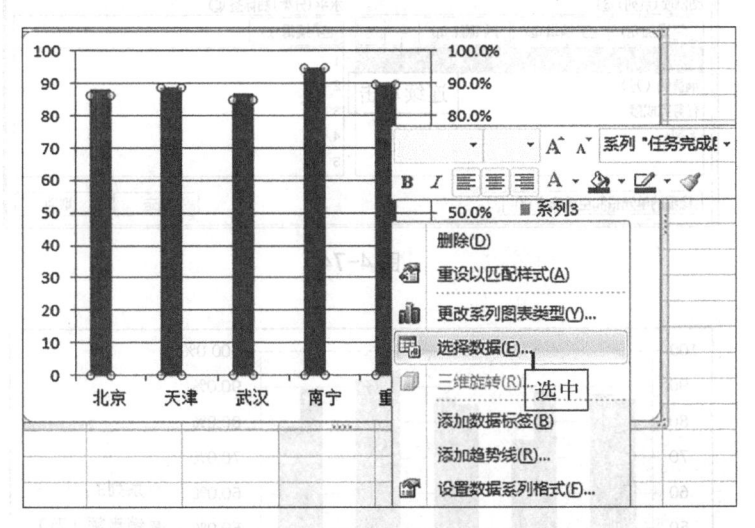

图 4-72

图 4-73

Step12 连续单击向上的黑色三角形两次,将"系列3"移动到"销售额(万)"和"任务完成度"顶部,如图4-74所示。单击"确定"按钮,得到如图4-75所示的结果。

Step13 选中图表区域右侧的图例,再单击选中"系列3"选项,按"退格键"删除"系列3"的图例。继续用同样的方法删除"系列4"的图例,最后得到如图4-76所示的结果。

65

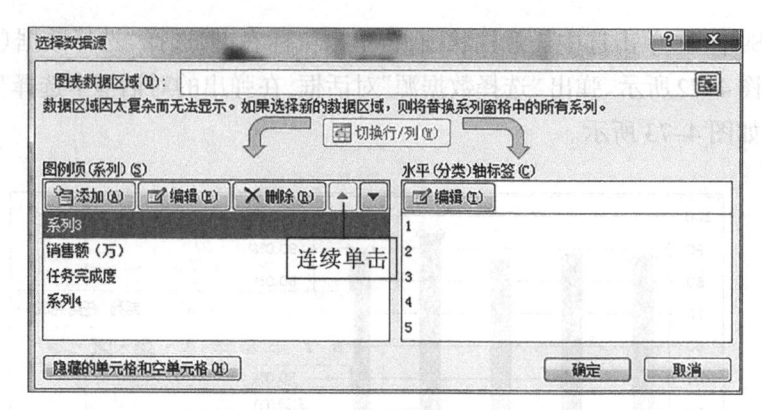

图 4-74

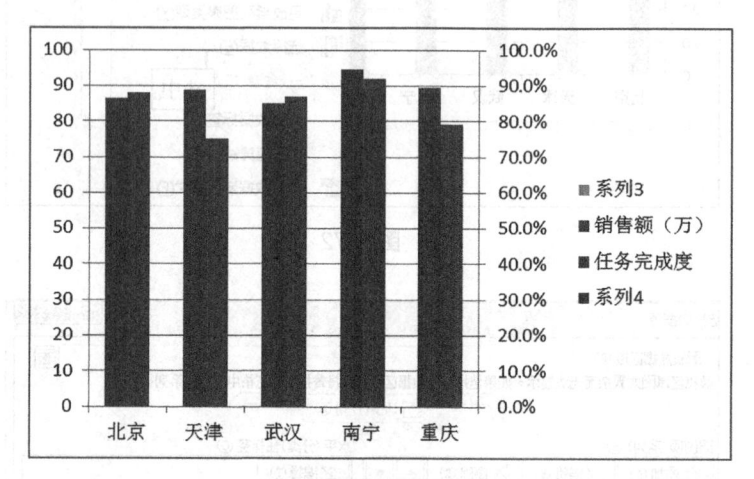

图 4-75

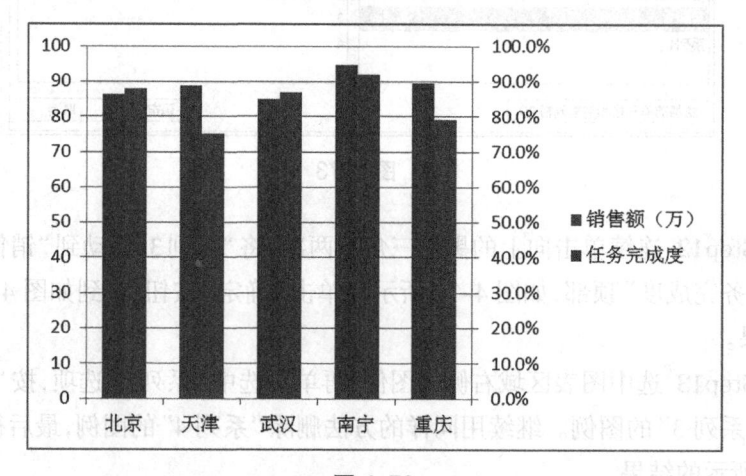

图 4-76

如果对图表中的颜色、坐标轴、刻度、图表标题、数据标签等内容不是很满意，可以继续按照 4.1 节中 4.1.1 图形一的操作方式，对相应的部分进行调整和美化，使其达到想要的效果，在此不一一赘述。读者可以自行按照前面的步骤进行练习。

4.2 常规数据的图表处理技巧

在实际的财务数据处理过程中，经常会遇到要将计划完成的销售额度和实际完成的销售额度进行对比分析的情形，我们需要通过做成图表的形式进行直观地比较分析。如表 4-2 所示，数据均为常规数据，也可以将此图表进行美化，效果如图 4-77 所示。

表 4-2

销售人员	计划完成	实际完成
杜鹃	70000	66855.42
汪莹	40000	42631.65
华凤	50000	44089.52
贺佩	40000	36703.24
王晗	60000	83337.87
周平	60000	61019.81
李亮	60000	68437.14
朱霞	60000	42709.94

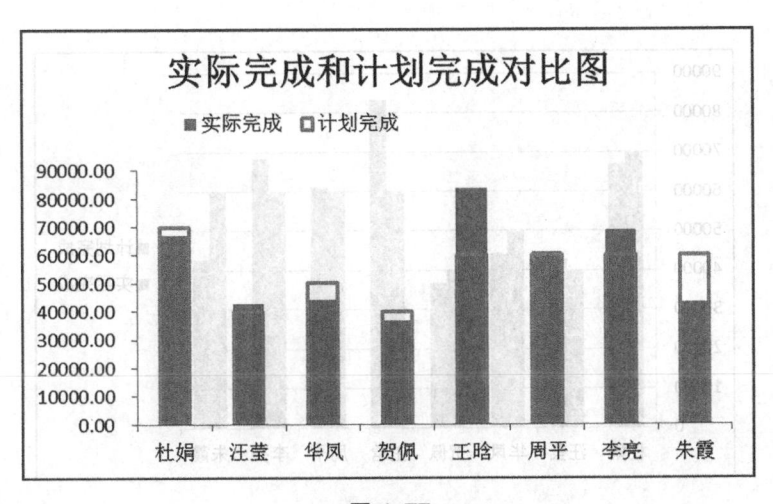

图 4-77

具体的操作步骤如下。

Step1 打开"第4章/图表2.xlsx"文件，选中 A1:C9 区域的任意一个单元格，单击"插入"→"柱形图"选项卡下的倒三角下拉按钮，在弹出的"二维柱形图"菜单中选中第一个"簇状柱形图"，如图 4-78 所示，得到如图 4-79 所示的结果。

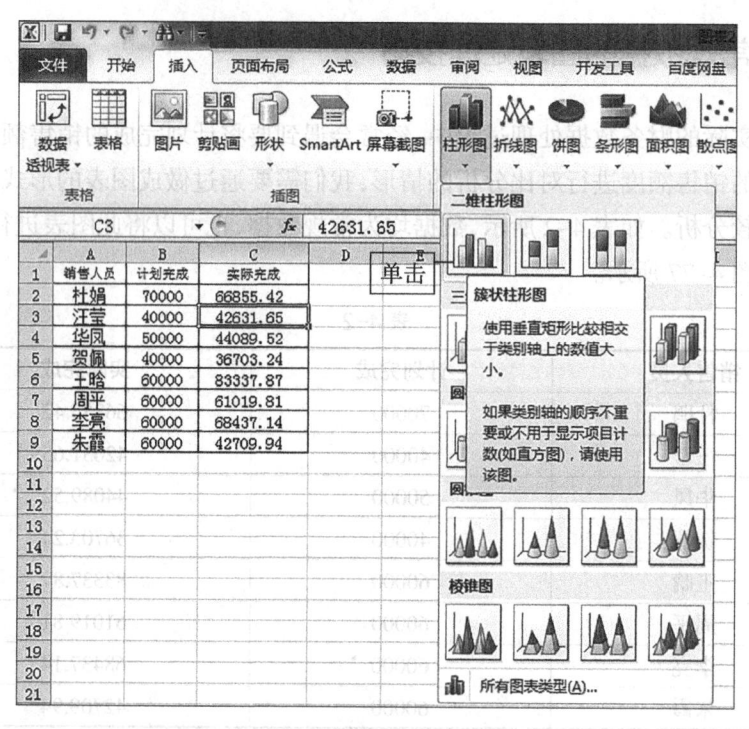

图 4-78

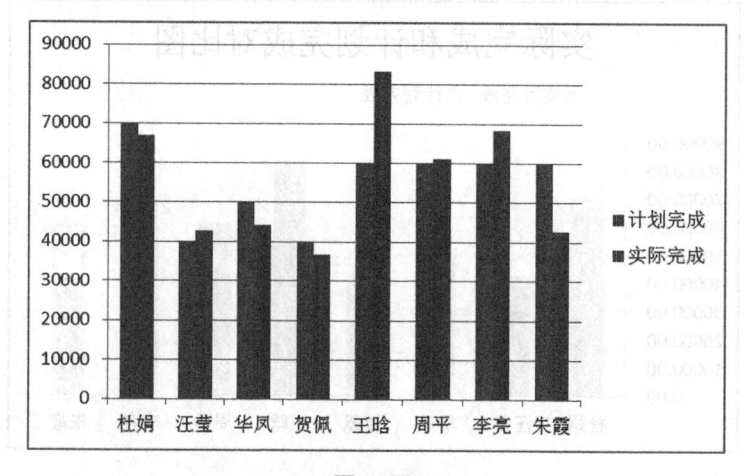

图 4-79

第4章 财务数据的图表处理技巧

Step2 在图表区域任意空白位置单击鼠标左键,在工作表的最上方,单击"图表工具"→"布局"选项卡,单击左侧"图表区"右侧的倒三角按钮,在弹出的下拉菜单中选中"系列"计划完成""选项,如图4-80所示。

Step3 选中"系列"计划完成""下方的"设置所选内容格式"选项,如图4-81所示。

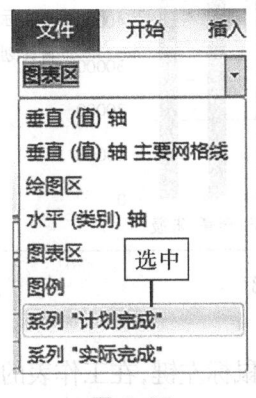

图 4-80　　　　图 4-81

Step4 此时弹出"设置数据系列格式"对话框。在该对话框中选择左侧的"系列选项"选项,在右边的"系列选项"选择框最下面的"系列绘制在"分组框中,单击"次坐标轴(S)"单选按钮,如图4-82所示,单击"关闭"按钮,最终结果如图4-83所示。

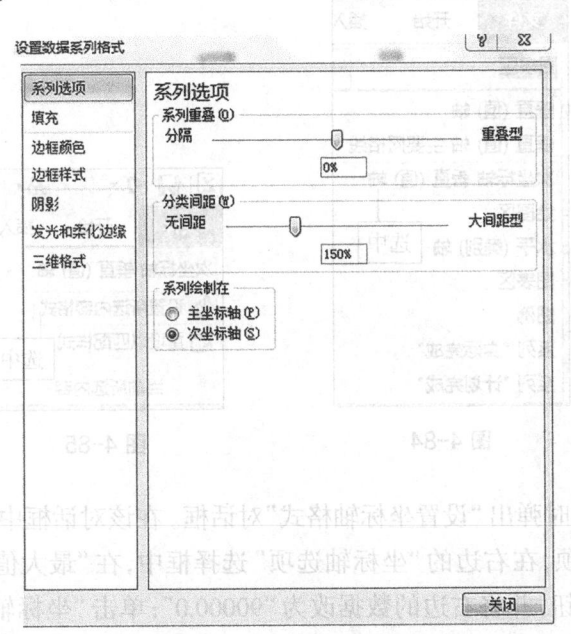

图 4-82

69

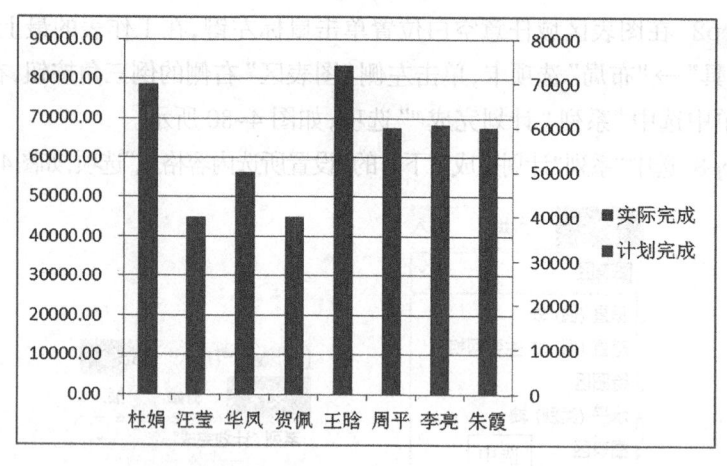

图 4-83

Step5 在图表区域任意空白位置单击鼠标左键,在工作表的最上方依次单击"图表工具"→"布局"选项卡,单击左侧"图表区"右侧的倒三角按钮,在弹出的下拉菜单中选中"次坐标轴 垂直(值)轴"选项,如图 4-84 所示。

Step6 选中"次坐标轴垂直(值)轴"下方的"设置所选内容格式"选项,如图 4-85 所示。

图 4-84

图 4-85

Step7 此时弹出"设置坐标轴格式"对话框。在该对话框中选择左边的"坐标轴选项"选项,在右边的"坐标轴选项"选择框中,在"最大值"右侧单击"固定(I)"单选按钮,并将右边的数据改为"90000.0";单击"坐标轴标签(A)"右边的倒三角按钮,在弹出的下拉菜单中选中"无"选项,如图 4-86 所示。

第 4 章 财务数据的图表处理技巧

图 4-86

Step8 继续在"设置坐标轴格式"对话框中选择"线条颜色"选项,在右边的"线条颜色"选择框中,单击"无线条(N)"单选按钮,如图 4-87 所示。单击"关闭"按钮,得到如图 4-88 所示的结果。

图 4-87

71

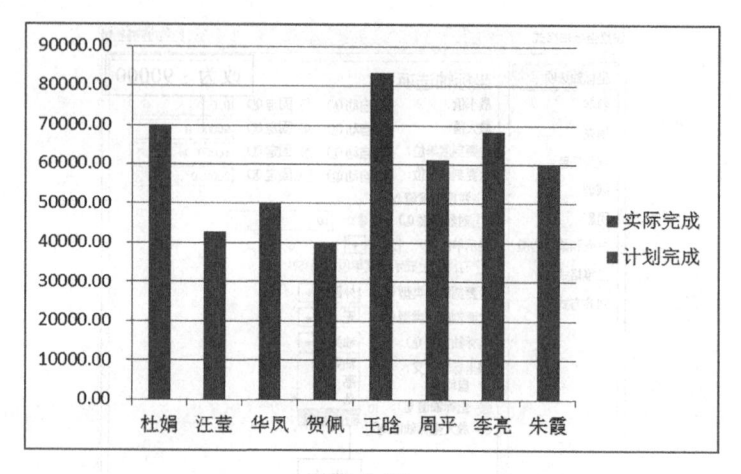

图 4-88

Step9　在图表区域任意空白位置,单击鼠标左键,在工作表的最上方依次单击"图表工具"→"布局"选项卡,单击左侧"图表区"右边的倒三角按钮,在弹出的下拉菜单中,选中"系列"计划完成""选项,如图 4-89 所示。

Step10　选中"系列"计划完成""下面的"设置所选内容格式"选项,如图 4-90 所示。

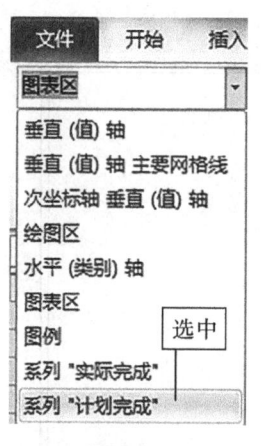

图 4-89 　　　　图 4-90

Step11　此时弹出"设置数据系列格式"对话框。在"设置数据系列格式"对话框中,选中"填充"选项,在右边的"填充"选择框中单击"无填充(N)"单选按钮,如图 4-91 所示。

图 4-91

Step12 继续在"设置数据系列格式"对话框中选择"边框颜色",在右侧的"边框颜色"选择框中,单击"实线(S)"单选按钮;单击"颜色(C)"后面的倒三角按钮,在弹出的下拉菜单中选择"橙色"(也可以根据实际情况选择合适的颜色),如图 4-92 所示。

图 4-92

Step13 继续在"设置数据系列格式"对话框中选择"边框样式"菜单,在右侧的"边框样式"选择框中,将"宽度(W)"修改为"2 磅",如图 4-93 所示。单击"关闭"按钮,得到如图 4-94 所示的结果。

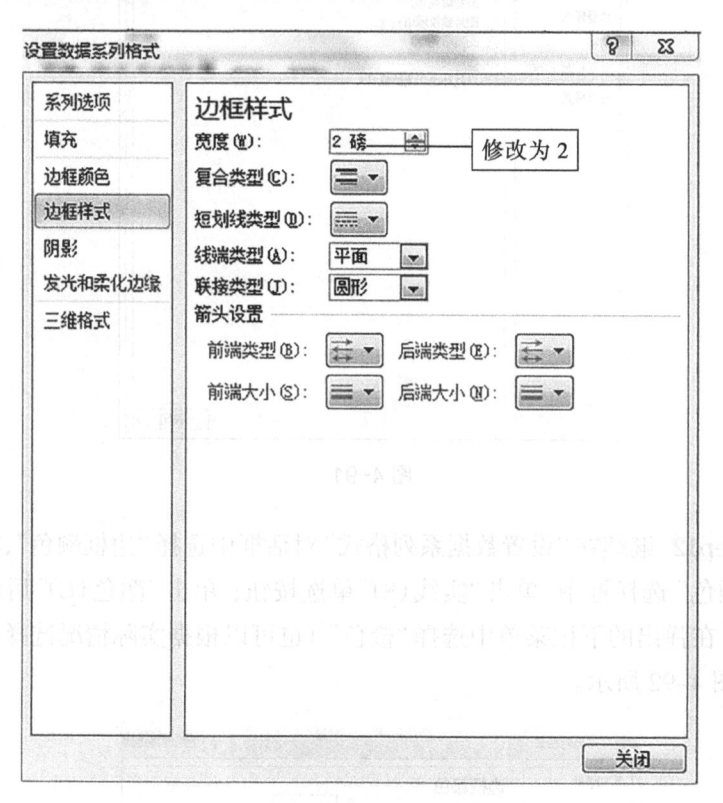

图 4-93

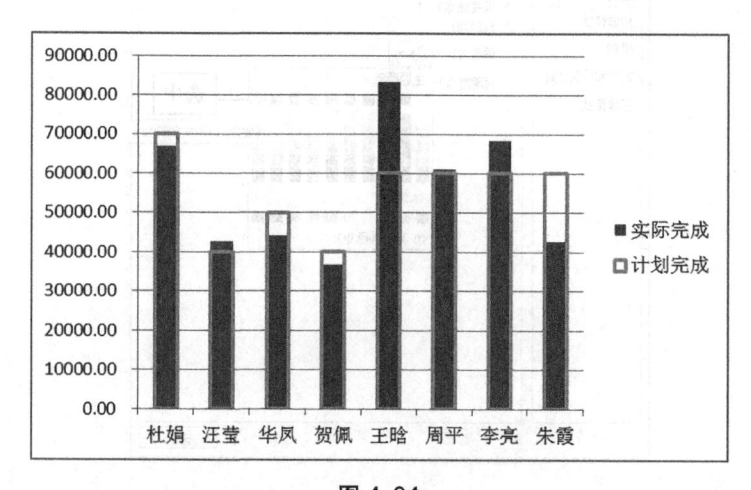

图 4-94

Step14 在图表区域任意空白位置单击鼠标左键,在工作表的最上方依次单击"图表工具"→"布局"选项卡,单击左侧"图表区"右边的倒三角按钮,在弹出的下拉菜单中选中"系列"实际完成""选项,如图4-95所示。

Step15 选中"系列"实际完成""下面的"设置所选内容格式"选项,如图4-96所示。

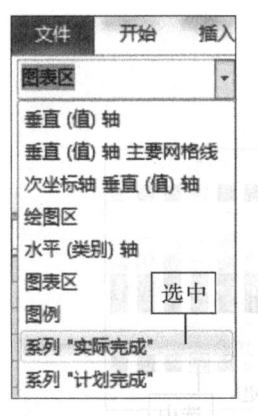

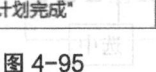

图 4-95

图 4-96

Step16 此时弹出"设置数据系列格式"对话框。在该对话框中选择"填充"选项,在右边的"填充"选择框中,单击"纯色填充(S)"单选按钮;在"填充颜色"分组框中,单击"颜色(C)"后面的倒三角按钮,在弹出的下拉菜单中选中"蓝色",如图4-97所示。单击"关闭"按钮,得到如图4-98所示的效果。

Step17 在图表区域任意空白位置单击鼠标左键,在工作表的最上方依次单击"图表工具"→"布局"选项卡,单击左侧"图表区"右边的倒三角按钮,在弹出的下拉菜单中选中"垂直(值)轴 主要网格线"选项,如图4-99所示。

Step18 选中"垂直(值)轴 主要网格线"下面的"设置所选内容格式"选项,如图4-100所示。

Step19 此时弹出"设置主要网格线格式"对话框。在该对话框中,选择"线条颜色"选项,在右边的"线条颜色"选项组中,单击"无线条(N)"单选按钮,如图4-101所示。单击"关闭"按钮,得到如图4-102所示的结果。

Step20 在图表区域任意空白位置单击鼠标左键,在工作表的最上方依次单击"图表工具"→"布局"选项卡,单击"图例"下面的倒三角按钮,在弹出的下拉菜单中选中"在顶部显示图例"选项,如图4-103所示。选中图表区域内的图例,按住鼠标左键将其拖动至适当位置,效果如图4-104所示。

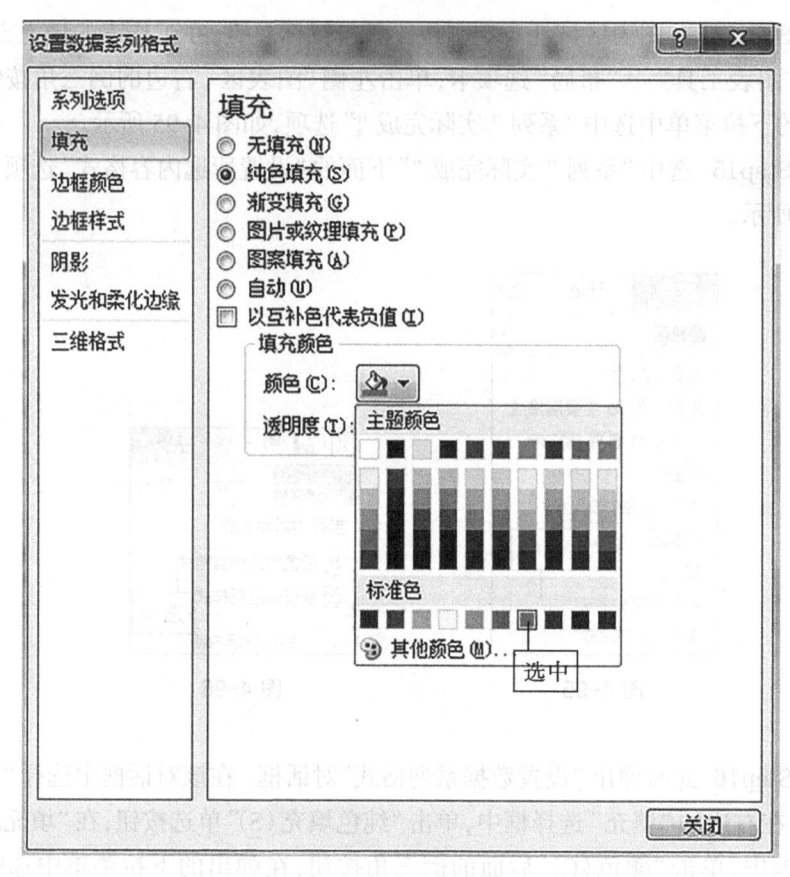

图 4-97

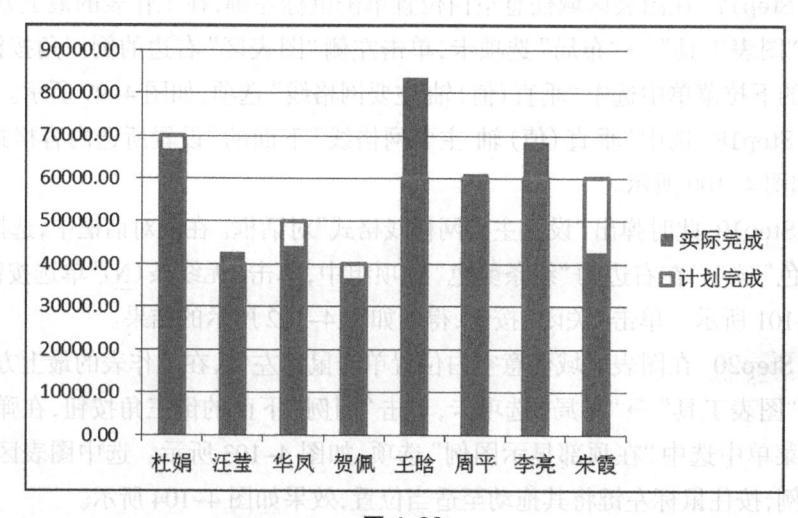

图 4-98

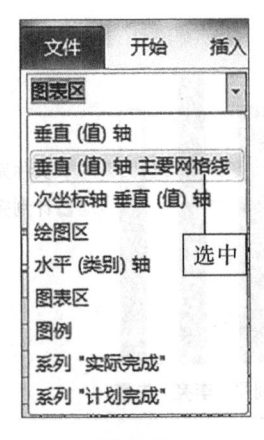

图 4-99

图 4-100

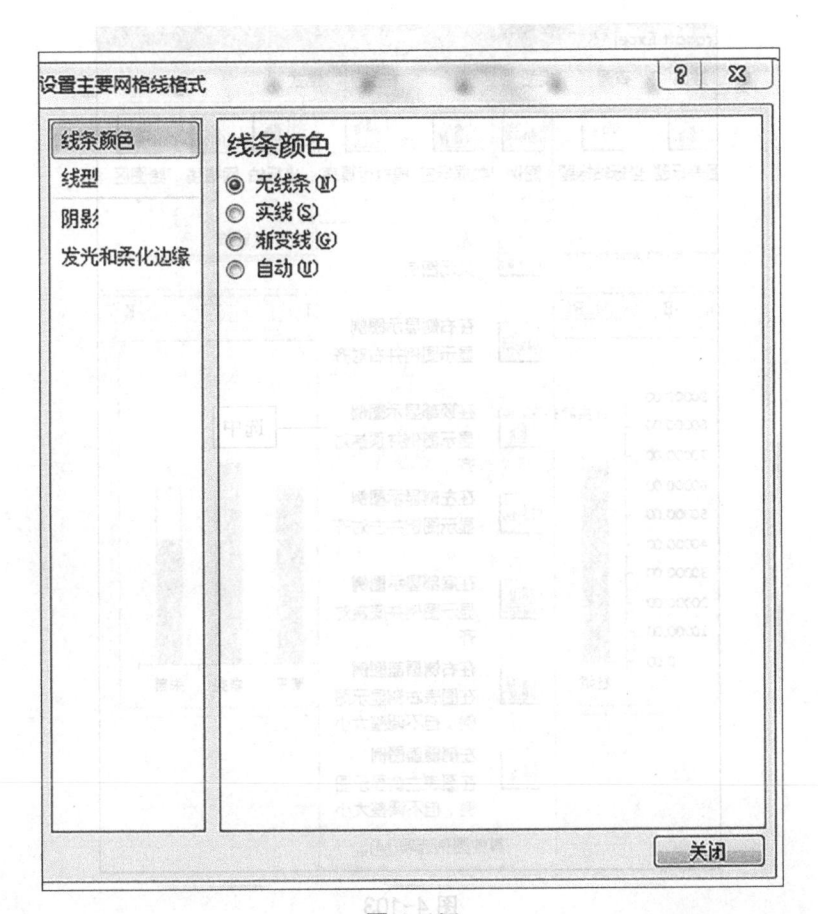

图 4-101

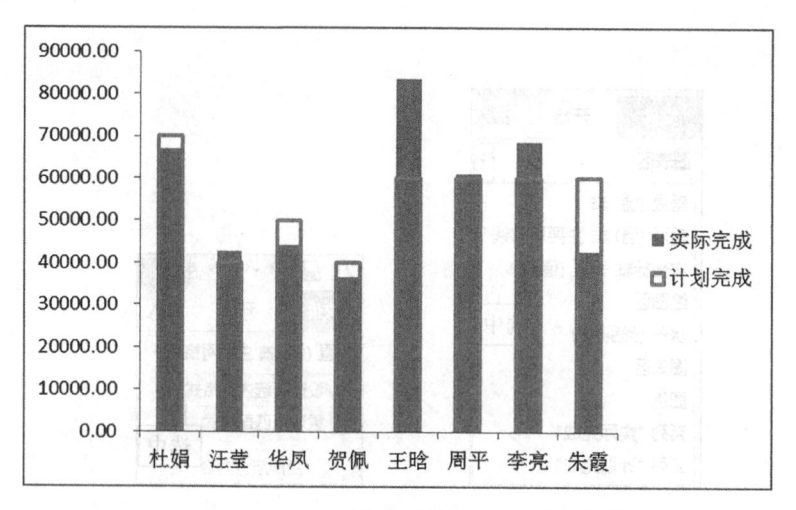

图 4-102

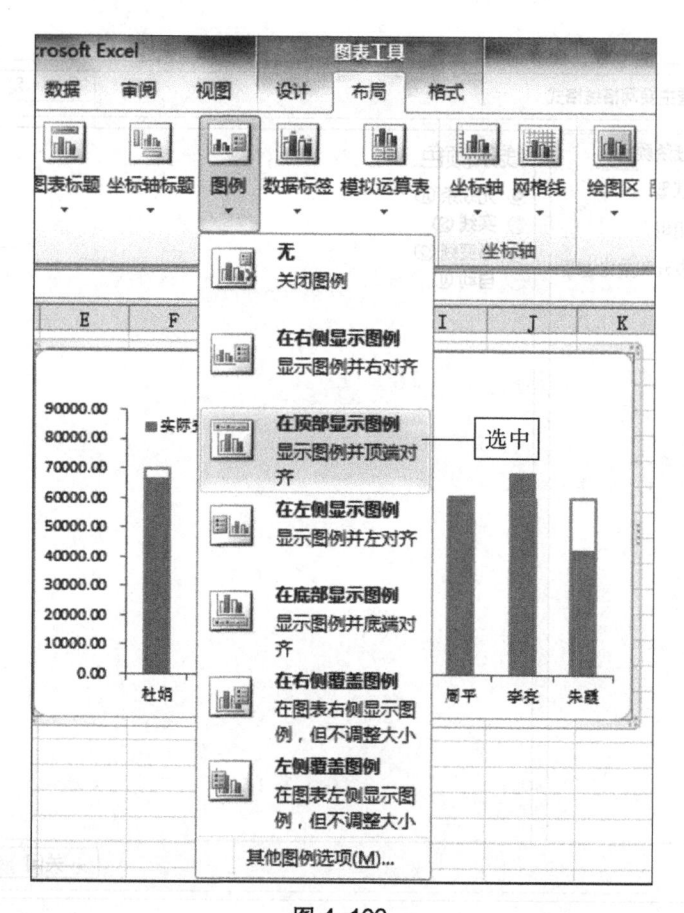

图 4-103

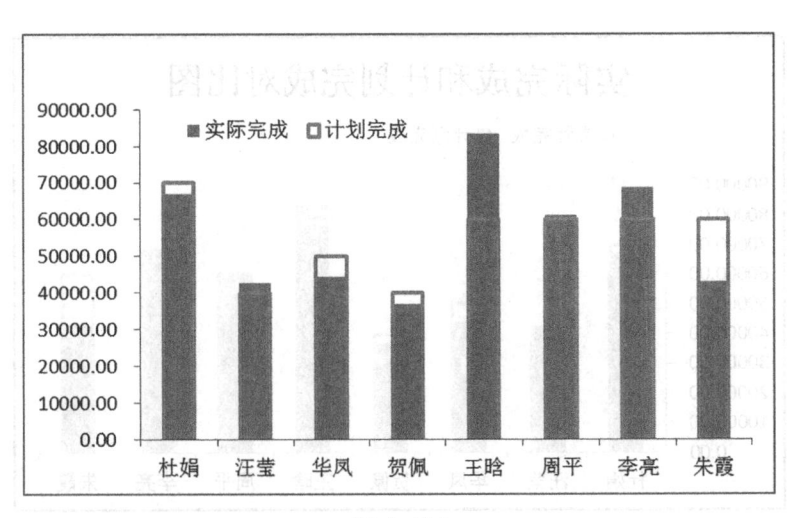

图 4-104

Step21 在图表区域任意空白位置单击鼠标左键,在工作表的最上方依次单击"图表工具"→"布局"选项卡,单击"图表标题"下面的倒三角按钮,在弹出的下拉菜单中选中"图表上方"选项,如图 4-105 所示。

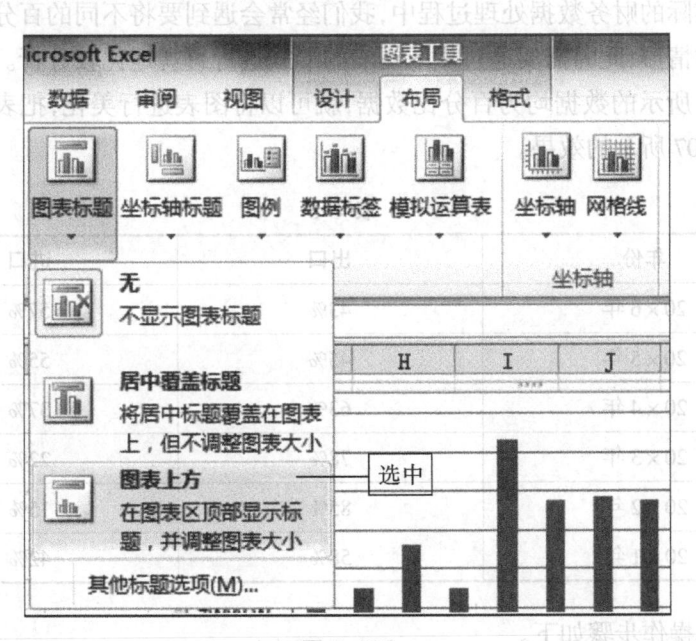

图 4-105

Step22 在上面的"图表标题"框内输入"实际完成和计划完成对比图"文本,最终得到的结果如图 4-106 所示。

实际完成和计划完成对比图

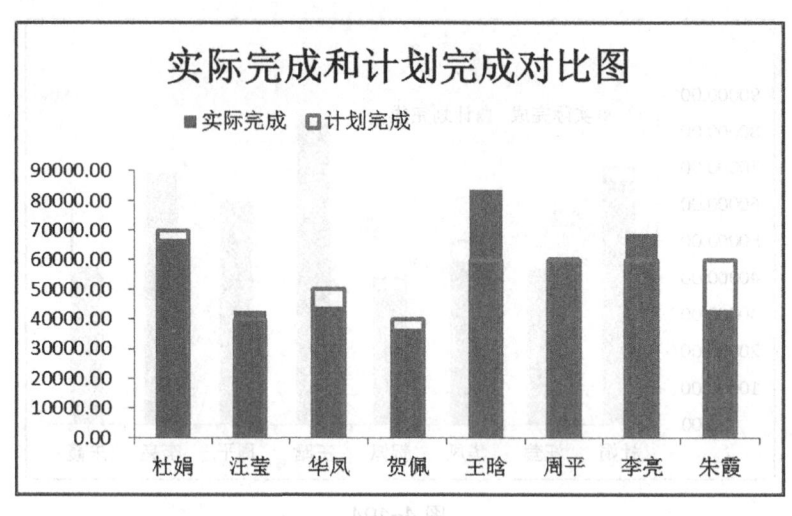

图 4-106

4.3　百分比的数据图表处理技巧

在实际的财务数据处理过程中，我们经常会遇到要将不同的百分比进行对比分析的情形，此时需要通过做成图表的形式进行直观地比较分析。如果存在如表 4-3 所示的数据均为百分比数据，就可以将图表进行美化，把表 4-3 做成如图 4-107 所示的效果。

表 4-3

年份	出口	进口
20×6 年	43%	57%
20×5 年	45%	55%
20×4 年	63%	37%
20×3 年	78%	22%
20×2 年	85%	15%
20×1 年	58%	42%

具体操作步骤如下。

Step1　打开"第 4 章 / 图表 3.xlsx"文件，选中 A1:C7 区域的任何一个单元格，单击"插入"→"条形图"下的倒三角按钮，在弹出的下拉列表中选中"二维条形图"的第一个"簇状条形图"，如图 4-108 所示，最后得到如图 4-109 所示的结果。

20×1年—20×6年进出口对比图

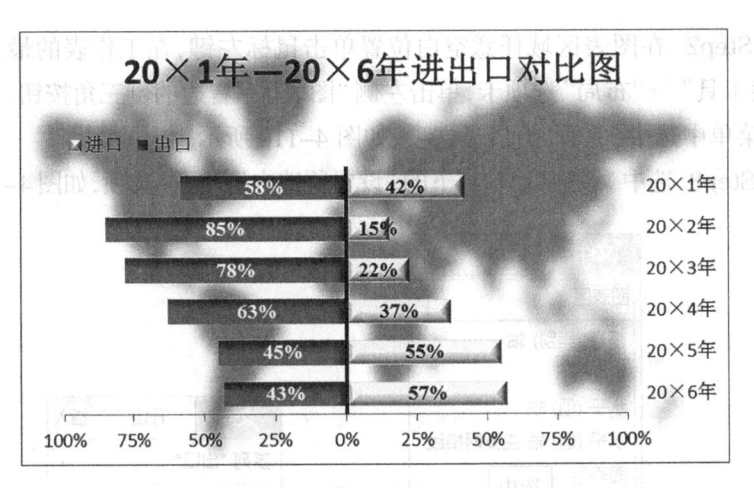

图 4-107

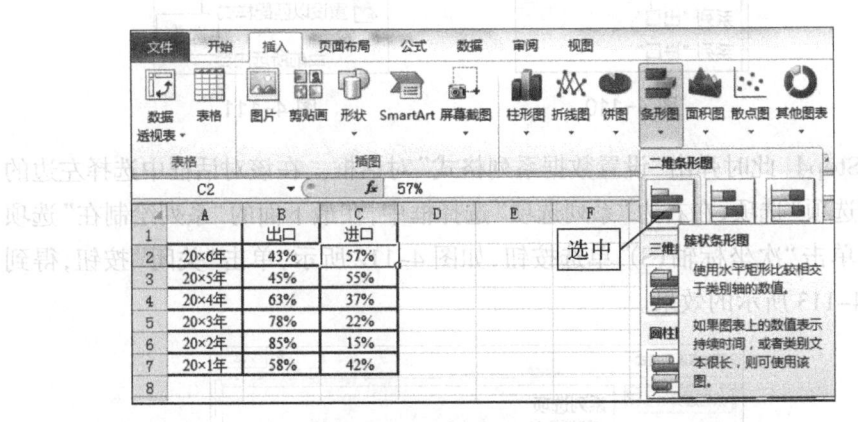

图 4-108

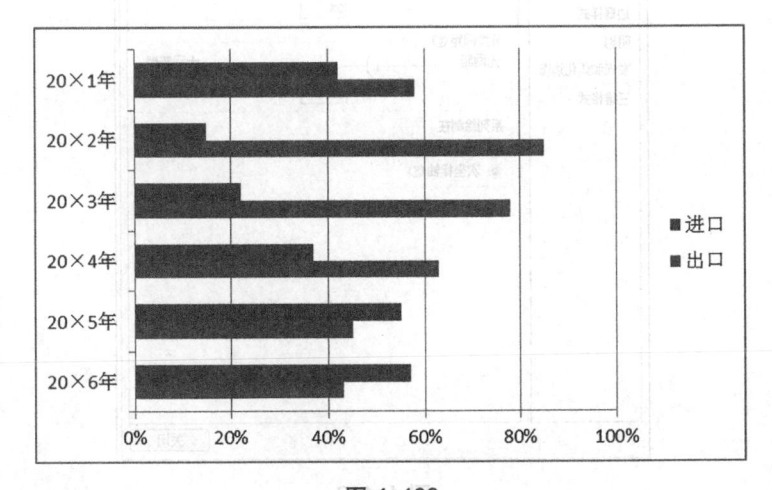

图 4-109

Step2 在图表区域任意空白位置单击鼠标左键,在工作表的最上方单击"图表工具"→"布局"选项卡,单击左侧"图表区"右边的倒三角按钮,在弹出的下拉菜单中选中"系列"出口""选项,如图4-110所示。

Step3 选中"系列"出口""下的"设置所选内容格式"选项,如图4-111所示。

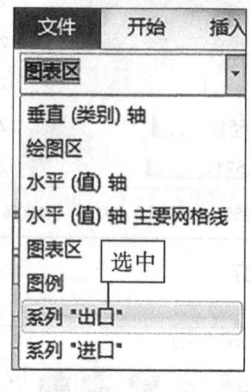

图 4-110

图 4-111

Step4 此时弹出"设置数据系列格式"对话框。在该对话框中选择左边的"系列选项"选项,在右边"系列选项"选择框中,在最下面的"系列绘制在"选项组中,单击"次坐标轴(S)"单选按钮,如图4-112所示,单击"关闭"按钮,得到如图4-113所示的效果。

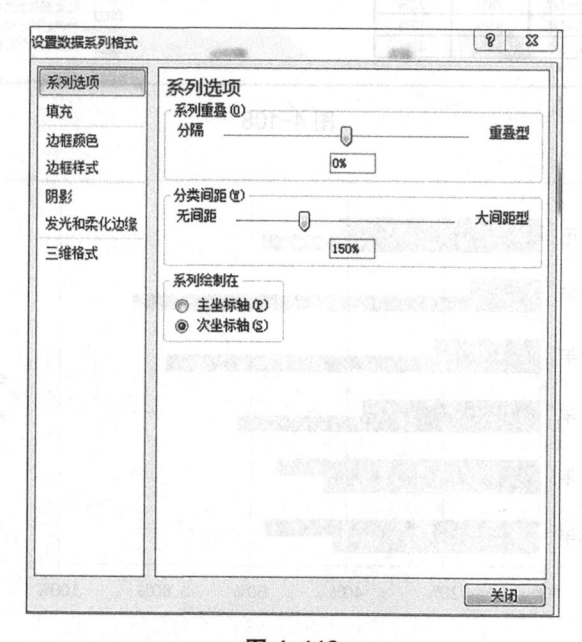

图 4-112

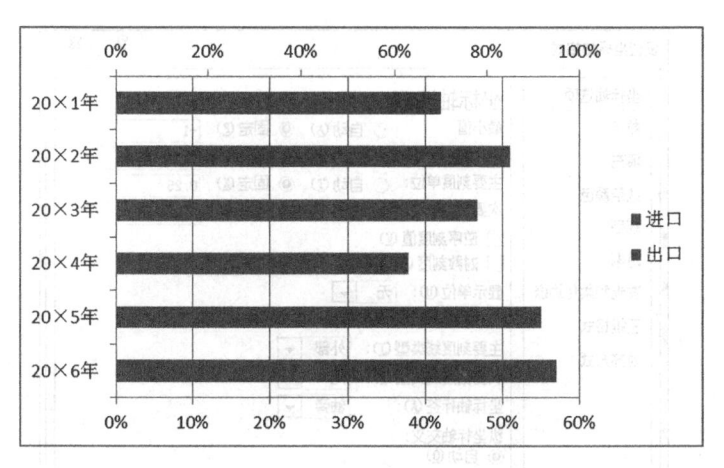

图 4-113

Step5 在图表区域任意空白位置单击鼠标左键,在工作表的最上方,单击"图表工具"→"布局"选项卡,单击左侧"图表区"右边的倒三角按钮,在弹出的下拉菜单中选中"水平(值)轴"选项,如图 4-114 所示。

Step6 选中"水平(值)轴"下面的"设置所选内容格式"选项,如图 4-115 所示。

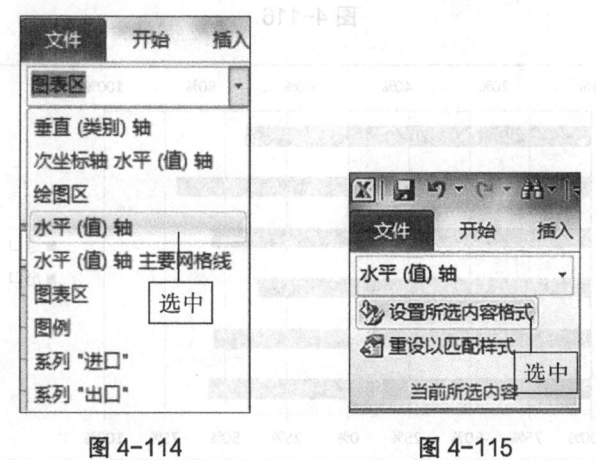

图 4-114　　　　图 4-115

Step7 此时弹出"设置坐标轴格式"对话框。在该对话框中选择左边的"坐标轴选项"选项,在右边的"坐标轴选项"选择框中,单击"最小值"右边的"固定(F)"单选按钮,并将右边的数据改为"-1";单击"最大值"右边的"固定(I)"的单选按钮,并将右边的数据改为"1";单击"主要刻度单位"右边的"固定(X)"单选按钮,并将右边的数据改为"0.25",如图 4-116 所示。单击"关闭"按钮,得到如图 4-117 所示的结果。

83

图 4-116

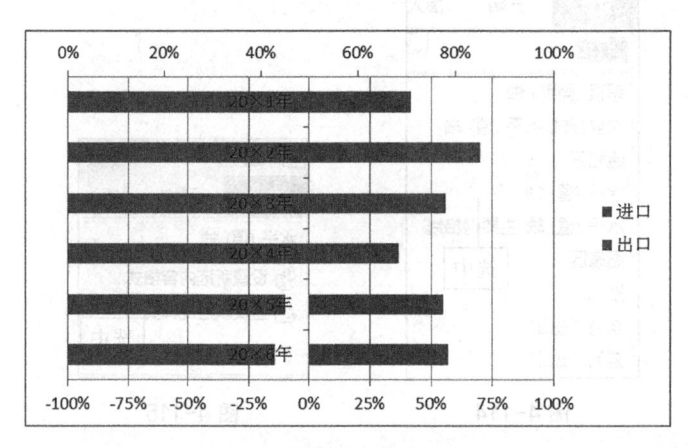

图 4-117

Step8 在图表区域任意空白位置单击鼠标左键,在工作表的最上方,单击"图表工具"→"布局"选项卡,单击左侧"图表区"右边的倒三角按钮,在弹出的下拉菜单中选中"次坐标轴水平(值)轴"选项,如图 4-118 所示。

Step9 选中"次坐标轴水平(值)轴"下面的"设置所选内容格式"选项,如图 4-119 所示。

图 4-118

图 4-119

Step10 此时弹出"设置坐标轴格式"对话框。在该对话框中,选择左边的"坐标轴选项"选项,在右边的"坐标轴选项"选择框中,单击"最小值"右边的"固定(F)"单选按钮,并将右边的数据改为"-1.0";单击"最大值"右边的"固定(I)"单选按钮,并将右边的数据改为"1.0";单击"主要刻度单位"右边的"固定(X)"单选按钮,并将右边的数据改为"0.25";并且选中"逆序刻度值(V)"复选框,如图 4-120 所示。单击"关闭"按钮,得到如图 4-121 所示的效果。

图 4-120

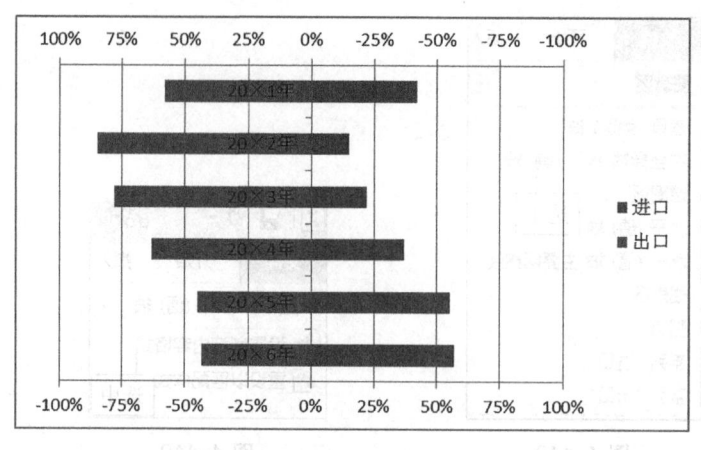

图 4-121

Step11 在图表区域任意空白位置单击鼠标左键,在工作表的最上方,单击"图表工具"→"布局"选项卡,单击左侧"图表区"右边的倒三角按钮,在弹出的下拉菜单中选中"次坐标轴水平(值)轴"选项,如图 4-122 所示。

Step12 选中"次坐标轴 水平(值)轴"下面的"设置所选内容格式"选项,如图 4-123 所示。

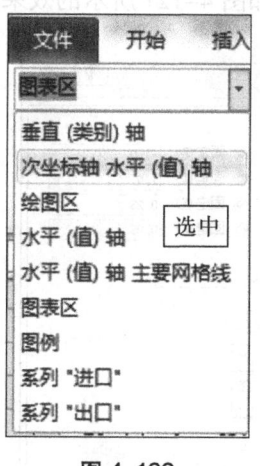

图 4-122　　　　　图 4-123

Step13 此时弹出"设置坐标轴格式"对话框。在该对话框中选中"线条颜色"选项,在右边的"线条颜色"选择框中,单击"无线条(N)"单选按钮,如图 4-124 所示。

Step14 继续在"设置坐标轴格式"对话框中,选中左边的"坐标轴选项"选项,在右边的"坐标轴选项"选择框中,单击"坐标轴标签(A)"后面的倒三角按钮,在下拉菜单中选中"无"选项,如图 4-125 所示。最后单击"关闭"按钮,得到如图 4-126 所示的结果。

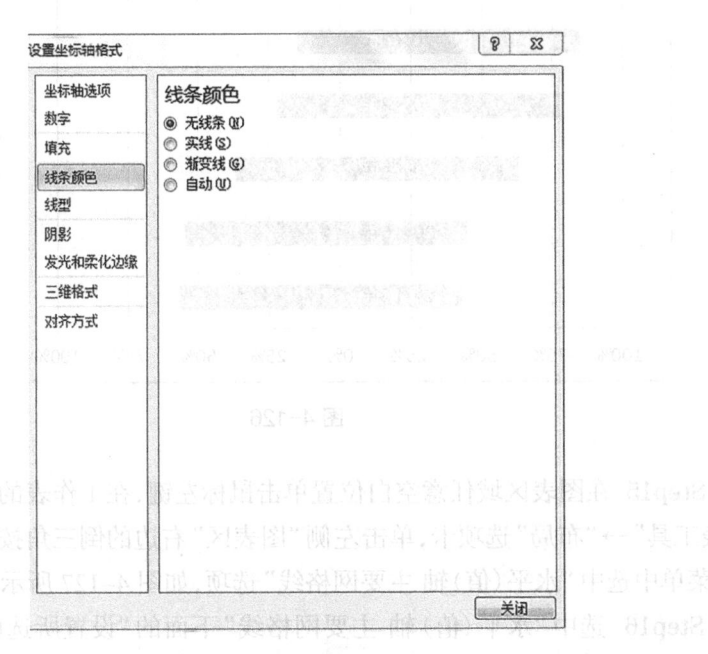

图 4-124

图 4-125

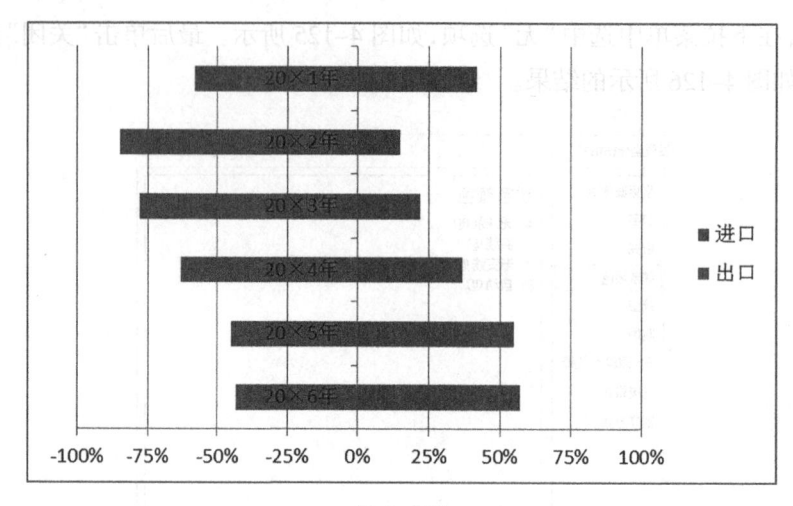

图 4-126

Step15 在图表区域任意空白位置单击鼠标左键,在工作表的最上方,单击"图表工具"→"布局"选项卡,单击左侧"图表区"右边的倒三角按钮,在弹出的下拉菜单中选中"水平(值)轴 主要网格线"选项,如图 4-127 所示。

Step16 选中"水平(值)轴 主要网格线"下面的"设置所选内容格式"选项,如图 4-128 所示。

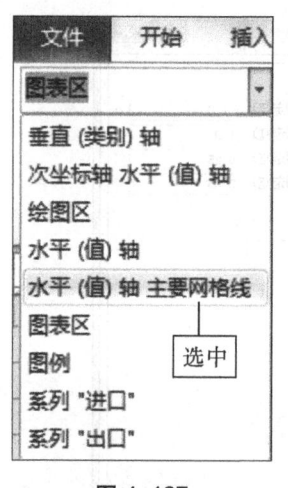

图 4-127    图 4-128

Step17 此时弹出"设置坐标轴格式"对话框。在"设置坐标轴格式"对话框中,选中"线条颜色"选项,单击右边的"线条颜色"选择框中,单击"无线条(N)"单选按钮,如图 4-129 所示。然后单击"关闭"按钮,得到如图 4-130 所示的结果。

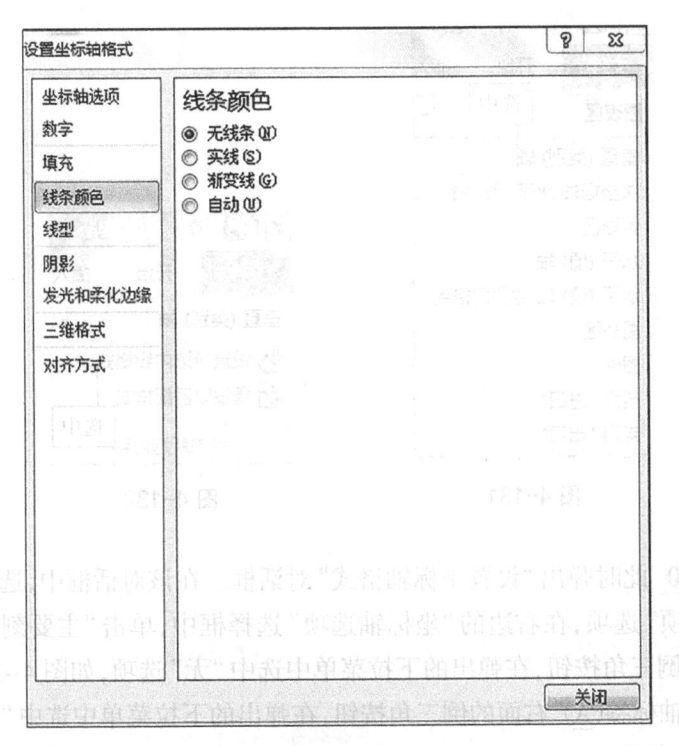

图 4-129

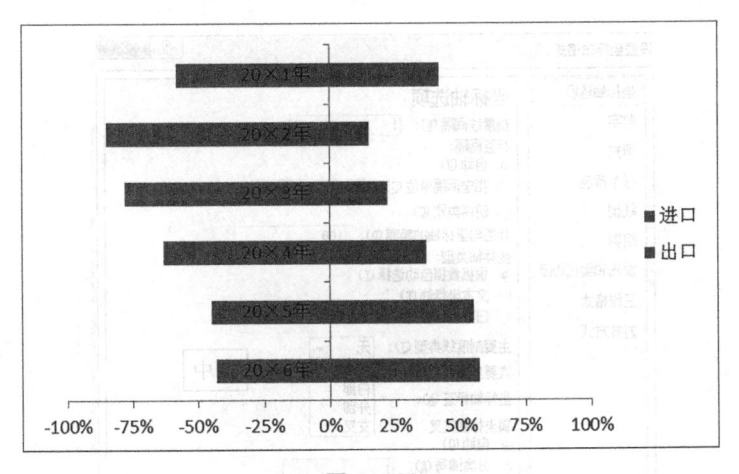

图 4-130

Step18 在图表区域任意空白位置单击鼠标左键,在工作表的最上方,单击"图表工具"→"布局"选项卡,单击左侧"图表区"右边的倒三角按钮,在弹出的下拉菜单中选中"垂直(类别)轴"选项,如图 4-131 所示。

Step19 选中"垂直(类别)轴"下面的"设置所选内容格式"选项,如图 4-132 所示。

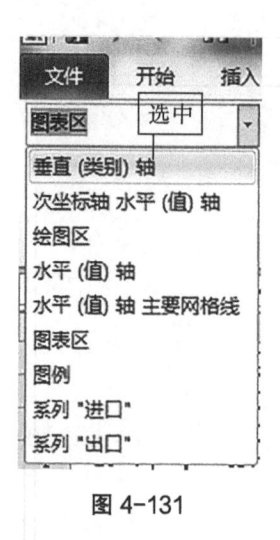

图 4-131　　　　　　　　图 4-132

Step20　此时弹出"设置坐标轴格式"对话框。在该对话框中,选择左边的"坐标轴选项"选项,在右边的"坐标轴选项"选择框中,单击"主要刻度线类型(J)"右面的倒三角按钮,在弹出的下拉菜单中选中"无"选项,如图 4-133 所示;单击"坐标轴标签(A)"右面的倒三角按钮,在弹出的下拉菜单中选中"高"选项,如图 4-134 所示。

图 4-133

图 4-134

Step21 继续在"设置坐标轴格式"对话框中,选中"线型"选项,在右边的"线型"选择框中,在下面的"宽度(W)"中,将宽度数值选择为"2磅"(也可以根据实际情况选择自己觉得合适的宽度),如图 4-135 所示。

图 4-135

Step22 继续在"设置坐标轴格式"对话框中,选择"线条颜色"选项,在右边的"线条颜色"选择框中,单击"实线(S)"单选按钮;单击"颜色(C)"后面的倒三角按钮,在弹出的下拉菜单中选择"黑色"(也可以根据实际情况选择自己觉得合适的颜色),如图 4–136 所示。单击"关闭"按钮,得到如图 4–137 所示的效果。

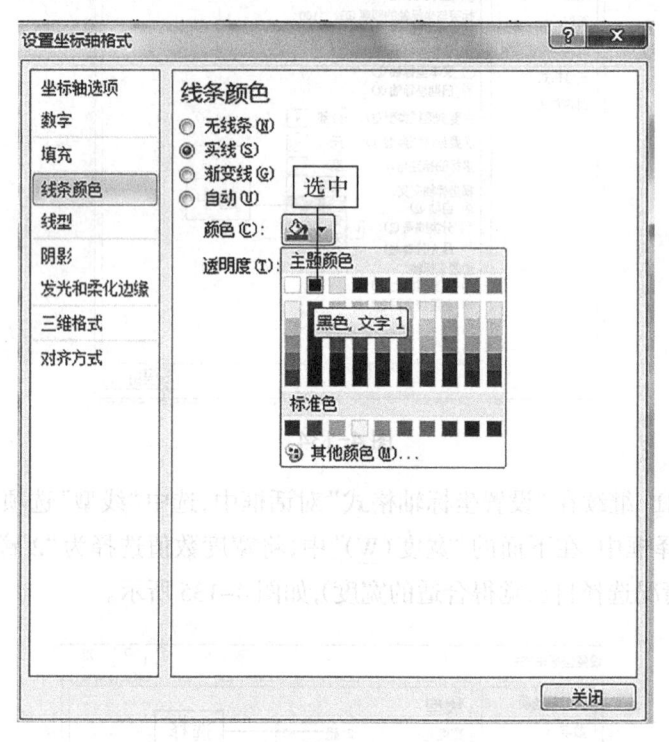

图 4-136

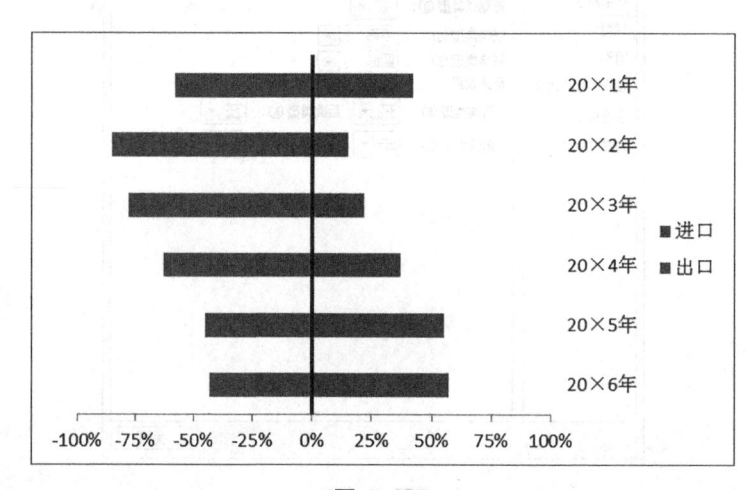

图 4-137

Step23 在图表区域任意空白位置单击鼠标左键,在工作表的最上方,单击"图表工具"→"布局"选项卡,单击左侧"图表区"右边的倒三角按钮,在弹出的下拉菜单中选中"水平(值)轴"选项,如图4-138所示。

Step24 选中"水平(值)轴"下面的"设置所选内容格式"选项,如图4-139所示。

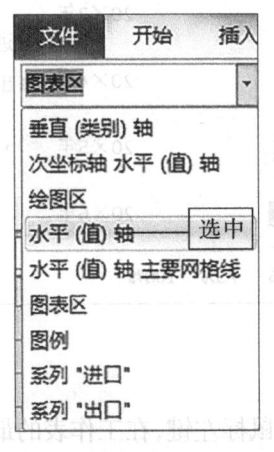

图4-138

图4-139

Step25 此时弹出"设置坐标轴格式"对话框。在该对话框中,选中"数字"选项,在右边的"数字"选择框中,在"格式代码(T)"文本框中输入"0%;0%",再单击后面的"添加(A)"按钮,如图4-140所示。最后单击"关闭"按钮,得到如图4-141所示的效果。

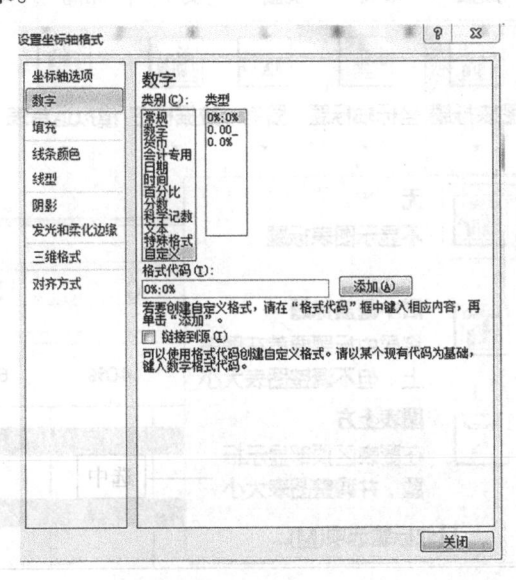

图4-140

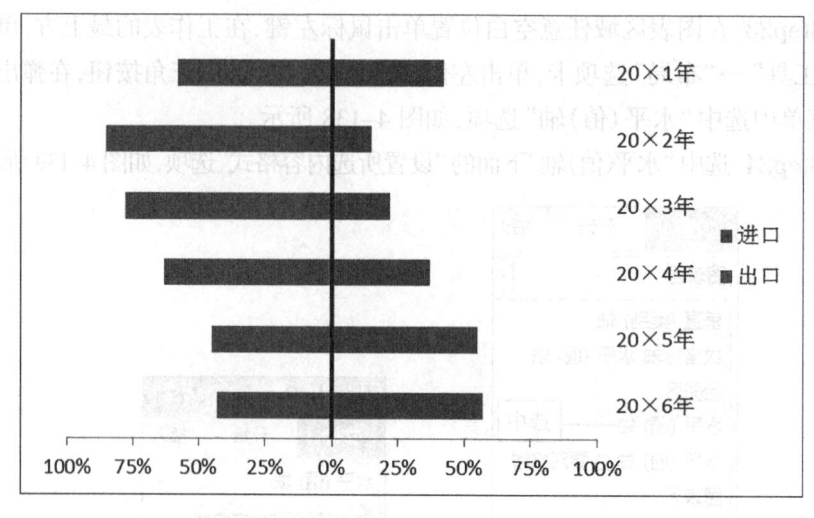

图 4-141

Step26 在图表区域任意空白位置单击鼠标左键,在工作表的最上方,单击"图表工具"→"布局"→"图表标题"选项,选中"图表上方"选项,如图 4-142 所示。并将"图表标题"里面的文字修改为"20×1 年 –20×6 年进出口对比图",得到如图 4-143 所示的效果。

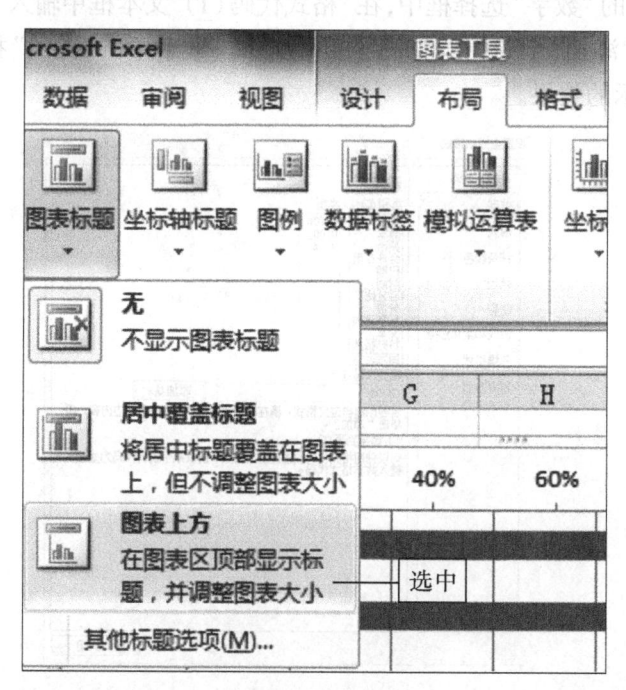

图 4-142

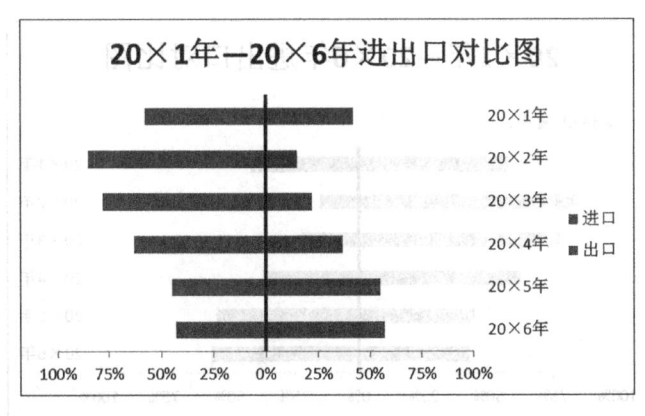

图 4-143

Step27 在图表区域任意空白位置，单击鼠标左键，在工作表的最上方，单击"图表工具"→"布局"→"图例"选项卡，选中"在顶部显示图例"选项，如图 4-144 所示。拖动图例到合适位置，得到如图 4-145 所示的效果。

Step28 在图表区域任意空白位置，单击鼠标左键，在工作表的最上方，单击"图表工具"→"布局"选项卡，单击左侧"图表区"右边的倒三角按钮，在弹出的下拉菜单中选中"系列"进口""选项，如图 4-146 所示。

Step29 选中"系列"进口""下面的"设置所选内容格式"选项，如图 4-147 所示。

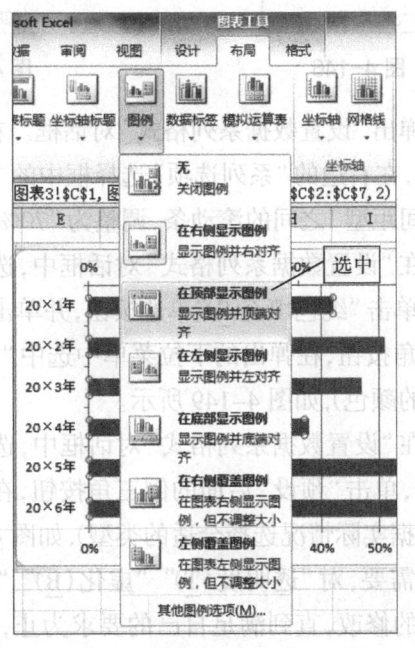

图 4-144

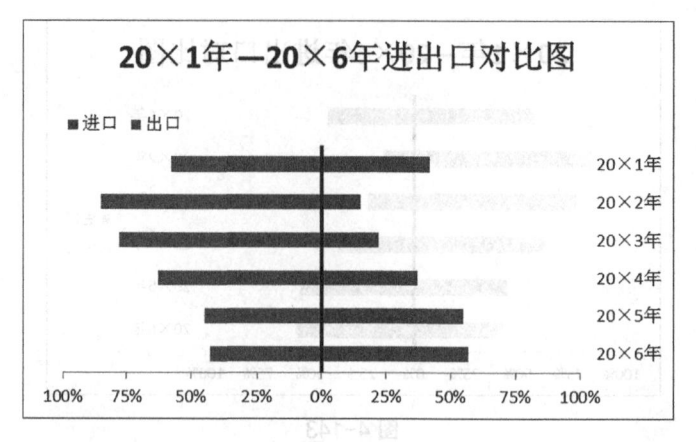

图 4-145

图 4-146

图 4-147

Step30 此时弹出"设置数据系列格式"对话框。在该对话框中,选中左边的"系列选项"选项,在右边的"系列选项"选择框中的"分类间距(W)"下面,拖动"无间距"和"大间距型"之间的滚动条,调整为"70%",如图 4-148 所示。

Step31 继续在"设置数据系列格式"对话框中,选中"填充"选项,在右边的"填充"选择框中单击"纯色填充(S)"单选按钮,并单击"填充颜色"下面的"颜色(C)"后面的倒三角按钮,在弹出的下拉菜单中选中"黄色"选项(也可以根据实际情况选择合适的颜色),如图 4-149 所示。

Step32 继续在"设置数据系列格式"对话框中,选中"阴影"选项,在右边的"阴影"选择框中,单击"预设"后面的倒三角按钮,在下拉菜单中选择"内部右上角"(也可以根据实际情况选择合适的类型),如图 4-150 所示。同时,根据实际情况和自己的需要,对"透明度(T)""虚化(B)""角度(A)"和"距离(D)"等相关项目做相应的修改,直到满足自己的要求为止,如图 4-151 所示。单击"关闭"按钮,得到如图 4-152 所示的效果。

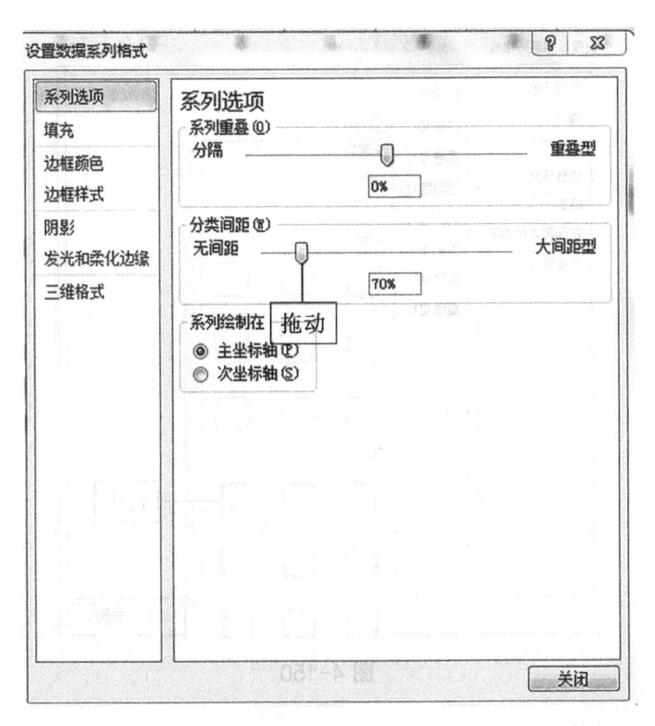

图 4-148

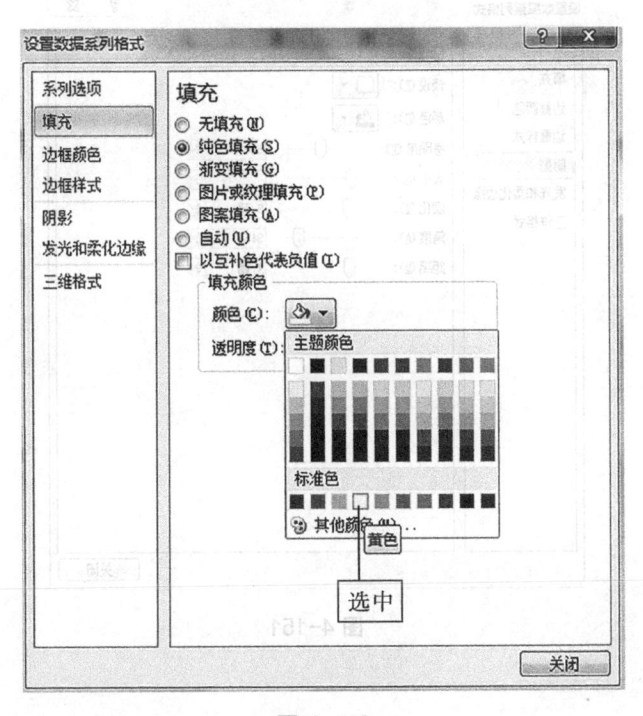

图 4-149

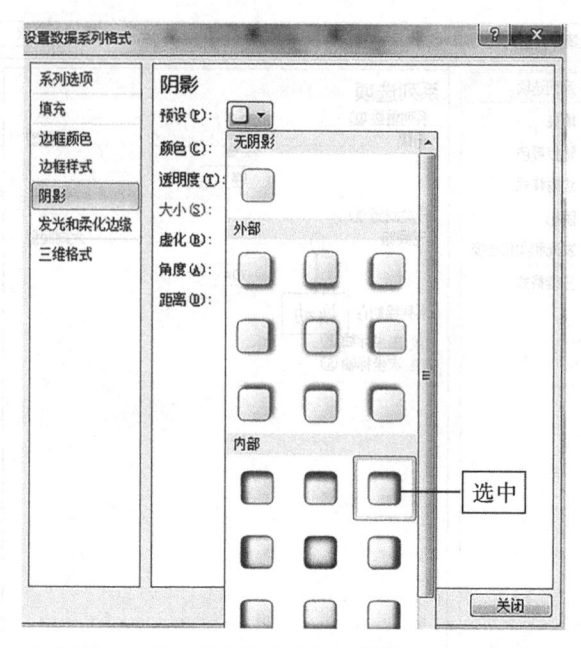

图 4-150

图 4-151

20×1年—20×6年进出口对比图

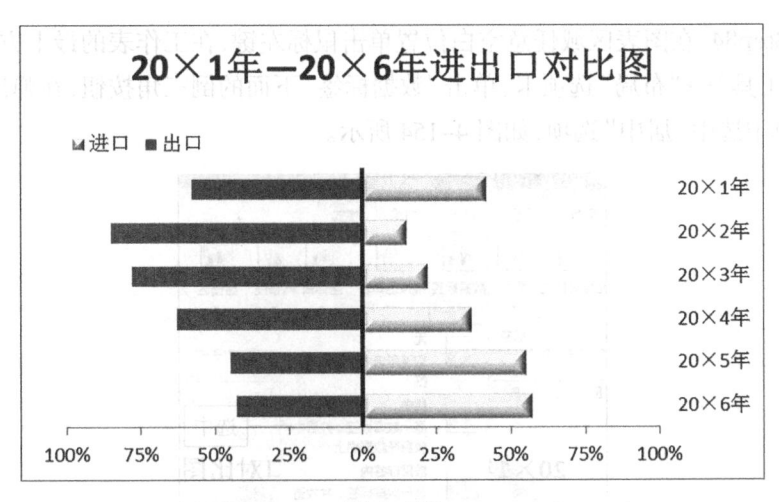

图 4-152

> 如果有进一步要求,可以继续在"设置数据系列格式"的对话框中,对"发光和柔化边缘"和"三维格式"中做相应的调整和修改,在此不再赘述。

Step33 可以参照前面的Step28到Step32,对"系列"出口""做类似的操作,将"系列"出口""的条形填充色改为"绿色",将"阴影"改为"内部右上角"等,在此就不再赘述。最终可以得到如图4-153所示的实际效果。

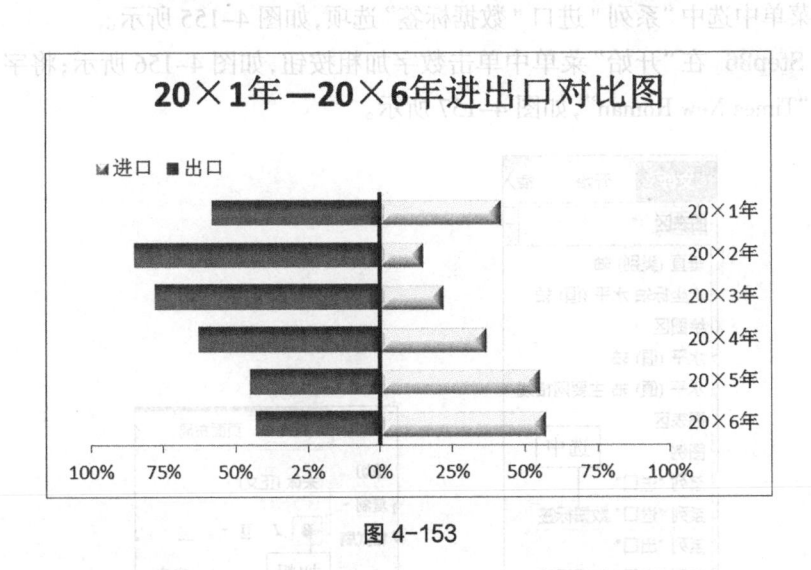

20×1年—20×6年进出口对比图

图 4-153

Step34 在图表区域任意空白位置单击鼠标左键,在工作表的最上方,单击"图表工具"→"布局"选项卡,单击"数据标签"下面的倒三角按钮,在弹出的下拉菜单中选中"居中"选项,如图 4-154 所示。

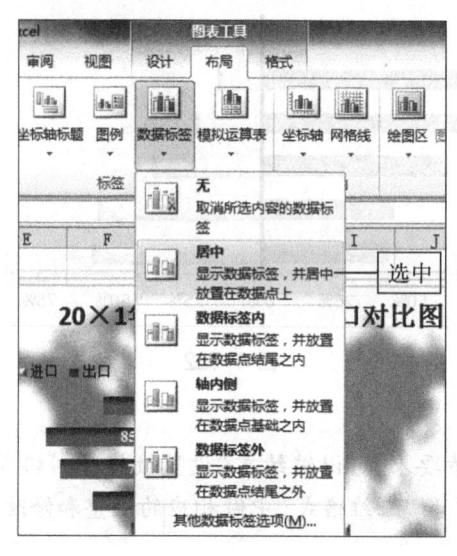

图 4-154

Step35 在图表区域任意空白位置单击鼠标左键,在工作表的最上方,单击"图表工具"→"布局"选项卡,单击左侧"图表区"右边的倒三角按钮,在弹出的下拉菜单中选中"系列"进口"数据标签"选项,如图 4-155 所示。

Step36 在"开始"菜单中单击数字加粗按钮,如图 4-156 所示;将字体调整为"Times New Roman",如图 4-157 所示。

图 4-155 　　　　　　图 4-156

第4章 财务数据的图表处理技巧

Step37 按照Step34到Step36的操作,将"系列"进口"数据标签"的数字加粗,将字体调整为"Times New Roman",并将字体颜色调整为"白色",如图4-158所示,然后得到如图4-159所示的效果。

图 4-157　　图 4-158

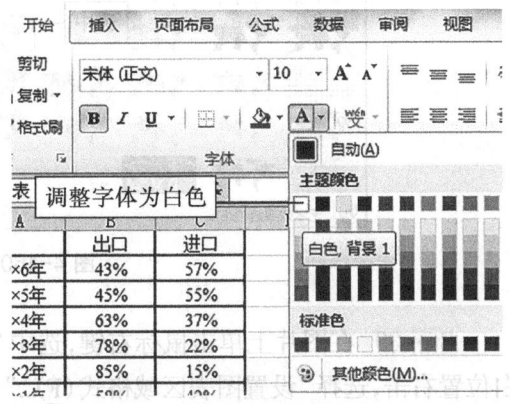

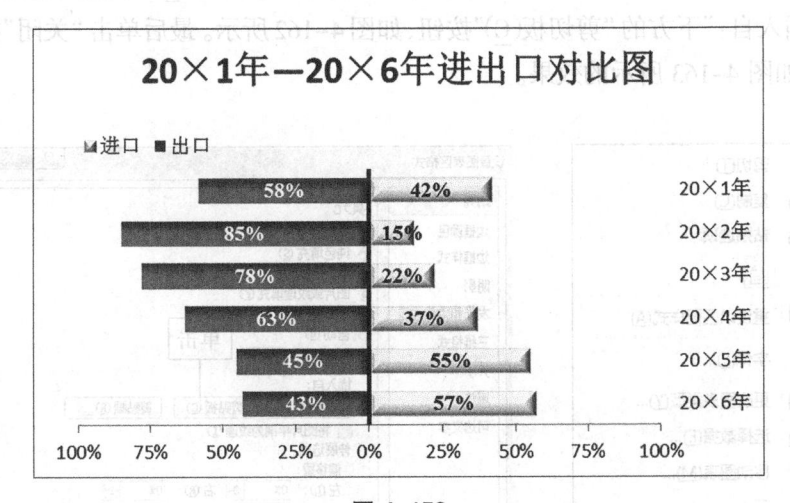

图 4-159

Step38 单击鼠标左键,选中右边的世界地图,在工作表的最上方,单击"图表工具"→"格式"选项卡,单击"艺术效果"下面的倒三角按钮,在弹出的下拉菜单中选中"虚化"选项,如图4-160所示。

101

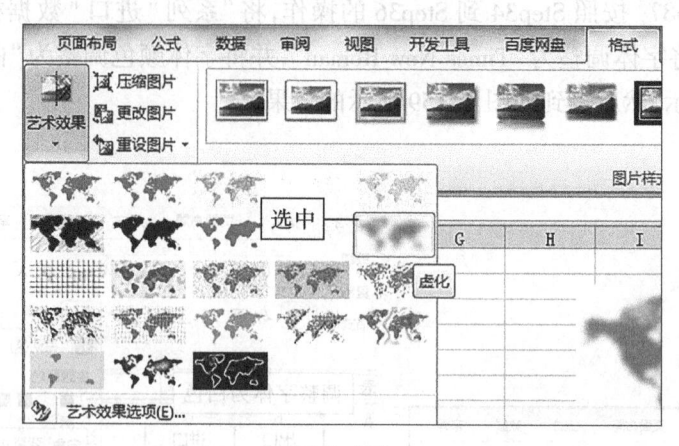

图 4-160

Step39 在图片上单击鼠标右键,选中"复制"选项,在图表区域的任意空白位置右击,选择"设置图表区域格式(F)..."选项,如图 4-161 所示。

Step40 此时弹出"设置图表格式"对话框。在该对话框中选中"填充"选项,在右边的"填充"选择框中,单击"图片或纹理填充(P)"单选按钮,然后单击"插入自:"下方的"剪切板(C)"按钮,如图 4-162 所示。最后单击"关闭"按钮,得到如图 4-163 所示的效果。

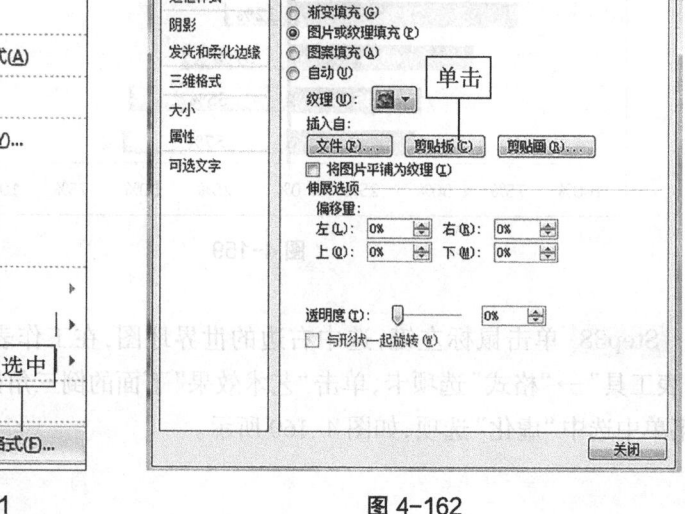

图 4-161

图 4-162

第 4 章 财务数据的图表处理技巧

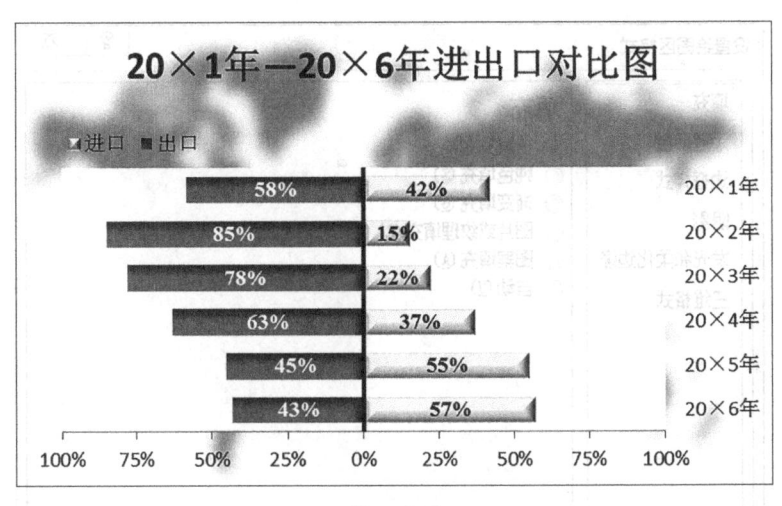

20×1年—20×6年进出口对比图

图 4-163

Step41 单击绘图区,如图 4-164 所示。单击鼠标右键,在弹出的快捷菜单中选中"设置绘图区格式(F)..."选项,如图 4-165 所示。

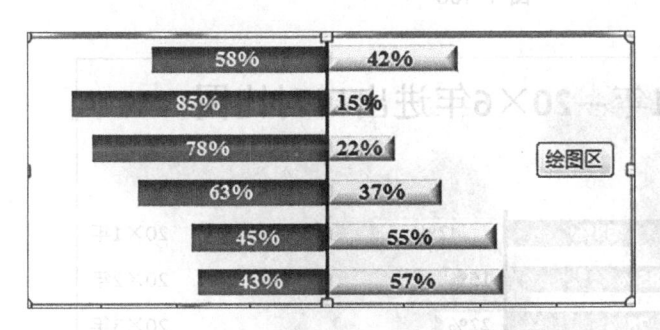

图 4-164　　　　　　　　　　图 4-165

Step42 此时弹出"设置绘图区格式"对话框。在该对话框中选中"填充"选项,在右边的"填充"选择框中,单击"无填充(N)"单选按钮,如图 4-166 所示。最后单击"关闭"按钮,得到如图 4-167 所示的结果。

103

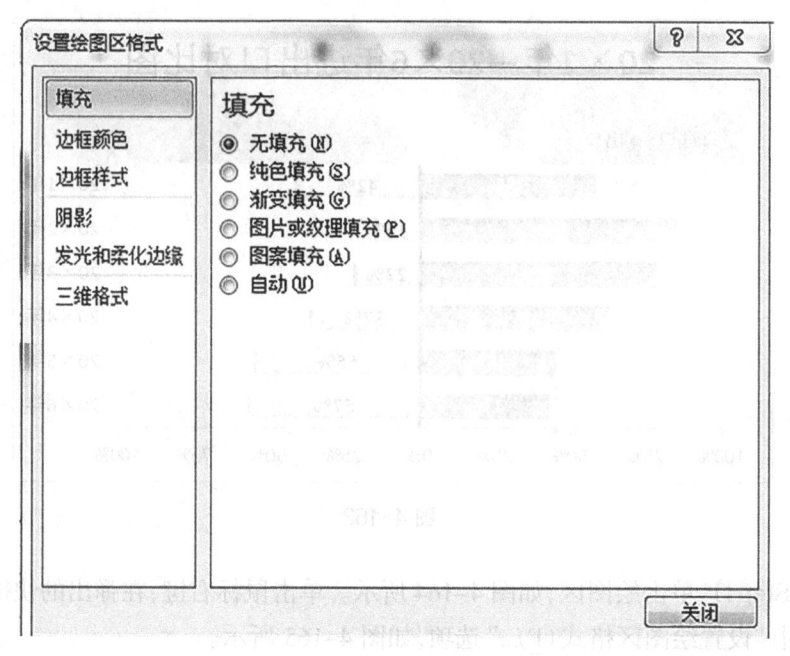

图 4-166

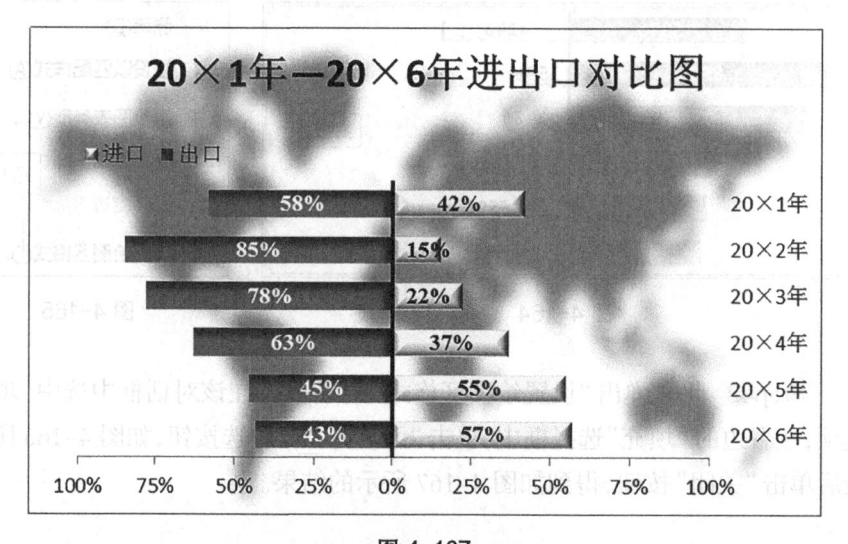

图 4-167

4.4 双层饼图的处理技巧

饼图是常见的用于数据分析的图表工具,单层饼图是最常见的,不需要太多技巧,但是有的财务数据处理中,需要使用到双层饼图,就需要通过一定的变

换和调整才能达到预期的效果。假如存在如表 4-4 所示的数据,需要做成如图 4-168 所示的双层饼图。

表 4-4

销售部门	销售地区	汇总
明星部	上海	66758
	武汉	87660
	深圳	73305
光辉部	上海	54093
	武汉	43574
	深圳	25742
飞跃部	上海	29445
	武汉	27367
	深圳	32339

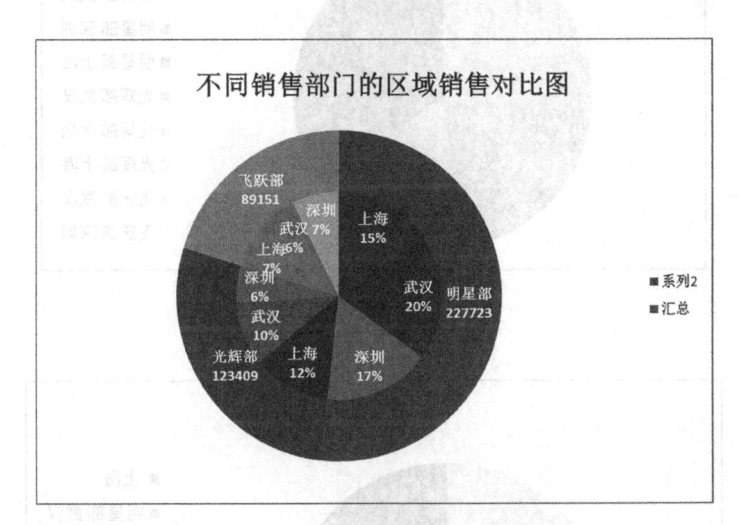

图 4-168

具体的操作步骤如下。

Step1 打开"第 4 章 / 图表 4.xlsx"文件,选中 A1:C10 区域的任何一个单元格,单击"插入"→"饼图"选项卡,选中"二维饼图"的第一个,如图 4-169 所示,得到如图 4-170 所示的饼图。

Step2 鼠标移动到图表区右下角,当鼠标变成 45 度倾斜的双向箭头时,如图 4-171 所示,按住鼠标左键向外拖动鼠标,将整个图表区域拖动放大到适当

105

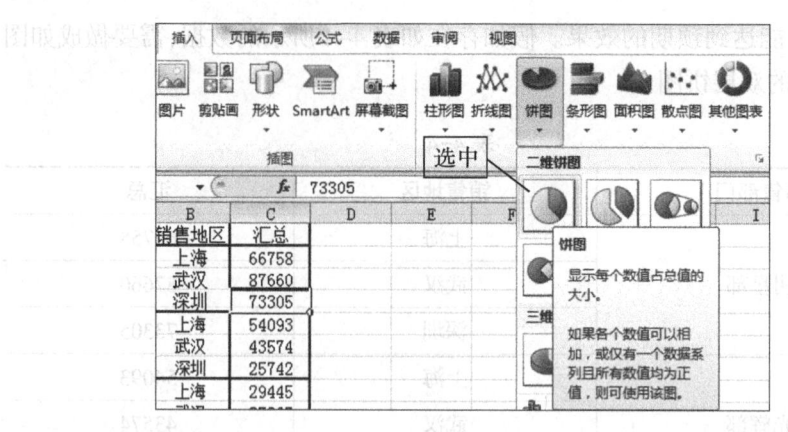

图 4-169

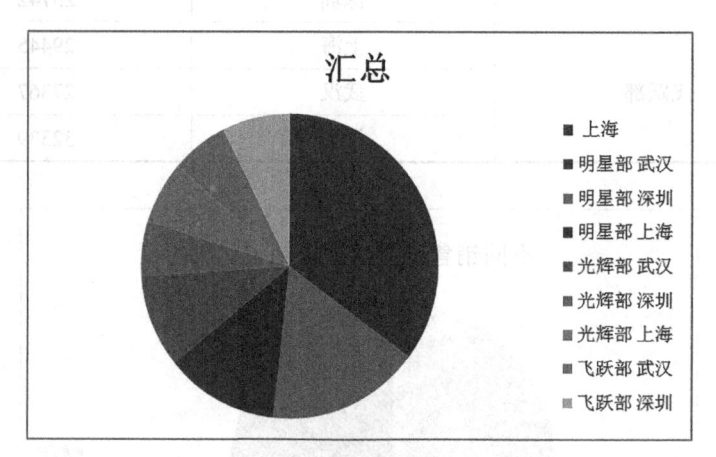

图 4-170

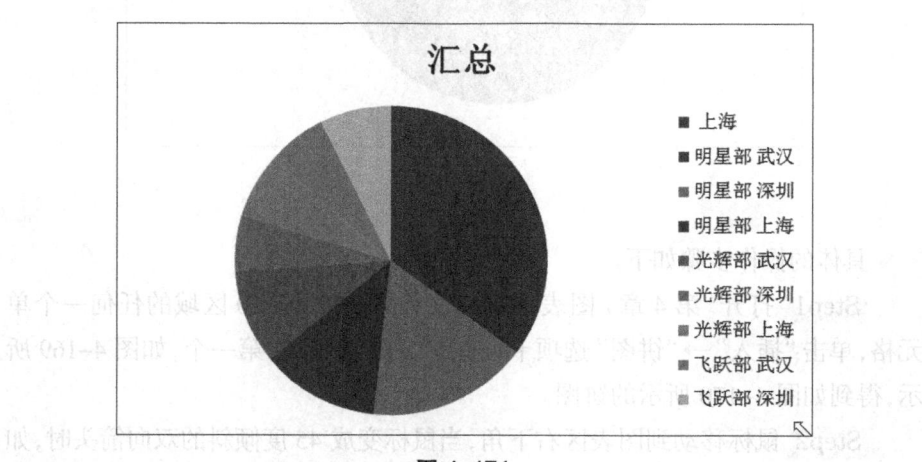

图 4-171

尺寸,然后放开鼠标。

Step3 单击鼠标左键,选中饼图,然后右击,在弹出的下拉菜单中选中"选择数据(E)...",如图4-172所示。

Step4 在弹出的"选择数据源"对话框中,单击"添加(A)"按钮,如图4-173所示。

Step5 此时弹出"编辑数据系列"对话框,在对话框"系列值(V)"下面的编辑框中输入"=图表4!$B$15:$B$17"(熟练的情况下也可以直接框选B15:B17单元格),如图4-174所示。然后单击"确定"按钮,得到如图4-175所示的效果。在图中可以看到,在"汇总"下面新添加了"系列2"的数据,最后单击"确定"按钮。

图 4-172

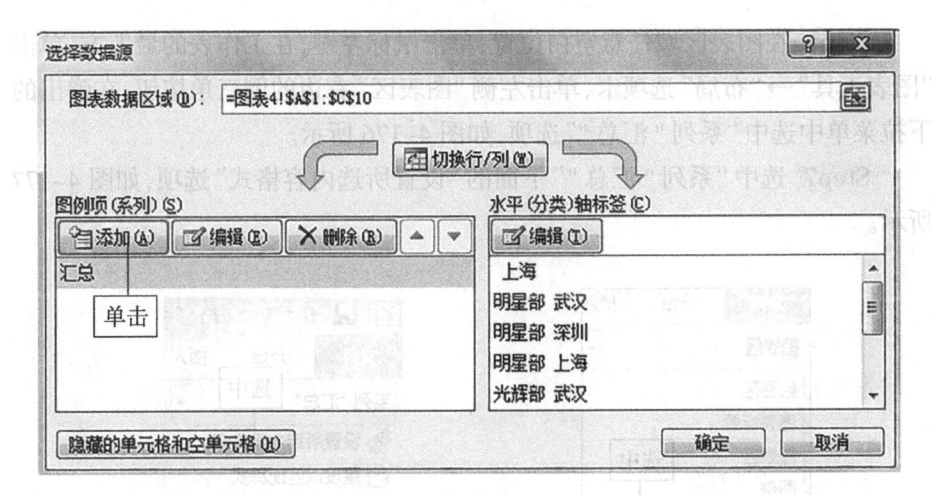

图 4-173

图 4-174

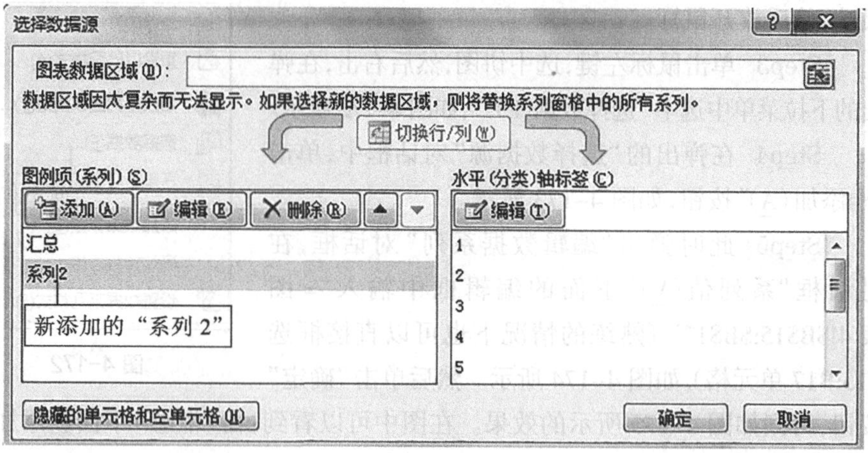

图 4-175

Step6 在图表区域任意空白位置,单击鼠标左键,在工作表的最上方,单击"图表工具"→"布局"选项卡,单击左侧"图表区"右边的倒三角按钮,在弹出的下拉菜单中选中"系列"汇总""选项,如图 4-176 所示。

Step7 选中"系列"汇总""下面的"设置所选内容格式"选项,如图 4-177 所示。

图 4-176 　　　　　图 4-177

Step8 此时弹出"设置数据系列格式"对话框。在该对话框中,选中左边的"系列选项"选项,在右边的"系列选项"选择框中,在下面的"系列绘制在"选项组中,单击"次坐标轴(S)"单选按钮,如图 4-178 所示。然后单击"关闭"按钮,得到如图 4-179 所示的效果。

Step9 单击鼠标左键选中饼图,然后按住鼠标左键,沿着圆点的反方向拖动鼠标然后释放鼠标,得到如图 4-180 所示的效果。

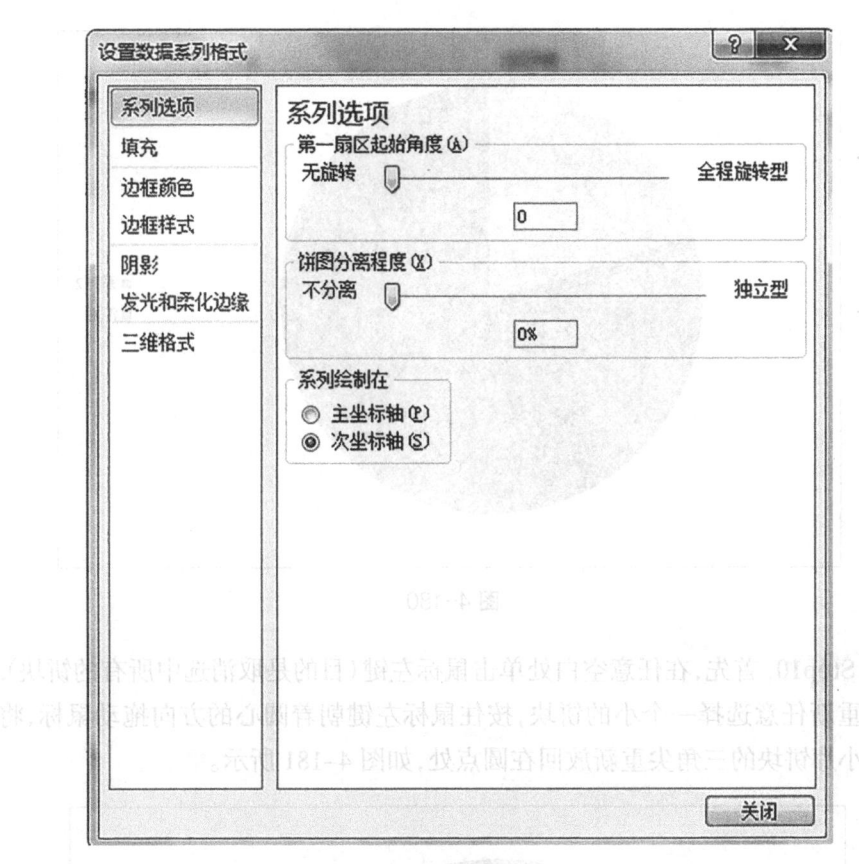

图 4-178

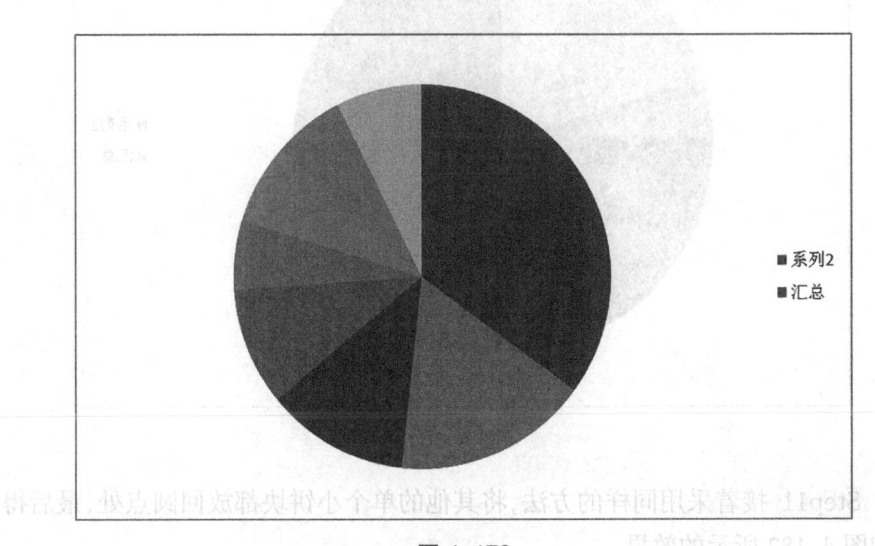

图 4-179

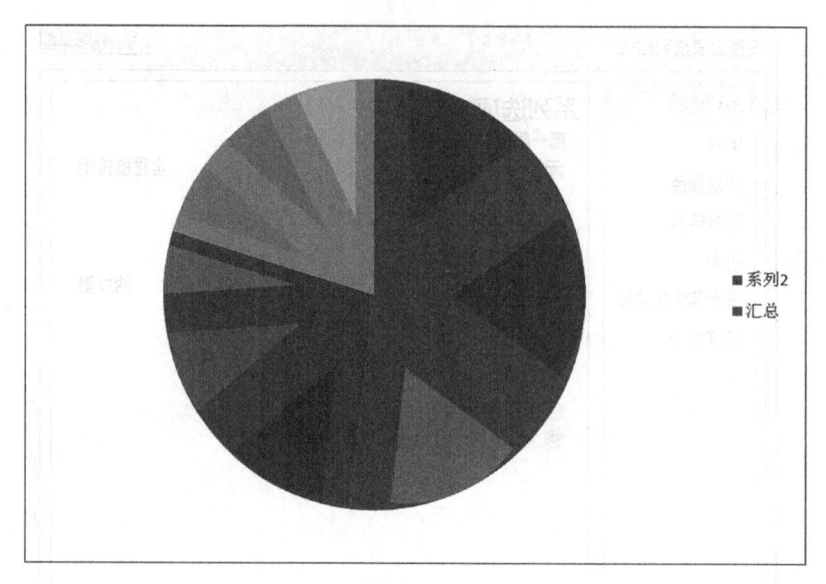

图 4-180

Step10 首先,在任意空白处单击鼠标左键(目的是取消选中所有的饼块),然后重新任意选择一个小的饼块,按住鼠标左键朝着圆心的方向拖动鼠标,将单个小片饼块的三角尖重新放回在圆点处,如图 4-181 所示。

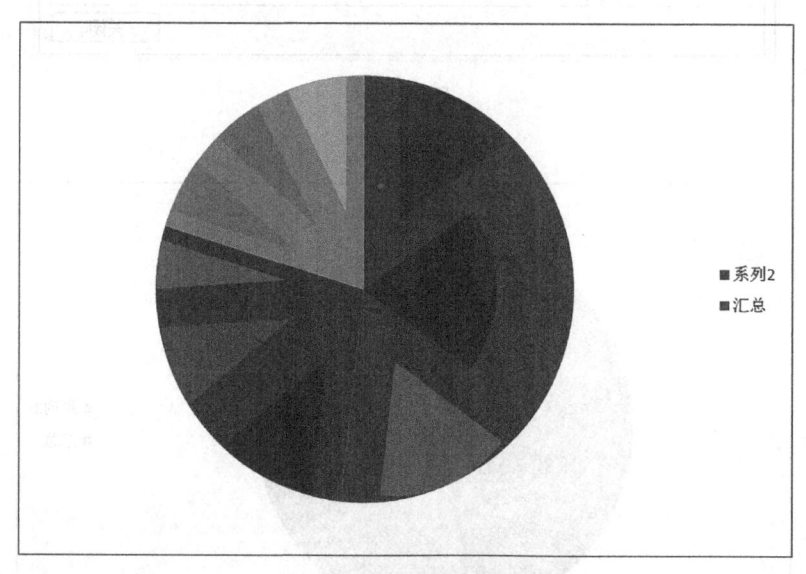

图 4-181

Step11 接着采用同样的方法,将其他的单个小饼块都放回圆点处,最后得到如图 4-182 所示的效果。

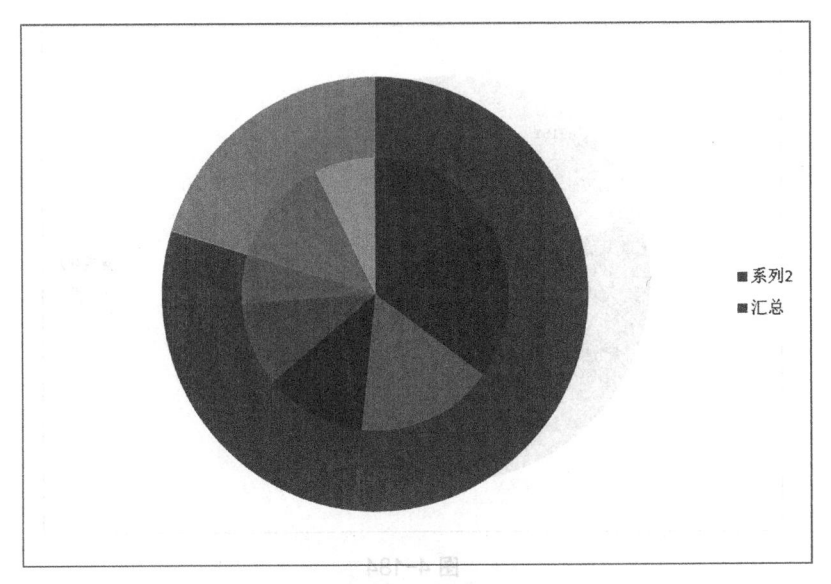

图 4-182

Step12 单击鼠标左键选中饼图,单击"数据标签"下的倒三角按钮,在下拉菜单中选中"数据标签内"选项,如图 4-183 所示,得到如图 4-184 所示的

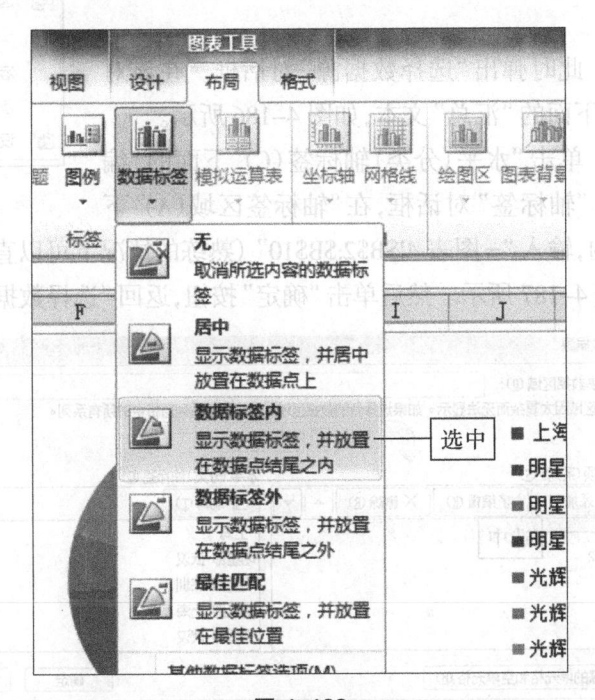

图 4-183

111

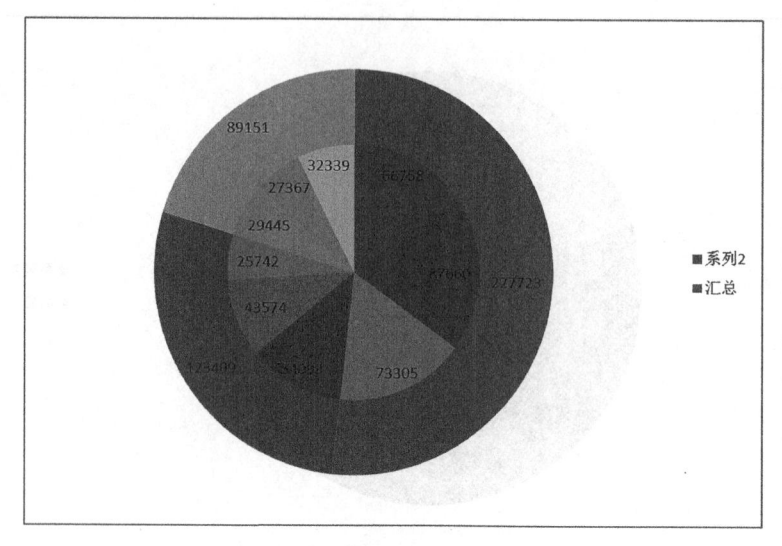

图 4-184

效果。

Step13 单击鼠标左键选中饼图,然后右击鼠标,在弹出的下拉菜单中,选中"选择数据(E)..."选项,如图 4-185 所示。

Step14 此时弹出"选择数据源"对话框。在该对话框中,选中下面的"汇总"文本,如图 4-186 所示。

Step15 单击"水平(分类)轴标签(C)"下面的"编辑(T)",弹出"轴标签"对话框,在"轴标签区域(A)"下面的编辑框内,输入"= 图表 4!$B$2:$B$10"(熟练的情况下可以直接框选 B2:B10 单元格),如图 4-187 所示。然后单击"确定"按钮,返回"选择数据源"对话框。

图 4-185

图 4-186

第4章 财务数据的图表处理技巧

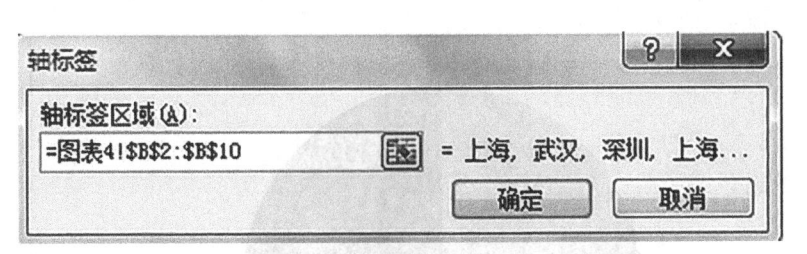

图 4-187

Step16 继续在"选择数据源"对话框中,选中左边的"系列 2",如图 4-188 所示。

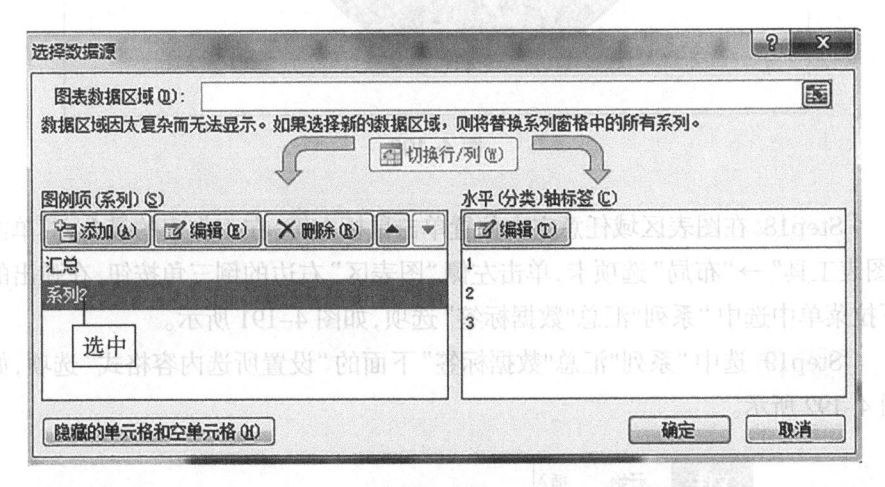

图 4-188

Step17 单击"水平(分类)轴标签(C)"下面的"编辑(T)",弹出"轴标签"对话框,在"轴标签区域(A)"下面的编辑框内,输入"=图表4!$A$15:$A$17"(熟练的情况下可以直接框选 A15:A17 单元格),如图 4-189 所示。然后单击"确定"按钮,回到"选择数据源"对话框。继续单击"确定"按钮,得到如图 4-190 所示的效果。

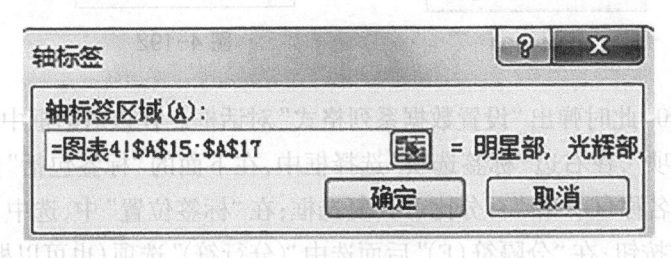

图 4-189

113

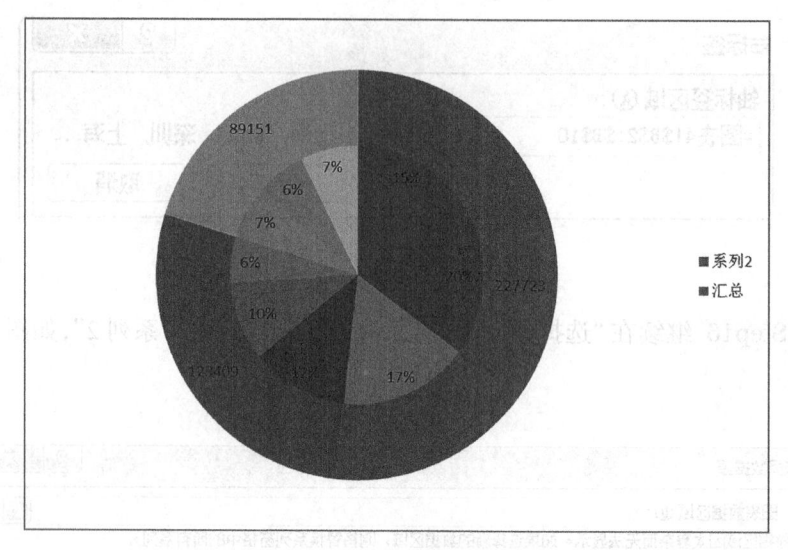

图 4-190

Step18 在图表区域任意空白位置单击鼠标左键,在工作表的最上方,单击"图表工具"→"布局"选项卡,单击左侧"图表区"右边的倒三角按钮,在弹出的下拉菜单中选中"系列"汇总"数据标签"选项,如图 4-191 所示。

Step19 选中"系列"汇总"数据标签"下面的"设置所选内容格式"选项,如图 4-192 所示。

图 4-191

图 4-192

Step20 此时弹出"设置数据系列格式"对话框。在该对话框中,选中左边的"标签选项",在右边"标签选项"选择框中,在下面的"标签包括"选项组中,选中"类别名称(G)"和"百分比(P)"复选框;在"标签位置"中,选中"数据标签内(I)"单选按钮;在"分隔符(E)"后面选中"(分行符)"选项(也可以根据实际情况选择合适的选项),如图 4-193 所示。单击"关闭"按钮,并得到如图 4-194 所示的效果。

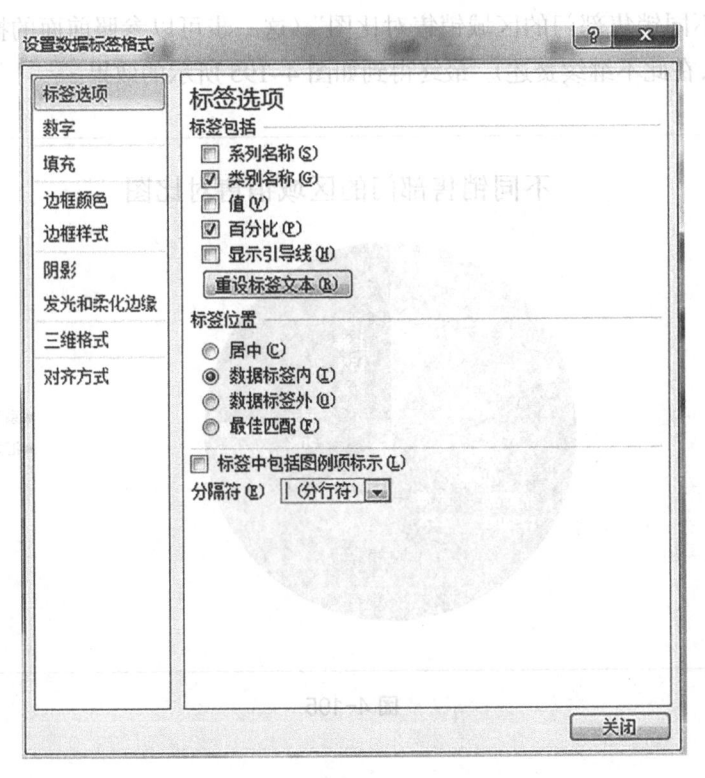

图 4-193

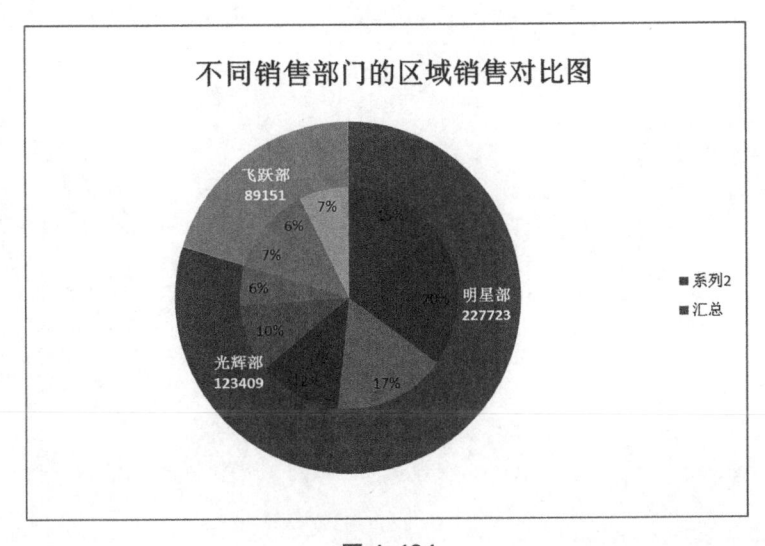

图 4-194

Step21 按照 Step18 到 Step20 的步骤，将"系列2数据标签"也做相应的设置。然后将图例标签里面的文字设置为"黑色"，并加粗；再加上图表标题，并更改为"不同销售部门的区域销售对比图"（这一步可以参照前面的操作流程进行处理，在此不继续赘述）。最终得到如图 4-195 所示的效果。

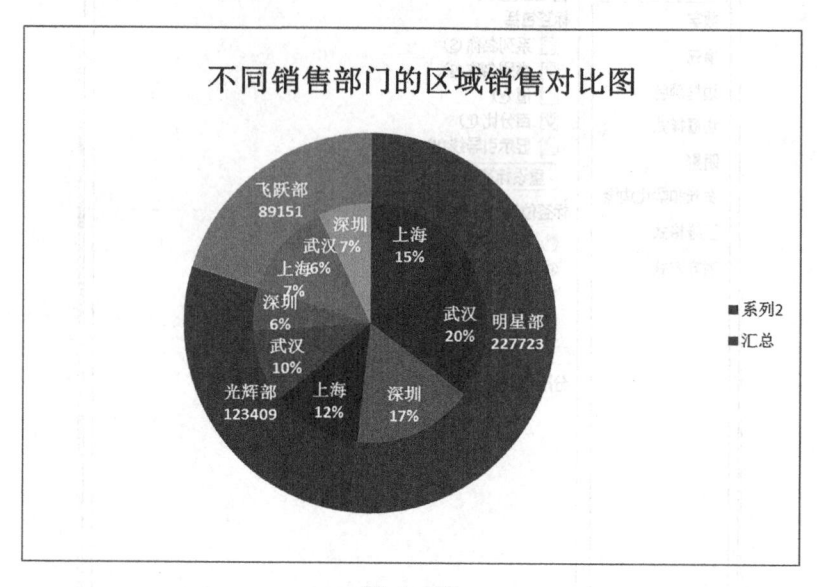

图 4-195

第 5 章

银行贷款的还款额计算

5.1 相对引用与绝对引用

在 Excel 表格中,通常会使用到表格的计算,需要引用不同单元格中的数据。在不同的单元格之间拖动鼠标复制公式的时候,会发现原来单元格中公式里引用的单元格,会随之发生变化。但有时在不同单元格复制公式时,有些数据是不需要变化的,而是要固定在某一个单元格,这就涉及绝对引用的概念。

为了更明确地说明相对引用和绝对引用的概念,下面通过在 Excel 表格中做一个"9×9"乘法口诀表来解释相对引用和绝对引用的概念。

具体的操作步骤如下。

Step1 任意打开一个 Excel 工作表,在 B1、C1、D1 …… J1 单元格中依次输入 1-9 的自然数,在 A2 到 A10 单元格中依次输入 1-9 的自然数。(具体的简化操作步骤可以参考第 1 章的讲解。)

Step2 选中 B2 单元格,在编辑栏中输入"=$A2*B$1",然后按"回车"键,如图 5-1 所示。

图 5-1

Step3 将鼠标移动到 B2 单元格右下角,当出现黑色的"十"字形时,按住

鼠标左键往右拖动至 J2 单元格,然后释放鼠标,得到如图 5-2 所示的结果。

	A	B	C	D	E	F	G	H	I	J
1		1	2	3	4	5	6	7	8	9
2	1	1	2	3	4	5	6	7	8	9
3	2									
4	3									
5	4									
6	5									
7	6									
8	7									
9	8									
10	9									

图 5-2

Step4 选中 B2:J2 单元格区域,将鼠标移动到右下角,当出现黑色的"十"字形时,按住鼠标左键,往下拖动鼠标至 J10 单元格,然后释放鼠标,得到图 5-3 所示的结果。

	A	B	C	D	E	F	G	H	I	J
1		1	2	3	4	5	6	7	8	9
2	1	1	2	3	4	5	6	7	8	9
3	2	2	4	6	8	10	12	14	16	18
4	3	3	6	9	12	15	18	21	24	27
5	4	4	8	12	16	20	24	28	32	36
6	5	5	10	15	20	25	30	35	40	45
7	6	6	12	18	24	30	36	42	48	54
8	7	7	14	21	28	35	42	49	56	63
9	8	8	16	24	32	40	48	56	64	72
10	9	9	18	27	36	45	54	63	72	81

图 5-3

从图 5-3 中可以看出,经过以上操作,最终得到了"9×9"乘法口诀表。从"9×9"乘法口诀表中,可以对"相对引用"与"绝对引用"做出总结:在单元格引用,如果需要固定行数不变,就需在行数前加上"$"符号;如果需要固定列数不变,就需在列数前加上"$"符号;如果整个单元格保持不变,就需要在行数和列数前均加上"$"符号。

5.2 银行按揭贷款的还款额计算

前面章节解释了"相对引用"与"绝对引用"的概念。有时在计算财务数据的时候,经常会应用到"绝对引用",比如:计算银行贷款,对于利率的引用就是典型的"绝对引用"。下面具体对如何针对银行按揭贷款的还款额进行计算。

假如有客户采用按揭的方式从银行获取贷款,贷款总额为 60 万,贷款期限

为 3 年,银行的贷款利率为 5.88%,采用按季度还款的方式,每年还款 4 次。如果客户采用每期等额还款的方式,还款额中包含有本金和利息,现在需要计算该客户每季度应该偿还的额度。

具体的操作步骤如下。

Step1 打开"第 5 章 / 银行按揭贷款 .xlsx"文件。因为此笔贷款是按季度偿还,一共 3 年期,因此需要偿还的期数为 12 期,在 A2:A13 单元格中填充 1–12 的自然数序列,如图 5-4 所示。

还款期数	每期还款额	每期偿还本金	每期偿还利息	剩余本金额
1				
2				
3				
4				
5				
6				
7				
8				
9				
10				
11				
12				

图 5-4

Step2 选中 B2 单元格,在编辑栏中输入公式"=PMT($H$3/4,$H$2*4,-$H$1)",然后按"回车"键,如图 5-5 所示。这里的"PMT"函数就是返回等额偿还额。第一个参数为每期利率,因为此笔贷款是按季度偿还的,一年偿还 4 期,需要将年利率转化为季度利率,所以需要将年率除以 4;第二个参数是期数,此

B2   fx =PMT($H$3/4, $H$2*4,-$H$1)

还款期数	每期还款额	每期偿还利息	每期偿还本金	剩余本金额
1	¥54,905.25			
2				
3				
4				
5				
6				
7				
8				
9				
10				
11				
12				

图 5-5

笔贷款一年需要偿还 4 期，偿还期为 3 年，一共 12 期，所以需要在偿还期的基础上乘以 4；第三个参数为本金现值（贷款总额度），为了使计算的每期偿还额度为正值，所以需要在本金现值（贷款总额度）前面加上一个“-”号。

Step3 选中 C2 单元格，在编辑栏中输入公式“=H1*$H$3/4”，然后按“回车”键，如图 5-6 所示。每期偿还的利息的计算方法是用剩余未偿还本金额乘以每期计算的利率，所以第一期的利息是原始本金（贷款总额度）乘以季度利率（年利率除以 4）。

C2 fx =H1*$H$3/4

	A	B	C	D	E
1	还款期数	每期还款额	每期偿还利息	每期偿还本金	剩余本金额
2	1	¥54,905.25	¥8,820.00		
3	2				
4	3				
5	4				
6	5				
7	6				
8	7				
9	8				
10	9				
11	10				
12	11				
13	12				

图 5-6

Step4 选中 D2 单元格，在编辑栏中输入公式“=B2-C2”，然后按“回车”键，如图 5-7 所示。每期还款额中包含了本金和利息，所以偿还的本金数就等于每期还款额（B2 单元格的金额）减去每期偿还利息（C2 单元格的金额）。

D2 fx =B2-C2

	A	B	C	D	E
1	还款期数	每期还款额	每期偿还利息	每期偿还本金	剩余本金额
2	1	¥54,905.25	¥8,820.00	¥46,085.25	
3	2				
4	3				
5	4				
6	5				
7	6				
8	7				
9	8				
10	9				
11	10				
12	11				
13	12				

图 5-7

Step5 选中 E2 单元格,在编辑栏中输入公式"=H1-D2",然后按"回车"键,如图 5-8 所示。剩余本金额就等于上期的剩余额(这里是贷款总额)减去本期偿还本金额(D2 单元格的金额)。

	A	B	C	D	E
1	还款期数	每期还款额	每期偿还利息	每期偿还本金	剩余本金额
2	1	¥54,905.25	¥8,820.00	¥46,085.25	¥553,914.75
3	2				
4	3				
5	4				
6	5				
7	6				
8	7				
9	8				
10	9				
11	10				
12	11				
13	12				

图 5-8

Step6 选中 B3 单元格,在编辑栏中输入公式"=PMT($H$3/4,$H$2*4,-$H$1)",然后按"回车"键,如图 5-9 所示。

	A	B	C	D	E
1	还款期数	每期还款额	每期偿还利息	每期偿还本金	剩余本金额
2	1	¥54,905.25	¥8,820.00	¥46,085.25	¥545,094.75
3	2	¥54,905.25			
4	3				
5	4				
6	5				
7	6				
8	7				
9	8				
10	9				
11	10				
12	11				
13	12				

图 5-9

Step7 选中 C3 单元格,在编辑栏中输入公式"=E2*$H$3/4",然后按"回车"键,如图 5-10 所示。这里计算利息的基数发生了变化,是以第一期偿还后的剩余本金额(即 E2 单元格的剩余本金额)乘以季度利率(年率除以 4)。

基于 Excel 分析的财务管理实训

	A	B	C	D	E
	C3		fx =E2*$H$3/4		
1	还款期数	每期还款额	每期偿还利息	每期偿还本金	剩余本金额
2	1	¥54,905.25	¥8,820.00	¥46,085.25	¥545,094.75
3	2	¥54,905.25	¥8,012.89		
4	3				
5	4				
6	5				
7	6				
8	7				
9	8				
10	9				
11	10				
12	11				
13	12				

图 5-10

Step8 选中 D3 单元格，在编辑栏中输入公式"=B3-C3"，然后按"回车"键，如图 5-11 所示。偿还的本金额等于每期还款额（B3 单元格的金额）减去本期偿还的利息（C3 单元格的金额）。

	A	B	C	D	E
	D3		fx =B3-C3		
1	还款期数	每期还款额	每期偿还利息	每期偿还本金	剩余本金额
2	1	¥54,905.25	¥8,820.00	¥46,085.25	¥545,094.75
3	2	¥54,905.25	¥8,012.89	¥46,892.36	
4	3				
5	4				
6	5				
7	6				
8	7				
9	8				
10	9				
11	10				
12	11				
13	12				

图 5-11

Step9 选中 E3 单元格，在编辑栏中输入公式"=E2-D3"，然后按"回车"键，如图 5-12 所示。剩余本金额就等于上期的剩余本金额（这里是 E2 单元格的金额）减去本期偿还的本金数额（D3 单元格的金额）。

Step10 选中 B3:E3 单元格区域，将鼠标移动到 E3 单元格右下角，当出现黑色的"十"字形时，按住鼠标左键，往下拖动鼠标至 E13 单元格，释放鼠标（或者将鼠标移动到 E3 单元格右下角，当出现黑色的"十"字形时，双击鼠标左键）。如图 5-13 所示。

	A	B	C	D	E
1	还款期数	每期还款额	每期偿还利息	每期偿还本金	剩余本金额
2	1	¥54,905.25	¥8,820.00	¥46,085.25	¥553,914.75
3	2	¥54,905.25	¥8,142.55	¥46,762.70	¥507,152.05
4	3				
5	4				
6	5				
7	6				
8	7				
9	8				
10	9				
11	10				
12	11				
13	12				

图 5-12

	A	B	C	D	E
1	还款期数	每期还款额	每期偿还利息	每期偿还本金	剩余本金额
2	1	¥54,905.25	¥8,820.00	¥46,085.25	¥553,914.75
3	2	¥54,905.25	¥8,142.55	¥46,762.70	¥507,152.05
4	3	¥54,905.25	¥7,455.14	¥47,450.12	¥459,701.93
5	4	¥54,905.25	¥6,757.62	¥48,147.63	¥411,554.30
6	5	¥54,905.25	¥6,049.85	¥48,855.40	¥362,698.89
7	6	¥54,905.25	¥5,331.67	¥49,573.58	¥313,125.32
8	7	¥54,905.25	¥4,602.94	¥50,302.31	¥262,823.01
9	8	¥54,905.25	¥3,863.50	¥51,041.75	¥211,781.26
10	9	¥54,905.25	¥3,113.18	¥51,792.07	¥159,989.19
11	10	¥54,905.25	¥2,351.84	¥52,553.41	¥107,435.78
12	11	¥54,905.25	¥1,579.31	¥53,325.94	¥54,109.84
13	12	¥54,905.25	¥795.41	¥54,109.84	(¥0.00)

图 5-13

最终，在 E13 单元格中最后的剩余本金额为 0，表示正好 12 期以后，所有的 60 万贷款正好偿还完毕。

5.3 不同偿还期的贷款还款额计算

假如本例中不是按季度偿还，而是按月偿还，并且偿还的期限发生变化，比如是按 10 年偿还，并且年利率变化为 6.26%，又该如何处理呢？如果偿还期限为 5 年、10 年、15 年、20 年、25 年、30 年……又该如何处理呢？

打开"第 5 章 / 不同偿还期的还款额.xlsx 文件，在"不同偿还期的还款额"的工作表中可以看到，B2、C2、D2……G2 单元格中分别是不同的还款期，在 A3:A13 单元格区域中，分别是不同的年利率，贷款总金额为 600000 元。假设所有的贷款是按月偿还，如何计算每个月应该偿还的金额呢？

具体的操作步骤如下。

方法一

Step1 打开"第5章/不同偿还期的还款额.xlsx"文件,在"不同偿还期的还款额"的工作表中选中B3单元格,在编辑栏中输入"=PMT($A3/12,B$2*12,-$K$1)",(因为是按月还款,所以每期利率变为年利率除以12,而每年还款期变成了12,所以乘以12),然后按"回车"键,如图5-14所示。

图 5-14

Step2 选中B3单元格,将鼠标移动到B3单元格右下角,当出现黑色的"十"字形时,按住鼠标左键往右拖动至G3单元格,如图5-15所示。

图 5-15

Step3 选中B3:G3单元格区域,将鼠标移动到G3单元格右下角,当出现黑色的"十"字形时,按住鼠标左键,往下拖动鼠标至G13单元格(或者将鼠标移动到G3单元格右下角,当出现黑色的"十"字形时,双击鼠标左键),如图5-16所示。

第 5 章 银行贷款的还款额计算

	A	B	C	D	E	F	G	H	I	J	K
1		\multicolumn{6}{c	}{偿还期（年）}			贷款额度（元）	¥600,000.00
2		5	10	15	20	25	30			贷款年限	10
3	3.25%	¥10,848.00	¥5,863.14	¥4,216.01	¥3,403.17	¥2,923.90	¥2,611.24			年利率	10.00%
4	3.75%	¥10,982.35	¥6,003.67	¥4,363.33	¥3,557.33	¥3,084.79	¥2,778.69
5	4.25%	¥11,117.73	¥6,146.25	¥4,513.67	¥3,715.41	¥3,250.43	¥2,951.64
6	4.50%	¥11,185.81	¥6,218.30	¥4,589.96	¥3,795.90	¥3,334.99	¥3,040.11
7	5.00%	¥11,322.74	¥6,363.93	¥4,744.76	¥3,959.73	¥3,507.54	¥3,220.93
8	5.55%	¥11,474.55	¥6,526.45	¥4,918.43	¥4,144.29	¥3,702.46	¥3,425.58
9	6.00%	¥11,599.68	¥6,661.23	¥5,063.14	¥4,298.59	¥3,865.81	¥3,597.30
10	6.45%	¥11,725.64	¥6,797.62	¥5,210.17	¥4,455.79	¥4,032.52	¥3,772.70
11	7.00%	¥11,880.72	¥6,966.51	¥5,392.97	¥4,651.79	¥4,240.68	¥3,991.81
12	8.00%	¥12,165.84	¥7,279.66	¥5,733.91	¥5,018.64	¥4,630.90	¥4,402.59
13	9.00%	¥12,455.01	¥7,600.55	¥6,085.60	¥5,398.36	¥5,035.18	¥4,827.74

图 5-16

从最终得到的图 5-16 中可以看出，在不同的还款期对应的不同利率情况下，已经得到了每个月应该偿还的还款额度。通过修改 K1 单元格的贷款金额、A2:A13 单元格区域的年利率、B2:G2 单元格的还款期限，可以计算出不同贷款额、利率及贷款期限下，每个月需要偿还的金额。

方法二

Step1 打开"第 5 章 / 不同偿还期的还款额 .xlsx"文件，在"不同偿还期的还款额"的工作表中选中 A2 单元格，在编辑栏中输入"=PMT（K3/12,K2*12,-$K$1）"，然后按"回车"键，如图 5-17 所示。

	A	B	C	D	E	F	G
1		\multicolumn{6}{c	}{偿还期（年）}
2	¥7,929.04	5	10	15	20	25	30
3	3.25%
4	3.75%
5	4.25%
6	4.50%
7	5.00%
8	5.55%
9	6.00%
10	6.45%
11	7.00%
12	8.00%
13	9.00%

图 5-17

Step2 选中 A2:G13 的单元格区域，在"数据"选项卡下，单击"模拟分析"按钮，从展开的下拉菜单中选中"模拟运算表(T)..."选项，如图 5-18 所示。

图 5-18

Step3 在弹出的"模拟运算表"对话框中,在"输入引用行的单元格(R)"右侧输入"$K$2",在"输入引用列的单元格(C)"右侧输入"$K$3",如图 5-19 所示。

图 5-19

Step4 单击"确定"按钮,返回工作表,最后得到了在不同还款期和不同利率的组合中,按月偿还贷款需要偿还的额度,如图 5-20 所示。

	A	B	C	D	E	F	G
1				偿还期(年)			
2	¥7,929.04	5	10	15	20	25	30
3	3.25%	¥10,848.00	¥5,863.14	¥4,216.01	¥3,403.17	¥2,923.90	¥2,611.24
4	3.75%	¥10,982.35	¥6,003.67	¥4,363.33	¥3,557.33	¥3,084.79	¥2,778.69
5	4.25%	¥11,117.73	¥6,146.25	¥4,513.67	¥3,715.41	¥3,250.43	¥2,951.64
6	4.50%	¥11,185.81	¥6,218.30	¥4,589.96	¥3,795.90	¥3,334.99	¥3,040.11
7	5.00%	¥11,322.74	¥6,363.93	¥4,744.76	¥3,959.73	¥3,507.54	¥3,220.93
8	5.55%	¥11,474.55	¥6,526.45	¥4,918.43	¥4,144.29	¥3,702.46	¥3,425.58
9	6.00%	¥11,599.68	¥6,661.23	¥5,063.14	¥4,298.59	¥3,865.81	¥3,597.30
10	6.45%	¥11,725.64	¥6,797.62	¥5,210.17	¥4,455.79	¥4,032.52	¥3,772.70
11	7.00%	¥11,880.72	¥6,966.51	¥5,392.97	¥4,651.79	¥4,240.68	¥3,991.81
12	8.00%	¥12,165.84	¥7,279.66	¥5,733.91	¥5,018.64	¥4,630.90	¥4,402.59
13	9.00%	¥12,455.01	¥7,600.55	¥6,085.60	¥5,398.36	¥5,035.18	¥4,827.74

图 5-20

第6章

项目投资决策

在财务管理中,我们经常需要对项目进行投资的决策分析,包括对现金流量的计算、项目投资相关指标的计算等。

6.1 项目投资的现金流量

假如某企业考虑扩充生产能力,有甲、乙两个方案。甲方案为购买手动设备,投资40万元,寿命5年,采用直线折旧法,无残值,每年营业收入为24万元,每年的付现成本为8万元。乙购置自动设备,投资48万元,寿命5年,采用双倍余额递减法,有8万元的残值,每年营业收入32万元,付现成本为第1年12万元,以后设备维修费逐年增加1.6万元,另外在第一年年初需垫支营运资金2万元。假设所得税税率为25%,试计算两个方案的现金净流量。

对于现金净流量的计算,通常有三种方法:

方法一

直接法:

NCF= 营业收入 − 付现成本 − 所得税

方法二

间接法:

NCF= 营业收入 − 付现成本 − 所得税

= 营业收入 − (营业成本 − 非付现成本) − 所得税

=(营业收入 − 营业成本 − 所得税)+ 非付现成本

= 税后净利润 + 非付现成本

方法三

税盾法：

NCF= 税后净利润 + 非付现成本

　　=(营业收入 – 付现成本) × (1– 所得税率) + 非付现成本 × 所得税率

对于上面的问题，具体的操作步骤如下。

Step1 打开"第 6 章 / 项目投资的现金净流量 .xlsx"。在"项目投资的现金净流量"工作表中，因为甲方案的期限为 5 年，每年的营业收入均为 24 万元，在 B3 单元格中输入"24"，按"回车"键；再次选中 B3 单元格，将鼠标移动到 B3 单元格右下角，出现黑色"十"字形，按住鼠标左键，向右拖动鼠标至 F3 单元格，这时 B3、C3、D3、E3、F3 的单元格中分别填充了甲方案第一年至第五年的营业收入"24"，如图 6–1 所示。

	A	B	C	D	E	F
1		甲方案（万元）				
2	年数	1	2	3	4	5
3	营业收入(1)	24	24	24	24	24
4	付现成本(2)					
5	折旧(3)					
6	税前利润(4)					
7	所得税(5)=(4)×25%					
8	税后净利润(6)=(4)-(5)					
9	营业现金流量(7)=(1)-(2)-(5)=(3)+(6)					

图 6–1

因为乙方案的期限为 5 年，每年的营业收入均为 32 万元，在 J3 单元格中输入"32"，按"回车"键；再次选中 J3 单元格，将鼠标移动到 J3 单元格右下角，出现黑色"十"字形，按住鼠标左键，向右拖动鼠标至 N3 单元格，这时 J3、K3、L3、M3、N3 的单元格中分别填充了乙方案第一年至第五年的营业收入"32"，如图 6–2 所示。

Step2 因为甲方案每年的付现成本均为 8 万元，在 B4 单元格中输入"8"，按"回车"键；再次选中 B4 单元格，将鼠标移动到 B4 单元格右下角，出现黑色"十"字形，按住鼠标左键，向右拖动鼠标至 F4 单元格，这时 B4、C4、D4、E4、F4 的单元格中分别填充了甲方案第一年至第五年的付现成本"8"，如图 6–3 所示。

因为乙方案第 1 年的付现成本为 12 万元，以后设备维修费逐年增加 1.6 万元，付现成本呈 1.6 的递增，在 J4 的单元格中，输入"12"；选中 K4 单元格，在编辑栏中输入"=J4+1.6"，按"回车"键；再次选中 K4 单元格，将鼠标移动到 K4 单

	I	J	K	L	M	N
1		乙方案（万元）				
2	年数	1	2	3	4	5
3	营业收入(1)	32	32	32	32	32
4	付现成本(2)					
5	折旧(3)					
6	税前利润(4)					
7	所得税(5)=(4)×25%					
8	税后净利润(6)=(4)-(5)					
9	营业现金流量 (7)=(1)-(2)-(5)=(3)+(6)					

图 6-2

	A	B	C	D	E	F
1		甲方案（万元）				
2	年数	1	2	3	4	5
3	营业收入(1)	24	24	24	24	24
4	付现成本(2)	8	8	8	8	8
5	折旧(3)					
6	税前利润(4)					
7	所得税(5)=(4)×25%					
8	税后净利润(6)=(4)-(5)					
9	营业现金流量 (7)=(1)-(2)-(5)=(3)+(6)					

图 6-3

元格右下角，出现黑色"十"字形，按住鼠标左键，向右拖动鼠标至 N4 单元格，这时在 J4、K4、L4、M4、N4 单元格中分别填充了乙方案第一年至第五年的付现成本分别为："12""13.6""15.2""16.8""18.4"，如图 6-4 所示。

	I	J	K	L	M	N
1		乙方案（万元）				
2	年数	1	2	3	4	5
3	营业收入(1)	32	32	32	32	32
4	付现成本(2)	12	13.6	15.2	16.8	18.4
5	折旧(3)					
6	税前利润(4)					
7	所得税(5)=(4)×25%					
8	税后净利润(6)=(4)-(5)					
9	营业现金流量 (7)=(1)-(2)-(5)=(3)+(6)					

图 6-4

Step3 因为甲方案投资 40 万元，寿命 5 年，采用直线折旧法，无残值。选择 B5 单元格，在编辑栏中输入折线折旧函数"=SLN(40,0,5)"，按"回车"键；再次选中 B5 单元格，将鼠标移动到 B5 单元格右下角，出现黑色"十"字形，按住

鼠标左键，向右拖动鼠标至 F5 单元格，这时 B5、C5、D5、E5、F5 单元格中分别填充了甲方案第一年至第五年的折旧费"8"，如图 6-5 所示。

	A	B	C	D	E	F
	B5		=SLN(40, 0, 5)			
1		甲方案（万元）				
2	年数	1	2	3	4	5
3	营业收入(1)	24	24	24	24	24
4	付现成本(2)	8	8	8	8	8
5	折旧(3)	8	8	8	8	8
6	税前利润(4)					
7	所得税(5)=(4)×25%					
8	税后净利润(6)=(4)-(5)					
9	营业现金流量 (7)=(1)-(2)-(5)=(3)+(6)					

图 6-5

因为乙方案投资 48 万元，寿命 5 年，采用双倍余额递减法，有 8 万元的残值。选择 J5 单元格，在编辑栏中输入双倍余额递减法的函数"=DDB(48,8,5,J2)"，按"回车"键；再次选中 J5 单元格，将鼠标移动到 J5 单元格右下角，出现黑色"十"字形，按住鼠标左键，向右拖动鼠标至 L5 单元格；选择 M5 单元格，在编辑栏中输入"=(48-J5-K5-L5-8)/2"；选择 N5 单元格，在编辑栏中输入"=(48-J5-K5-L5-8)/2"。最后，分别在 J5、K5、L5、M5、N5 单元格中分别填充了乙方案第一年至第五年的折旧费分别为："19.2""11.52""6.912""1.184""1.184"，如图 6-6 所示。

	I	J	K	L	M	N
	N5		=(48-J5-K5-L5-8)/2			
1		乙方案（万元）				
2	年数	1	2	3	4	5
3	营业收入(1)	32	32	32	32	32
4	付现成本(2)	12	13.6	15.2	16.8	18.4
5	折旧(3)	19.2	11.52	6.912	1.184	1.184
6	税前利润(4)					
7	所得税(5)=(4)×25%					
8	税后净利润(6)=(4)-(5)					
9	营业现金流量 (7)=(1)-(2)-(5)=(3)+(6)					

图 6-6

Step4 接着，计算甲、乙方案的税前利润，税前利润 = 营业成本 − 付现成本 − 非付现成本（折旧）。

甲方案：在 B6 单元格中输入"=B3-B4-B5"，按"回车"键；再次选中 B6 单元格，将鼠标移动到 B6 单元格右下角，当出现黑色"十"字形时，按住鼠标左键，向右拖动鼠标至 F6 单元格，这时 B6、C6、D6、E6、F6 单元格中分别填充了甲方

案第一年至第五年的税前利润"8",如图6-7所示。

图6-7

	A	B	C	D	E	F
1		甲方案(万元)				
2	年数	1	2	3	4	5
3	营业收入(1)	24	24	24	24	24
4	付现成本(2)	8	8	8	8	8
5	折旧(3)	8	8	8	8	8
6	税前利润(4)	8	8	8	8	8
7	所得税(5)=(4)×25%					
8	税后净利润(6)=(4)-(5)					
9	营业现金流量(7)=(1)-(2)-(5)=(3)+(6)					

B6 单元格公式: =B3-B4-B5

乙方案:在J6单元格中,输入"=J3-J4-J5",按"回车"键;再次选中J6单元格,将鼠标移动到J6单元格右下角,出现黑色"十"字形,按住鼠标左键,向右拖动鼠标至N6单元格,这时J6、K6、L6、M6、N6单元格中分别填充了乙方案第一年至第五年的税前利润分别为:"0.8""6.88""9.888""14.016""12.416",如图6-8所示。

图6-8

	I	J	K	L	M	N
1		乙方案(万元)				
2	年数	1	2	3	4	5
3	营业收入(1)	32	32	32	32	32
4	付现成本(2)	12	13.6	15.2	16.8	18.4
5	折旧(3)	19.2	11.52	6.912	1.184	1.184
6	税前利润(4)	0.8	6.88	9.888	14.016	12.416
7	所得税(5)=(4)×25%					
8	税后净利润(6)=(4)-(5)					
9	营业现金流量(7)=(1)-(2)-(5)=(3)+(6)					

J6 单元格公式: =J3-J4-J5

Step5 接着,计算甲、乙方案的所得税,所得税 = 税前利润 × 所得税税率(40%)。

甲方案:在B7单元格中,输入"=B6*25%",按"回车"键;再次选中B7单元格,将鼠标移动到B7单元格右下角,出现黑色"十"字形,按住鼠标左键,向右拖动鼠标至F7单元格,这时B7、C7、D7、E7、F7单元格中分别填充了甲方案第一年至第五年的所得税"2",如图6-9所示。

乙方案:在J7单元格中,输入"=J6*25%",按"回车"键;再次选中J7单元格,将鼠标移动到J7单元格右下角,出现黑色"十"字形,按住鼠标左键,向右拖动鼠标至M7单元格,这时J7、K7、L7、M7、N7单元格中分别填充了乙方案第一年至第

五年的所得税分别为："0.2""1.72""2.472""3.504""3.104",如图 6-10 所示。

图 6-9

图 6-10

Step6 接着,计算甲、乙方案的税后利润,税后净利润＝税前利润－所得税。

甲方案:在 B8 单元格中,输入"=B6-B7",按"回车"键;再次选中 B8 单元格,将鼠标移动到 B8 单元格右下角,出现黑色"十"字形,按住鼠标左键,向右拖动鼠标至 F8 单元格,这时 B8、C8、D8、E8、F8 单元格中分别填充了甲方案第一年至第五年的税后净利润"6",如图 6-11 所示。

图 6-11

乙方案：在 J8 单元格中输入"=J6-J7"，按"回车"键；再次选中 J8 单元格，将鼠标移动到 J8 单元格右下角，出现黑色"十"字形，按住鼠标左键，向右拖动鼠标至 N8 单元格，这时 J8、K8、L8、M8、N8 单元格中分别填充了乙方案第一年至第五年的税后净利润分别为："0.6""5.16""7.416""10.512""9.312"，如图 6-12 所示。

	I	J	K	L	M	N
1		乙方案（万元）				
2	年数	1	2	3	4	5
3	营业收入(1)	32	32	32	32	32
4	付现成本(2)	12	13.6	15.2	16.8	18.4
5	折旧(3)	19.2	11.52	6.912	1.184	1.184
6	税前利润(4)	0.8	6.88	9.888	14.016	12.416
7	所得税(5)=(4)×25%	0.2	1.72	2.472	3.504	3.104
8	税后净利润(6)=(4)-(5)	0.6	5.16	7.416	10.512	9.312
9	营业现金流量(7)=(1)-(2)-(5)=(3)+(6)					

图 6-12

Step7 接着，计算甲、乙方案的营业现金净流量，营业现金净流量＝营业收入－付现成本－所得税＝税后净利润＋非付现成本(折旧)。

甲方案：在 B9 单元格中，输入"=B5+B8"（或输入"=B3-B4-B7"），按"回车"键；再次选中 B9 单元格，将鼠标移动到 B9 单元格右下角，出现黑色"十"字形，按住鼠标左键，向右拖动鼠标至 F9 单元格，这时 B9、C9、D9、E9、F9 单元格中分别填充了甲方案第一年至第五年的营业现金流量为"14"，如图 6-13 所示。

	A	B	C	D	E	F
1		甲方案（万元）				
2	年数	1	2	3	4	5
3	营业收入(1)	24	24	24	24	24
4	付现成本(2)	8	8	8	8	8
5	折旧(3)					
6	税前利润(4)	8	8	8	8	8
7	所得税(5)=(4)×25%	2	2	2	2	2
8	税后净利润(6)=(4)-(5)	6	6	6	6	6
9	营业现金流量(7)=(1)-(2)-(5)=(3)+(6)	14	14	14	14	14

图 6-13

乙方案：在 J9 单元格中，输入"=J5+J8"（或输入"=J3-J4-J7"），按"回车"键；再次选中 J9 单元格，将鼠标移动到 J9 单元格右下角，出现黑色"十"字形，按住鼠标左键，向右拖动鼠标至 N9 单元格，这时 J9、K9、L9、M9、N9 单元格中分别填充了乙方案第一年至第五年的营业现金流量分别为："19.8""16.68""14.328""11.696""10.496"，如图 6-14 所示。

Step8 最后将各期的现金流量进行汇总。

	I	J	K	L	M	N
		乙方案（万元）				
1						
2	年数	1	2	3	4	5
3	营业收入(1)	32	32	32	32	32
4	付现成本(2)	12	13.6	15.2	16.8	18.4
5	折旧(3)	19.2	11.52	6.912	1.184	1.184
6	税前利润(4)	0.8	6.88	9.888	14.016	12.416
7	所得税(5)=(4)×25%	0.2	1.72	2.472	3.504	3.104
8	税后净利润(6)=(4)-(5)	0.6	5.16	7.416	10.512	9.312
9	营业现金流量(7)=(1)-(2)-(5)=(3)+(6)	19.8	16.68	14.328	11.696	10.496

图 6-14

甲方案：期初有 40 万元的投资额度，各期没有垫付资金，营业期的第一年到第五年的现金流量均为"14"，因此汇总后得到的甲方案现金流量合计如图 6-15 所示。

	A	B	C	D	E	F	G
		甲方案（万元）					
11							
12	年数	0	1	2	3	4	5
13	固定资产投资	-40					
14	垫支流动资金						
15	营业现金流量		14	14	14	14	14
16	净残值收入						
17	营运资金回收						
18	现金流量合计	-40	14	14	14	14	14

图 6-15

乙方案：期初有 48 万元的投资额度，期初有 2 万元的垫付流动资金；营业期的第一年到第五年的现金流量分别为"19.8""16.68""14.328""11.696""10.496"；期末有 8 万元的残值收入，以及回收垫付的 2 万元流动现金，因此汇总后得到的乙方案现金流量合计如图 6-16 所示。

	I	J	K	L	M	N	O
		乙方案（万元）					
11							
12	年数	0	1	2	3	4	5
13	固定资产投资	-48					
14	垫支流动资金	-2					
15	营业现金流量		19.8	16.68	14.328	11.696	10.496
16	净残值收入						8
17	营运资金回收						2
18	现金流量合计	-50	19.8	16.68	14.328	11.696	20.496

图 6-16

6.2 项目投资的评价指标

通过"6.1 项目投资的现金流量"的计算，我们得出了甲、乙两种方案每年

的现金净流量,下面我们就通过相应的项目投资的财务评价指标来对甲、乙两种方案的可行性和优劣进行比较。在财务管理中,对项目投资可行性的评价通常有两类指标:一类是静态指标,一类是动态指标。

6.2.1 项目投资的静态财务指标评价

1. 投资回收期

继续按照"6.1 项目投资的现金流量"的案例,计算甲、乙两种方案的投资回收期,具体操作步骤如下。

Step1 打开"第 6 章 / 投资回收期 .xlsx"。在"投资回收期"工作表中,我们从"6.1 项目投资的现金流量"中已经得出了甲、乙两种方案各期的现金流量。首先计算甲、乙两种方案每期的累计现金流量。

甲方案:选择 B4 单元格,在编辑栏中输入"=B3";选择 C4 单元格,在编辑栏中输入"=B4+C3",按"回车"键;再次选中 C4 单元格,将鼠标移动到 C4 单元格右下角,出现黑色"十"字形,按住鼠标左键,向右拖动鼠标至 G4 单元格,这时 B4、C4、D4、E4、F4、G4 单元格中分别填充了甲方案第一年至第五年的累计现金流量分别为:"-40""-26""-12""2""16""30",如图 6-17 所示。

图 6-17

乙方案:选择 J4 单元格,在编辑栏中输入"=J3";选择 K4 单元格,在编辑栏中输入"=J4-K3",按"回车"键;再次选中 K4 单元格,将鼠标移动到 K4 单元格右下角,出现黑色"十"字形,按住鼠标左键,向右拖动鼠标至 O4 单元格,这时 J4、K4、L4、M4、N4、O4 单元格中分别填充了乙方案第一年至第五年的累计现金流量分别为:"-50""-30.2""-13.52""0.808""12.504""33",如图 6-18 所示。

图 6-18

Step2 计算投资回收期。

甲方案：从甲方案的累计现金流可以看出，从第 2 年到第 3 年，甲方案的累计现金流从负数变成了正数。因此，选中 B5 单元格，在编辑栏中输入"=2+ABS(D4)/E3"，最终得到甲方案的投资回收期约为 2.857 年，如图 6-19 所示。

	A	B	C	D	E	F	G
1		甲方案（万元）					
2		0	1	2	3	4	5
3	现金流量合计	-40	14	14	14	14	14
4	累计现金流量	-40	-26	-12	2	16	30
5	投资回收期			2.857142857		

B5　fx　=2+ABS(D4)/E3

图 6-19

> 提示 ABS( ) 是求绝对值的函数。

乙方案：从乙方案的累计现金流可以看出，从第 2 年到第 3 年，乙方案的累计现金流从负数变成了正数。因此，选中 J5 单元格，在编辑栏中输入"=2+ABS(L4)/M3"，最终得到甲方案的投资回收期为 2.94 年，如图 6-20 所示。

	I	J	K	L	M	N	O
1		乙方案（万元）					
2		0	1	2	3	4	5
3	现金流量合计	-50	19.8	16.68	14.328	11.696	20.496
4	累计现金流量	-50	-30.2	-13.52	0.808	12.504	33
5	投资回收期			2.94			

J5　fx　=2+ABS(L4)/M3

图 6-20

Step3 比较甲、乙两种方案的优劣。从最后计算的投资回收期的结果来看，甲方案的投资回收期约为 2.857 年，而乙方案的投资回收期为 2.94 年，两者的投资回收期差不多相同，甲方案稍微比乙方案提前收回投资额。

2. 投资利润率

继续按照"6.1 项目投资的现金流量"的案例，计算甲、乙两种方案的投资利润率，具体操作步骤如下。

Step1 打开"第 6 章 / 投资利润率 .xlsx"。在"投资利润率"工作表中，我们从"6.1 项目投资的现金流量"中已经得出了甲、乙两种方案期初的固定资产投资额和各期的净利润。

甲方案：选中 B5 单元格，在编辑栏中输入"=AVERAGE(C4:G4)/B3"，最终得到甲方案的投资利润率为 15%，如图 6-21 所示。

	A	B	C	D	E	F	G
	B5	▼	fx	=AVERAGE(C4:G4)/B3			
1		甲方案（万元）					
2		0	1	2	3	4	5
3	固定资产投资	40					
4	税后净利润		6	6	6	6	6
5	投资利润率（ROI）	15.00%					

图 6-21

乙方案：选中 J5 单元格，在编辑栏中输入"=AVERAGE(K4:O4)/J3"，最终得到乙方案的投资利润率为 16.50%，如图 6-22 所示。

	I	J	K	L	M	N	O
	J5	▼	fx	=AVERAGE(K4:O4)/J3			
1		乙方案（万元）					
2		0	1	2	3	4	5
3	固定资产投资	50					
4	税后净利润		0.6	5.16	7.416	10.512	9.312
5	投资利润率（ROI）	16.50%					

图 6-22

Step2 比较甲、乙两种方案的优劣。从最后计算的投资利润率的结果来看，甲方案的投资利润率为 15%，而乙方案的投资利润率为 16.50%，甲方案的收益要比乙方案低。

6.2.2 项目投资的动态财务指标评价

1. 净现值

继续按照"6.1 项目投资的现金流量"的案例，假如资本成本率为 10%，计算甲、乙两种方案的净现值，具体操作步骤如下。

Step1 打开"第6章/净现值.xlsx"。在"净现值"工作表中，我们从"6.1 项目投资的现金流量"中已经得出了甲、乙两种方案各期的现金净流量。

甲方案：选中 B4 单元格，在编辑栏中输入"=B3+NPV(10%,C3:G3)"，最终得到甲方案的净现值为 13.07，如图 6-23 所示。

	A	B	C	D	E	F	G
	B4	▼	fx	=B3+NPV(10%,C3:G3)			
1		甲方案（万元）					
2		0	1	2	3	4	5
3	现金流量合计	-40	14	14	14	14	14
4	净现值（NPV）	13.07					

图 6-23

乙方案：选中 J4 单元格，在编辑栏中输入"=J3+NPV(10%,K3:O3)"，最终得到乙方案的净现值为 13.26，如图 6-24 所示。

	I	J	K	L	M	N	O
1			乙方案（万元）				
2		0	1	2	3	4	5
3	现金流量合计	-50	19.8	16.68	14.328	11.696	20.496
4	净现值（NPV）			13.26			

J4 单元格公式：=J3+NPV(10%,K3:O3)

图 6-24

Step2 比较甲、乙两种方案的优劣。从最后计算的净现值的结果来看，甲方案的净现值为 13.07，而乙方案的净现值为 13.26。甲方案的净现值要比乙方案的净现值低。

2. 净现值率

继续按照"6.1 项目投资的现金流量"的案例，假如资本成本率为 10%，计算甲、乙两种方案的净现值率，具体操作步骤如下。

Step1 打开"第 6 章/净现值率.xlsx"。在"净现值率"工作表中，我们从"6.1 项目投资的现金流量"中已经得出了甲、乙两种方案各期的现金净流量。

甲方案：选中 B4 单元格，在编辑栏中输入"=(B3+NPV(10%,C3:G3))/ABS(B3)"，最终得到甲方案的净现值率为 32.68%，如图 6-25 所示。

	A	B	C	D	E	F	G
1			甲方案（万元）				
2		0	1	2	3	4	5
3	现金流量合计	-40	14	14	14	14	14
4	净现值率（NPVR）			32.68%			

B4 单元格公式：=(B3+NPV(10%,C3:G3))/ABS(B3)

图 6-25

乙方案：选中 J4 单元格，在编辑栏中输入"=(J3+NPV(10%,K3:O3))/ABS(J3)"，最终得到乙方案的净现值率为 26.53%，如图 6-26 所示。

	I	J	K	L	M	N	O
1			乙方案（万元）				
2		0	1	2	3	4	5
3	现金流量合计	-50	19.8	16.68	14.328	11.696	20.496
4	净现值率（NPVR）			26.53%			

J4 单元格公式：=(J3+NPV(10%,K3:O3))/ABS(J3)

图 6-26

Step2 比较甲、乙两种方案的优劣。从最后计算的净现值率的结果来看，甲方案的净现值率为 32.68%，而乙方案的净现值率为 26.53%。甲方案的净现值率要比乙方案的净现值率高。

3. 获利指数

继续按照"6.1 项目投资的现金流量"的案例,假如资本成本率为10%,计算甲、乙两种方案的获利指数,具体操作步骤如下。

Step1 打开"第6章/获利指数.xlsx"。在"获利指数"工作表中,我们从"6.1 项目投资的现金流量"中已经得出了甲、乙两种方案各期的现金净流量。

甲方案:选中 B4 单元格,在编辑栏中输入"=NPV(10%,C3:G3)/ABS(B3)",最终得到甲方案的获利指数为 132.68%,如图 6-27 所示。

	A	B	C	D	E	F	G
1				甲方案(万元)			
2			0	1	2	3	4	5
3	现金流量合计	-40	14	14	14	14	14
4	获利指数(PI)			132.68%			

图 6-27

乙方案:选中 J4 单元格,在编辑栏中输入"=NPV(10%,K3:O3)/ABS(J3)",最终得到乙方案的获利指数为 126.53%,如图 6-28 所示。

	I	J	K	L	M	N	O
1				乙方案(万元)			
2			0	1	2	3	4	5
3	现金流量合计	-50	19.8	16.68	14.328	11.696	20.496
4	获利指数(PI)			126.53%			

图 6-28

Step2 比较甲、乙两种方案的优劣。从最后计算的获利指数的结果来看,甲方案的获利指数为 132.68%,而乙方案的获利指数为 126.53%。甲方案的获利指数比乙方案的获利指数要高。

4. 内部报酬率

继续按照"6.1 项目投资的现金流量"的案例,计算甲、乙两种方案的内部报酬率,具体操作步骤如下。

Step1 打开"第6章/内部报酬率.xlsx"。在"内部报酬率"工作表中,我们从"6.1 项目投资的现金流量"中已经得出了甲、乙两种方案各期的现金净流量。

甲方案:选中 B4 单元格,在编辑栏中输入"=IRR(B3:G3)",最终得到甲方案的内部报酬率为 22.11%,如图 6-29 所示。

	A	B	C	D	E	F	G
1		甲方案（万元）						
2		0	1	2	3	4	5
3	现金流量合计	-40	14	14	14	14	14
4	内部报酬率（IRR）	22.11%					

图 6-29

乙方案：选中 J4 单元格，在编辑栏中输入"=IRR(J3:O3)"，最终得到乙方案的内部报酬率为 20.24%，如图 6-30 所示。

	I	J	K	L	M	N	O
1		乙方案（万元）						
2		0	1	2	3	4	5
3	现金流量合计	-50	19.8	16.68	14.328	11.696	20.496
4	内部报酬率（IRR）	20.24%					

图 6-30

Step2 比较甲、乙两种方案的优劣。从最后计算的内部报酬率的结果来看，甲方案的内部报酬率为 22.11%，而乙方案的内部报酬率为 20.24%。甲方案的内部报酬率比乙方案的内部报酬率要高。

第 7 章

营运资金管理

7.1 现金最佳持有量的规划求解

7.1.1 添加"规划求解"工具

Excel 的求解工具有"单变量求解"工具和"规划求解"工具。"单变量求解"适用于一个只依赖于单个未知变量的目标变量的准确求解。当涉及依赖于单个或者多个未知变量的目标变量的最大化或者最小化的优化问题时,则应当使用"规划求解"。"规划求解"允许用户指定一个或多个约束条件。"规划求解"是一个加载项。如果用户安装了 Excel 的完整版,那么"工具"菜单上会出现"规划求解"命令。如果用户在"工具"菜单上找不到"规划求解"命令,那么应当加载"规划求解"工具,具体操作步骤如下。

Step1 打开"第 7 章 / 现金最佳持有量的规划求解 .xlsx"文件。在"现金最佳持有量的规划求解"工作表中,单击"文件"选项卡,在菜单中选中"选项"命令,如图 7-1 所示。

Step2 弹出"Excel 选项"对话框,选中左侧下面的"加载项"选项,如图 7-2 所示。

Step3 单击"Excel 选项"对话框右侧最下面的"转到(G)..."按钮,如图 7-3 所示。

Step4 弹出"加载宏"对话框,选中"规划求解加载项",如图 7-4 所示,然后单击"确定"按钮。

Step5 回到工作表,单击"数据"选项卡,可以看到在"数据"选项卡下面的功能区中,最右侧出现了"规划求解"按钮,如图 7-5 所示。

通过上面的步骤,工作表就成功地添加了"规划求解"工具按钮。

图 7-1

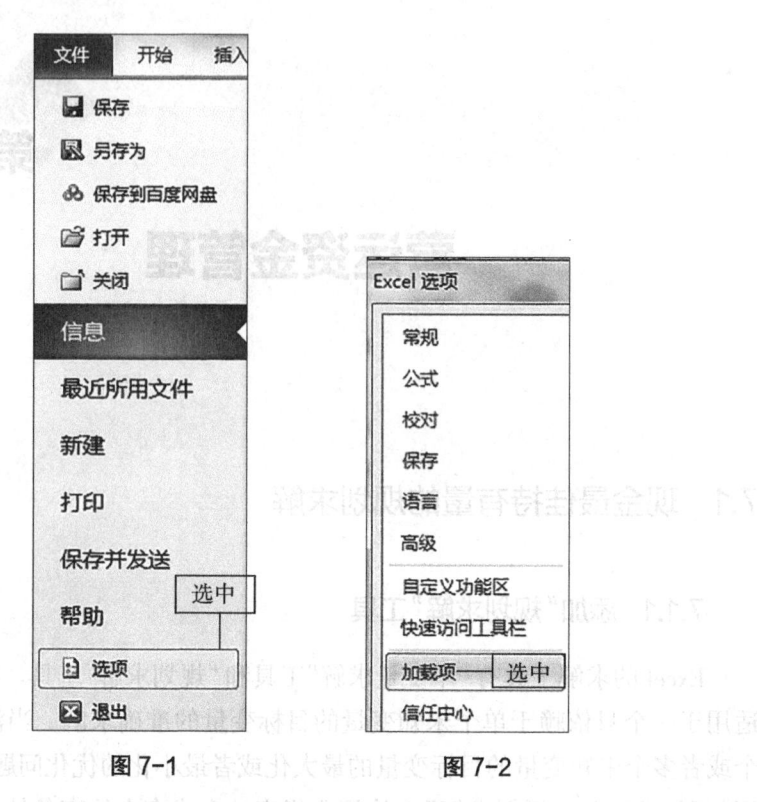

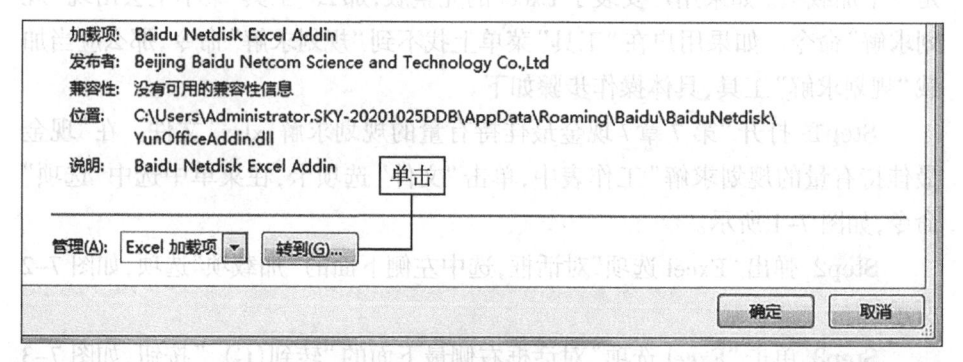

图 7-2

图 7-3

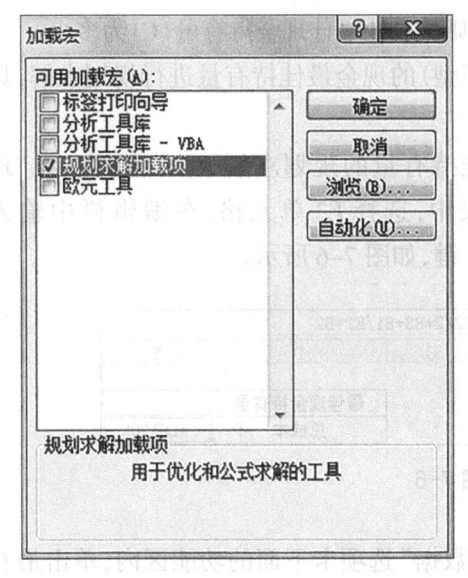

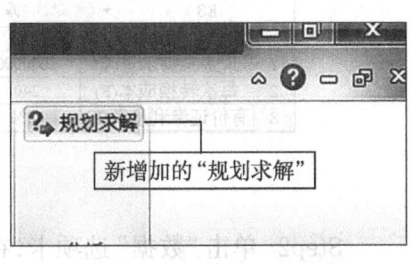

图 7-4　　　　　　　　　　　　　图 7-5

7.1.2　基于存货模式(鲍莫模型)的现金最佳持有量的规划求解

存货模式认为企业现金支出在某一时期内是比较稳定的,假设 C 为企业最高的现金持有量,在每个时间 t 内,C 元现金被均匀地消耗掉,企业便可通过出售短期有价证券获得 C 元现金量来补充,如此不断反复。

在存货模型中,可以只考虑现金的两种成本。

一是持有成本:持有现金所放弃的收益,即持有现金就不能获得有价证券的利息收益,又称机会成本,与现金持有量成正比。

二是转换成本:现金与有价证券转换过程中所发生的固定成本,如经纪人佣金、税金和其他管理成本。它与交易次数有关,与现金持有量无关。

如果现金持有量大,则持有成本较高,但由于减少了转换次数,所以转换成本可降低;反之,现金持有量小,则持有成本较低,但转换成本又会上升。最佳现金持有量就是两种成本之和最低时的现金持有量。

$$TC = \frac{C}{2}R + \frac{T}{C}F$$

其中,TC 表示现金总成本;C 表示现金持有量;R 表示短期有价证券利息率;F 表示每次的转换成本;T 表示一定时期现金总需求量。

假设:某企业预计全年的现金总需求量(T)为 1000000 元,现金与有价证券的转换成本(F)为每次 240 元,有价证券的年利率(R)为 10%。且该企业每个周期需要的最低现金持有量为60000元,则该企业最佳现金持有量(C)为多少?

用Excel对基于存货模式(鲍莫模型)的现金最佳持有量进行规划求解,具体操作步骤如下。

Step1 打开"第7章/现金最佳持有量的规划求解.xlsx"文件。在"现金最佳持有量的规划求解"工作表中,选择E3单元格,在编辑栏中输入"=E2/2*B3+B1/E2*B2",然后按"回车"键,如图7-6所示。

	A	B	C	D	E
1	现金总需求量(T)	1000000			
2	每次转换成本(F)	240		最佳现金持有量	
3	有价证券利息率(R)	10%		总成本	#DIV/0!

图 7-6

Step2 单击"数据"选项卡,在"数据"选项卡下面的功能区内,单击最右边的"规划求解"按钮,如图7-7所示。

图 7-7

Step3 此时弹出"规划求解参数"对话框,在"设置目标:(I)"后面输入"$E$3"(或选中"$E$3"单元格);单击"最小值(N)"单选按钮;在"通过更改可变单元格:(B)"下面的编辑框中输入"$E$2",(或选中"$E$2"单元格),如图7-8所示。

Step4 在"规划求解参数"对话框中,单击"添加(A)"按钮,如图7-9所示。

Step5 弹出"添加约束"对话框,在"单元格引用:(E)"下面的编辑栏中输入"$E$2";中间选择">=";在"约束:(N)"下面的编辑栏中输入"60000",如图7-10所示。

图 7-8

图 7-9

图 7-10

Step6 单击"确定"按钮。返回"规划求解参数"对话框,此时可以看到在"遵守约束:(U)"下面已添加了"$E$2>=60000"的约束条件,如图 7-11 所示。

图 7-11

Step7 单击最下面的"求解(S)"按钮,弹出"规划求解结果"对话框,如图 7-12 所示。

Step8 单击"确定"按钮。返回"现金最佳持有量的规划求解"工作表。在 E2 单元格中得到了"最佳现金持有量"为"69282";在 E3 单元格中,得到"总成

本"为"6928",如图 7-13 所示。

图 7-12

图 7-13

7.2 应收账款的信用政策

7.2.1 信用期限政策

信用期限是企业为客户规定的最长付款时间。延长信用期限,可以扩大销售,增加毛利。但会带来不良后果:一是使平均收账期延长,应收账款增加,导致机会成本增加;二是管理成本及坏账成本的增加。

假如:某企业目前采用现金交易的方式销售产品,年销售数量为 250000 件,产品的单位售价为 30 元,产品的变动成本率为 60%,固定成本为 20000 元。企业为了扩大产品的销售额度,拟订采用下面三个信用条件的备选方案。假设有

价证券利息率为10%,所有的产品均采用赊销的方式,试对信用期限的选择做出决策。相关的信息如表7-1所示。

表7-1

方案	信用条件	增加销售	坏账损失率	收账费用
甲	N/30	22%	3%	35000
乙	N/60	35%	4%	42000
丙	N/90	40%	6%	55000

具体的操作步骤如下。

Step1 打开"第7章/应收账款的信用政策.xlsx"文件。在"信用期限"工作表中,首先计算各种方案下产品的销售量。选择C12单元格,在编辑栏中输入"=$B$12*(1+B3)",然后按"回车"键。再次选中C12单元格,将鼠标移动到C12单元格右下角,出现黑色"十"字形,按住鼠标左键,向右拖动鼠标至E12单元格,然后松开鼠标。这时C12、D12、E12单元格中分别填充了甲、乙、丙三种方案的产品销量,分别为:"305000""337500""350000",如图7-14所示。

	A	B	C	D	E
1	方案	甲(N/30)	乙(N/60)	丙(N/90)	
2	信用期限	30	60	90	
3	增加销售	22%	35%	40%	
4	变动成本率		60%		
5	有价证券利率		10%		
6	坏账损失率	3%	4%	6%	
7	收账费用	35000	42000	55000	
8					
9					单位:元
10		原方案	甲方案(N/30)	乙方案(N/60)	丙方案(N/90)
11	产品单价	30	30	30	30
12	产品销量	250000	305000	337500	350000
13	年销售额①				
14	变动成本②				
15	固定成本③	20000	20000	20000	20000
16	营业利润④=①-②-③				
17	信用成本				
18	机会成本⑤				
19	坏账成本⑥				
20	收账成本⑦				
21	小计⑧=⑤+⑥+⑦				
22	净收益⑨=④-⑧				

图7-14

Step2 接着计算各种方案下的产品年销售额。选择B13单元格,在编

辑栏中输入"=B11*B12",然后按"回车"键。再次选中 B13 单元格,将鼠标移动到 B13 单元格右下角,出现黑色"十"字形,按住鼠标左键,向右拖动鼠标至 E13 单元格,然后松开鼠标。这时 B13、C13、D13、E13 单元格中分别填充了原方案、甲、乙、丙四种方案的产品年销售额,分别为:"7500000""9150000""10125000""10500000",如图 7-15 所示。

	A	B	C	D	E
1	方案	甲(N/30)	乙(N/60)	丙(N/90)	
2	信用期限	30	60	90	
3	增加销售	22%	35%	40%	
4	变动成本率		60%		
5	有价证券利率		10%		
6	坏账损失率	3%	4%	6%	
7	收账费用	35000	42000	55000	
8					
9					单位:元
10		原方案	甲方案(N/30)	乙方案(N/60)	丙方案(N/90)
11	产品单价	30	30	30	30
12	产品销量	250000	305000	337500	350000
13	年销售额①	7500000	9150000	10125000	10500000
14	变动成本②				
15	固定成本③	20000	20000	20000	20000
16	营业利润④=①-②-③				
17	信用成本				
18	机会成本⑤				
19	坏账成本⑥				
20	收账成本⑦				
21	小计⑧=⑤+⑥+⑦				
22	净收益⑨=④-⑧				

图 7-15

Step3 接着计算各种方案下的产品变动成本。选择 B14 单元格,在编辑栏中输入"=B13*$B$4",然后按"回车"键。再次选中 B14 单元格,鼠标移动到 B14 单元格右下角,出现黑色"十"字形,按住鼠标左键,向右拖动鼠标至 E14 单元格,然后松开鼠标。这时 B14、C14、D14、E14 单元格中分别填充了原方案、甲、乙、丙四种方案的产品变动成本,分别为:"4500000""5490000""6075000""6300000",如图 7-16 所示。

Step4 接着计算各种方案下的产品营业利润。选择 B16 单元格,在编辑栏中输入"=B13-B14-B15",然后按"回车"键。再次选中 B16 单元格,将鼠标移动到 B16 单元格右下角,出现黑色"十"字形,按住鼠标左键,向右拖动鼠标至 E16 单元格,然后松开鼠标。这时 B16、C16、D16、E16 单元格中分别填充了原方案、甲、乙、丙四种方案的产品营业利润,分别为:"2980000""3640000""4030000""4180000",如图 7-17 所示。

B14		fx	=B13*$B$4		
	A	B	C	D	E
1	方案	甲(N/30)	乙(N/60)	丙(N/90)	
2	信用期限	30	60	90	
3	增加销售	22%	35%	40%	
4	变动成本率		60%		
5	有价证券利率		10%		
6	坏账损失率	3%	4%	6%	
7	收账费用	35000	42000	55000	
8					
9					单位：元
10		原方案	甲方案(N/30)	乙方案(N/60)	丙方案(N/90)
11	产品单价	30	30	30	30
12	产品销量	250000	305000	337500	350000
13	年销售额①	7500000	9150000	10125000	10500000
14	变动成本②	4500000	5490000	6075000	6300000
15	固定成本③	20000	20000	20000	20000
16	营业利润④=①-②-③				
17	信用成本				
18	机会成本⑤				
19	坏账成本⑥				
20	收账成本⑦				
21	小计⑧=⑤+⑥+⑦				
22	净收益⑨=④-⑧				

图 7-16

B16		fx	=B13-B14-B15		
	A	B	C	D	E
1	方案	甲(N/30)	乙(N/60)	丙(N/90)	
2	信用期限	30	60	90	
3	增加销售	22%	35%	40%	
4	变动成本率		60%		
5	有价证券利率		10%		
6	坏账损失率	3%	4%	6%	
7	收账费用	35000	42000	55000	
8					
9					单位：元
10		原方案	甲方案(N/30)	乙方案(N/60)	丙方案(N/90)
11	产品单价	30	30	30	30
12	产品销量	250000	305000	337500	350000
13	年销售额①	7500000	9150000	10125000	10500000
14	变动成本②	4500000	5490000	6075000	6300000
15	固定成本③	20000	20000	20000	20000
16	营业利润④=①-②-③	2980000	3640000	4030000	4180000
17	信用成本				
18	机会成本⑤				
19	坏账成本⑥				
20	收账成本⑦				
21	小计⑧=⑤+⑥+⑦				
22	净收益⑨=④-⑧				

图 7-17

Step5 接着计算各种方案下产品赊销产生的信用成本。由于原方案采用现金交易，因此不存在信用成本，只计算甲、乙、丙三种方案的信用成本。

第 7 章 营运资金管理

首先计算机会成本。选择 C18 单元格,在编辑栏中输入"=C13*($B$5/360)*B2",然后按"回车"键。再次选中 C18 单元格,将鼠标移动到 C18 单元格右下角,出现黑色"十"字形,按住鼠标左键,向右拖动鼠标至 E18 单元格,然后松开鼠标。这时 C18、D18、E18 单元格中分别填充了甲、乙、三种方案的产品赊销的机会成本,分别为:"76250""168750""262500",如图 7-18 所示。

	A	B	C	D	E
			fx	=C13*($B$5/360)*B2	
1	方案	甲(N/30)	乙(N/60)	丙(N/90)	
2	信用期限	30	60	90	
3	增加销售	22%	35%	40%	
4	变动成本率		60%		
5	有价证券利率		10%		
6	坏账损失率	3%	4%	6%	
7	收账费用	35000	42000	55000	
8					
9					单位:元
10		原方案	甲方案(N/30)	乙方案(N/60)	丙方案(N/90)
11	产品单价	30	30	30	30
12	产品销量	250000	305000	337500	350000
13	年销售额①	7500000	9150000	10125000	10500000
14	变动成本②	4500000	5490000	6075000	6300000
15	固定成本③	20000	20000	20000	20000
16	营业利润④=①-②-③	2980000	3640000	4030000	4180000
17	信用成本				
18	机会成本⑤		76250	168750	262500
19	坏账成本⑥				
20	收账成本⑦				
21	小计⑧=⑤+⑥+⑦				
22	净收益⑨=④-⑧				

图 7-18

Step6 接着计算甲、乙、丙三种方案的坏账成本。选择 C19 单元格,在编辑栏中输入"=C13*B6",然后按"回车"键。再次选中 C19 单元格,鼠标移动到 C19 单元格右下角,出现黑色"十"字形,按住鼠标左键,向右拖动鼠标至 E19 单元格,然后松开鼠标。这时 C19、D19、E19 单元格中分别填充了甲、乙、丙三种方案的产品赊销的坏账成本,分别为:"274500""405000""630000",如图 7-19 所示。

Step7 接着导入甲、乙、丙三种方案的收账成本。选择 C20 单元格,在编辑栏中输入"=B7",然后按"回车"键。再次选中 C20 单元格,鼠标移动到 C20 单元格右下角,出现黑色"十"字形,按住鼠标左键,向右拖动鼠标至 E20 单元格,然后松开鼠标。这时 C20、D20、E20 单元格中分别填充了甲、乙、丙三种方案的产品赊销的收账成本,分别为:"35000""42000""55000",如图 7-20 所示。

151

	A	B	C	D	E
1	方案	甲(N/30)	乙(N/60)	丙(N/90)	
2	信用期限	30	60	90	
3	增加销售	22%	35%	40%	
4	变动成本率		60%		
5	有价证券利率		10%		
6	坏账损失率	3%	4%	6%	
7	收账费用	35000	42000	55000	
8					
9					单位：元
10		原方案	甲方案(N/30)	乙方案(N/60)	丙方案(N/90)
11	产品单价	30	30	30	30
12	产品销量	250000	305000	337500	350000
13	年销售额①	7500000	9150000	10125000	10500000
14	变动成本②	4500000	5490000	6075000	6300000
15	固定成本③	20000	20000	20000	20000
16	营业利润④=①-②-③	2980000	3640000	4030000	4180000
17	信用成本				
18	机会成本⑤		76250	168750	262500
19	坏账成本⑥		274500	405000	630000
20	收账成本⑦				
21	小计⑧=⑤+⑥+⑦				
22	净收益⑨=④-⑧				

图 7-19

	A	B	C	D	E
1	方案	甲(N/30)	乙(N/60)	丙(N/90)	
2	信用期限	30	60	90	
3	增加销售	22%	35%	40%	
4	变动成本率		60%		
5	有价证券利率		10%		
6	坏账损失率	3%	4%	6%	
7	收账费用	35000	42000	55000	
8					
9					单位：元
10		原方案	甲方案(N/30)	乙方案(N/60)	丙方案(N/90)
11	产品单价	30	30	30	30
12	产品销量	250000	305000	337500	350000
13	年销售额①	7500000	9150000	10125000	10500000
14	变动成本②	4500000	5490000	6075000	6300000
15	固定成本③	20000	20000	20000	20000
16	营业利润④=①-②-③	2980000	3640000	4030000	4180000
17	信用成本				
18	机会成本⑤		76250	168750	262500
19	坏账成本⑥		274500	405000	630000
20	收账成本⑦		35000	42000	55000
21	小计⑧=⑤+⑥+⑦				
22	净收益⑨=④-⑧				

图 7-20

Step8 接着计算甲、乙、丙三种方案产品赊销的信用成本小计。选择 C21 单元格,在编辑栏中输入"=C18+C19+C20",然后按"回车"键。再次选中 C21 单元格,鼠标移动到 C21 单元格右下角,出现黑色"十"字形,按住鼠标左键,向右拖动鼠标至 E21 单元格,然后松开鼠标。这时 C21、D21、E21 单元格中分别填充了甲、乙、丙三种方案产品赊销的信用成本合计,分别为:"385750""615750""947500",如图 7-21 所示。

	A	B	C	D	E
1	方案	甲(N/30)	乙(N/60)	丙(N/90)	
2	信用期限	30	60	90	
3	增加销售	22%	35%	40%	
4	变动成本率		60%		
5	有价证券利率		10%		
6	坏账损失率	3%	4%	6%	
7	收账费用	35000	42000	55000	
8					
9					单位:元
10		原方案	甲方案(N/30)	乙方案(N/60)	丙方案(N/90)
11	产品单价	30	30	30	30
12	产品销量	250000	305000	337500	350000
13	年销售额①	7500000	9150000	10125000	10500000
14	变动成本②	4500000	5490000	6075000	6300000
15	固定成本③	20000	20000	20000	20000
16	营业利润④=①-②-③	2980000	3640000	4030000	4180000
17	信用成本				
18	机会成本⑤		76250	168750	262500
19	坏账成本⑥		274500	405000	630000
20	收账成本⑦		35000	42000	55000
21	小计⑧=⑤+⑥+⑦		385750	615750	947500
22	净收益⑨=④-⑧				

图 7-21

Step9 最后,计算原方案、甲、乙、丙四种方案的产品净收益。选择 B22 单元格,在编辑栏中输入"=B16-B21",然后按"回车"键。再次选中 B22 单元格,将鼠标移动到 B22 单元格右下角,出现黑色"十"字形,按住鼠标左键,向右拖动鼠标至 E22 单元格,然后松开鼠标。这时 B22、C22、D22、E22 单元格中分别填充了甲、乙、三种方案的产品净收益,分别为:"2980000""3254250""3414250""3232500",如图 7-22 所示。

通过上面的计算分析,可以发现采用"乙方案(N/60)"最终获得的净收益最大,为 3414250 元。因此,该企业应该选择 60 天的信用期限。

基于 **Excel** 分析的财务管理实训

	A	B	C	D	E
1	方案	甲(N/30)	乙(N/60)	丙(N/90)	
2	信用期限	30	60	90	
3	增加销售	22%	35%	40%	
4	变动成本率		60%		
5	有价证券利率		10%		
6	坏账损失率	3%	4%	6%	
7	收账费用	35000	42000	55000	
8					
9					单位：元
10		原方案	甲方案(N/30)	乙方案(N/60)	丙方案(N/90)
11	产品单价	30	30	30	30
12	产品销量	250000	305000	337500	350000
13	年销售额①	7500000	9150000	10125000	10500000
14	变动成本②	4500000	5490000	6075000	6300000
15	固定成本③	20000	20000	20000	20000
16	营业利润④=①-②-③	2980000	3640000	4030000	4180000
17	信用成本				
18	机会成本⑤		76250	168750	262500
19	坏账成本⑥		274500	405000	630000
20	收账成本⑦		35000	42000	55000
21	小计⑧=⑤+⑥+⑦		385750	615750	947500
22	净收益⑨=④-⑧	2980000	3254250	3414250	3232500

图 7-22

7.2.2 现金折扣政策

现金折扣是企业为了鼓励客户尽早(在规定的期限内)付款而给予的价格扣减。现金折扣包括两方面的内容：一是折扣期限，即在多长时间内给予折扣；二是折扣率，即在折扣期内给予客户多少折扣。现金折扣通常表示为："4/10，2/20，N/30"，意思是 10 天内付款享受 4% 现金折扣，在 20 天内付款可享受 2% 现金折扣，客户在 30 天内付款则无折扣。

继续前面的例题：如果该企业采用"乙方案(N/60)"，但为了加速应收账款回收，决定给对方提供现金折扣，将信用条件改为"2/10，1/30，N/60"（丁方案）。在此现金折扣条件下，预计有 60% 的客户会在 10 天内付款，20% 的客户会在 30 天内付款，坏账损失率下降到 2%，收账费用下降到 25000 元。试对是否采用现金折扣方案做出决策。

具体操作步骤如下。

Step1 打开"第 7 章 / 应收账款的信用政策 .xlsx"文件。在"现金折扣"工作表中，首先计算乙、丁两种方案下产品的销售量。选择 B12 单元格，在编辑栏中输入"=250000*(1+C3)"，然后按"回车"键。再次选中 B12 单元格，鼠标移动到 B12 单元格右下角，出现黑色"十"字形，按住鼠标左键，向右拖动鼠标至 C12 单元格，然后松开鼠标。这时 B12、C12 单元格中分别填充了乙、丁两种方案的产品销量，分别为："337500""337500"，如图 7-23 所示。

	A	B	C
1	方案	乙(N/60)	丁(2/10, 1/30, N/60)
2	信用期限	60	60
3	增加销售	35%	35%
4	变动成本率	60%	
5	有价证券利率	10%	
6	坏账损失率	4%	2%
7	收账费用	42000	25000
8			
9			单位：元
10		乙方案(N/60)	丁方案(2/10, 1/30, N/60)
11	产品单价	30	30
12	产品销量	337500	337500
13	年销售额①		
14	变动成本②		
15	固定成本③	20000	20000
16	营业利润④=①-②-③	-20000	-20000
17	信用成本		
18	机会成本⑤		
19	坏账成本⑥		
20	收账成本⑦		
21	小计⑧=⑤+⑥+⑦		
22	净收益⑨=④-⑧		

图 7-23

Step2 接着计算乙、丁两种方案下产品的年销售额。选择 B13 单元格,在编辑栏中输入"=B11*B12",然后按"回车"键。再次选中 B13 单元格,鼠标移动到 B13 单元格右下角,出现黑色"十"字形,按住鼠标左键,向右拖动鼠标至 C13 单元格,然后松开鼠标。这时 B13、C13 单元格中分别填充了乙、丁两种方案的产品年销售额,分别为："10125000""10125000",如图 7-24 所示。

Step3 接着计算乙、丁两种方案下产品的变动成本。选择 B14 单元格,在编辑栏中输入"=B13*$B$4",然后按"回车"键。再次选中 B14 单元格,将鼠标移动到 B14 单元格右下角,出现黑色"十"字形,按住鼠标左键,向右拖动鼠标至 C14 单元格,然后松开鼠标。这时 B14、C14 单元格中分别填充了乙、丁两种方案的产品变动成本,分别为："6075000""6075000",如图 7-25 所示。

Step4 接着计算乙、丁两种方案下产品的营业利润。选择 B16 单元格,在编辑栏中输入"=B13-B14-B15",然后按"回车"键。再次选中 B16 单元格,鼠标移动到 B16 单元格右下角,出现黑色"十"字形,按住鼠标左键,向右拖动鼠标至 C16 单元格,然后松开鼠标。这时 B16、C16 单元格中分别填充了乙、丁两种方案的产品营业利润,分别为："4030000""4030000",如图 7-26 所示。

Step5 接着计算乙、丁两种方案下产品的信用成本。首先计算机会成本,选择 B18 单元格,在编辑栏中输入"=B13*($B$5/360)*B2",然后按"回车"键;选择 C18 单元格,在编辑栏中输入"=C13*($B$5/360)*

(60%*10+20%*30+20%*60)",然后按"回车"键。最后分别得到乙、丁方案下产品赊销的机会成本,分别为:"168750""67500",如图7-27所示。

Step6 接着计算乙、丁两种方案下产品赊销的坏账成本。选择B19单元格,

	A	B	C
	B13	fx =B11*B12	
1	方案	乙(N/60)	丁(2/10, 1/30, N/60)
2	信用期限	60	60
3	增加销售	35%	35%
4	变动成本率	60%	
5	有价证券利率	10%	
6	坏账损失率	4%	2%
7	收账费用	42000	25000
8			
9			单位:元
10		乙方案(N/60)	丁方案(2/10, 1/30, N/60)
11	产品单价	30	30
12	产品销量	337500	337500
13	年销售额①	10125000	10125000
14	变动成本②		
15	固定成本③	20000	20000
16	营业利润④=①-②-③	10105000	10105000
17	信用成本		
18	机会成本⑤		
19	坏账成本⑥		
20	收账成本⑦		
21	小计⑧=⑤+⑥+⑦		
22	净收益⑨=④-⑧		

图 7-24

	A	B	C
	B14	fx =B13*$B$4	
1	方案	乙(N/60)	丁(2/10, 1/30, N/60)
2	信用期限	60	60
3	增加销售	35%	35%
4	变动成本率	60%	
5	有价证券利率	10%	
6	坏账损失率	4%	2%
7	收账费用	42000	25000
8			
9			单位:元
10		乙方案(N/60)	丁方案(2/10, 1/30, N/60)
11	产品单价	30	30
12	产品销量	337500	337500
13	年销售额①	10125000	10125000
14	变动成本②	6075000	6075000
15	固定成本③	20000	20000
16	营业利润④=①-②-③		
17	信用成本		
18	机会成本⑤		
19	坏账成本⑥		
20	收账成本⑦		
21	小计⑧=⑤+⑥+⑦		
22	净收益⑨=④-⑧		

图 7-25

第7章 营运资金管理

	A	B	C
	B16	fx =B13-B14-B15	
1	方案	乙(N/60)	丁(2/10, 1/30, N/60)
2	信用期限	60	60
3	增加销售	35%	35%
4	变动成本率	60%	
5	有价证券利率	10%	
6	坏账损失率	4%	2%
7	收账费用	42000	25000
8			
9			单位：元
10		乙方案(N/60)	丁方案(2/10, 1/30, N/60)
11	产品单价	30	30
12	产品销量	337500	337500
13	年销售额①	10125000	10125000
14	变动成本②	6075000	6075000
15	固定成本③	20000	20000
16	营业利润④=①-②-③	4030000	4030000
17	信用成本		
18	机会成本⑤		
19	坏账成本⑥		
20	收账成本⑦		
21	小计⑧=⑤+⑥+⑦		
22	净收益⑨=④-⑧		

图 7-26

	A	B	C
	C18	fx =C13*($B$5/360)*(60%*10+20%*30+20%*60)	
1	方案	乙(N/60)	丁(2/10, 1/30, N/60)
2	信用期限	60	60
3	增加销售	35%	35%
4	变动成本率	60%	
5	有价证券利率	10%	
6	坏账损失率	4%	2%
7	收账费用	42000	25000
8			
9			单位：元
10		乙方案(N/60)	丁方案(2/10, 1/30, N/60)
11	产品单价	30	30
12	产品销量	337500	337500
13	年销售额①	10125000	10125000
14	变动成本②	6075000	6075000
15	固定成本③	20000	20000
16	营业利润④=①-②-③	4030000	4030000
17	信用成本		
18	机会成本⑤	168750	67500
19	坏账成本⑥		
20	收账成本⑦		
21	小计⑧=⑤+⑥+⑦		
22	净收益⑨=④-⑧		

图 7-27

157

在编辑栏中输入"=B13*B6",然后按"回车"键。再次选中B19单元格,将鼠标移动到B19单元格右下角,出现黑色"十"字形,按住鼠标左键,向右拖动鼠标至C19单元格,然后松开鼠标。这时B19、C19单元格中分别填充了乙、丁两种方案的产品赊销的坏账成本,分别为:"405000""202500",如图7-28所示。

	A	B	C
1	方案	乙(N/60)	丁(2/10,1/30,N/60)
2	信用期限	60	60
3	增加销售	35%	35%
4	变动成本率	60%	
5	有价证券利率	10%	
6	坏账损失率	4%	2%
7	收账费用	42000	25000
8			
9			单位:元
10		乙方案(N/60)	丁方案(2/10,1/30,N/60)
11	产品单价	30	30
12	产品销量	337500	337500
13	年销售额①	10125000	10125000
14	变动成本②	6075000	6075000
15	固定成本③	20000	20000
16	营业利润④=①-②-③	4030000	4030000
17	信用成本		
18	机会成本⑤	168750	67500
19	坏账成本⑥	405000	202500
20	收账成本⑦		
21	小计⑧=⑤+⑥+⑦		
22	净收益⑨=④-⑧		

图7-28

Step7 接着导入乙、丁两种方案下产品赊销的收账成本。选择B20单元格,在编辑栏中输入"=B7",然后按"回车"键。再次选中B20单元格,将鼠标移动到B20单元格右下角,出现黑色"十"字形,按住鼠标左键,向右拖动鼠标至C20单元格,然后松开鼠标。这时B20、C20单元格中分别填充了乙、丁两种方案的产品赊销的收账成本,分别为:"42000""25000",如图7-29所示。

Step8 接着计算乙、丁两种方案下产品赊销的信用成本合计。选择B21单元格,在编辑栏中输入"=B18+B19+B20",然后按"回车"键。再次选中B21单元格,将鼠标移动到B21单元格右下角,出现黑色"十"字形,按住鼠标左键,向右拖动鼠标至C21单元格,然后松开鼠标。这时B21、C21单元格中分别填充了乙、丁两种方案的产品赊销的信用成本小计,别为:"615750""295000",如图7-30所示。

第7章 营运资金管理

	B20	▼	fx	=B7	
	A		B		C
1	方案		乙(N/60)		丁(2/10, 1/30, N/60)
2	信用期限		60		60
3	增加销售		35%		35%
4	变动成本率			60%	
5	有价证券利率			10%	
6	坏账损失率		4%		2%
7	收账费用		42000		25000
8					
9					单位:元
10			乙方案(N/60)		丁方案(2/10, 1/30, N/60)
11	产品单价		30		30
12	产品销量		337500		337500
13	年销售额①		10125000		10125000
14	变动成本②		6075000		6075000
15	固定成本③		20000		20000
16	营业利润④=①-②-③		4030000		4030000
17	信用成本				
18	机会成本⑤		168750		67500
19	坏账成本⑥		405000		202500
20	收账成本⑦		42000		25000
21	小计⑧=⑤+⑥+⑦				
22	净收益⑨=④-⑧				

图 7-29

	B21	▼	fx	=B18+B19+B20	
	A		B		C
1	方案		乙(N/60)		丁(2/10, 1/30, N/60)
2	信用期限		60		60
3	增加销售		35%		35%
4	变动成本率			60%	
5	有价证券利率			10%	
6	坏账损失率		4%		2%
7	收账费用		42000		25000
8					
9					单位:元
10			乙方案(N/60)		丁方案(2/10, 1/30, N/60)
11	产品单价		30		30
12	产品销量		337500		337500
13	年销售额①		10125000		10125000
14	变动成本②		6075000		6075000
15	固定成本③		20000		20000
16	营业利润④=①-②-③		4030000		4030000
17	信用成本				
18	机会成本⑤		168750		67500
19	坏账成本⑥		405000		202500
20	收账成本⑦		42000		25000
21	小计⑧=⑤+⑥+⑦		615750		295000
22	净收益⑨=④-⑧				

图 7-30

Step9 最后,计算乙、丁两种方案下产品的净收益。选择 B22 单元格,在编辑栏中输入"=B16-B21",然后按"回车"键。再次选中 B22 单元格,鼠标移动到 B22 单元格右下角,出现黑色"十"字形,按住鼠标左键,向右拖动鼠标至 C22 单元格,然后松开鼠标。这时 B22、C22 单元格中分别填充了乙、丁两种方案的产品的净收益,分别为:"3414250""3735000",如图 7-31 所示。

	A	B	C
1	方案	乙(N/60)	丁(2/10, 1/30, N/60)
2	信用期限	60	60
3	增加销售	35%	35%
4	变动成本率	60%	
5	有价证券利率	10%	
6	坏账损失率	4%	2%
7	收账费用	42000	25000
8			
9			单位:元
10		乙方案(N/60)	丁方案(2/10, 1/30, N/60)
11	产品单价	30	30
12	产品销量	337500	337500
13	年销售额①	10125000	10125000
14	变动成本②	6075000	6075000
15	固定成本③	20000	20000
16	营业利润④=①-②-③	4030000	4030000
17	信用成本		
18	机会成本⑤	168750	67500
19	坏账成本⑥	405000	202500
20	收账成本⑦	42000	25000
21	小计⑧=⑤+⑥+⑦	615750	295000
22	净收益⑨=④-⑧	3414250	3735000

图 7-31

通过上面的计算分析,可以发现采用"丁方案(2/10,1/30,N/60)"最终获得的净收益要比"乙方案(N/60)"最终获得的净收益大,为 3735000 元。因此,该企业应该选择"丁方案(2/10,1/30,N/60)"的现金折扣政策。

7.3 存货的经济订货批量规划求解

经济订货批量(Economic Order Quantity,EOQ)是指既能满足生产经营对存货的正常需求,又能使存货总成本最低的订货批量。

存货的经济订货批量模型中,需要考虑三种成本。

一是订货成本,是指取得存货订单的成本,如办公费、邮资、电报和电话等费用支出。订货成本有一部分与订货次数无关,如常设机构的基本开支等,称为订货的固定成本;另一部分与订货次数有关,如邮资和差旅费等,称之为订货的变动成本。

二是采购成本,是指存货本身的价值,一般用数量与单价的乘积来确定。

三是储存成本,是为保存存货而发生的成本,包括存货占用资金所应计的利息(即机会成本)、仓储成本、保险费用、存货破损和变质损失等,可分为固定储存成本和变动储存成本。固定储存成本与存货数量的多少无关,如仓库折旧、仓库职工的工资等。变动储存成本与存货的数量有关,如存货资的应计利息、存货的破损和贬值损失、存货的保险费用等。

$$TC = \frac{D}{Q}O + DP + \frac{Q}{2}C$$

其中,TC 表示存货总成本;D 表示存货全年需求量;Q 表示订货数量;O 表示单位订货成本;C 表示单位储存成本;P 表示存货采购单价。

假设:某企业每年耗甲、乙、丙三种材料,相应的信息见表 7-2。现在需要对甲、乙、丙三种材料进行订货,试做出经济批量决策。

表 7-2

存货名称	甲材料	乙材料	丙材料
D 表示存货全年需求量	15000 千克	25000 千克	38000 千克
O 表示单位订货成本	30 元	30 元	30 元
C 表示单位储存成本	3 元	7 元	4 元
P 表示存货采购单价	15 元	20 元	40 元
每期最低耗用量	500 千克	450 千克	700 千克

用 Excel 对基于存货的经济订货批量(EOQ)模型进行规划求解,具体操作步骤如下。

Step1 打开"第 7 章 / 存货的经济订货批量规划求解 .xlsx"文件。在"存货的经济订货批量规划求解"工作表中,首先计算甲、乙、丙三种材料的采购成本。选择 B10 单元格,在编辑栏中输入"=B2*B5",然后按"回车"键。再次选中 B10 单元格,鼠标移动到 B10 单元格右下角,出现黑色"十"字形,按住鼠标左键,向右拖动鼠标至 D10 单元格,然后松开鼠标。这时 B10、C10、D10 单元格中分别填充了甲、乙、丙三种材料的采购成本,分别为:"225000""500000""1520000",如图 7-32 所示。

Step2 接着计算甲、乙、丙三种材料的储存成本。选择 B11 单元格,在编辑栏中输入"=B9/2*B4",然后按"回车"键。再次选中 B11 单元格,鼠标移动到 B11 单元格右下角,出现黑色"十"字形,按住鼠标左键,向右拖动鼠标至 D11

单元格,然后松开鼠标,图7-33所示。

	A	B	C	D
	B10	fx	=B2*B5	
1	存货名称	甲材料	乙材料	丙材料
2	材料年需要量D	15000	25000	38000
3	每次订货成本O	30	30	30
4	单位储存成本C	3	7	4
5	材料单价P	15	20	40
6				
7				
8	存货名称	甲材料	乙材料	丙材料
9	最优订货批量Q*			
10	采购成本	225000	500000	1520000
11	储存成本			
12	订货成本			
13	每种材料成本合计			
14	综合成本			
15	最佳订货次数			
16	最佳订货周期(月)			
17	经济订货量占用资金			

图 7-32

	A	B	C	D
	B11	fx	=B9/2*B4	
1	存货名称	甲材料	乙材料	丙材料
2	材料年需要量D	15000	25000	38000
3	每次订货成本O	30	30	30
4	单位储存成本C	3	7	4
5	材料单价P	15	20	40
6				
7				
8	存货名称	甲材料	乙材料	丙材料
9	最优订货批量Q*			
10	采购成本	225000	500000	1520000
11	储存成本	0	0	0
12	订货成本			
13	每种材料成本合计			
14	综合成本			
15	最佳订货次数			
16	最佳订货周期(月)			
17	经济订货量占用资金			

图 7-33

Step3 接着计算甲、乙、丙三种材料的订货成本。选择 B12 单元格,在编辑栏中输入"=B2/B9*B3",然后按"回车"键。再次选中 B12 单元格,将鼠标移动到 B12 单元格右下角,出现黑色"十"字形,按住鼠标左键,向右拖动鼠标至 D12 单元格,然后松开鼠标,如图 7-34 所示。

	A	B	C	D
		fx	=B2/B9*B3	
	A	B	C	D
1	存货名称	甲材料	乙材料	丙材料
2	材料年需要量D	15000	25000	38000
3	每次订货成本O	30	30	30
4	单位储存成本C	3	7	4
5	材料单价P	15	20	40
6				
7				
8	存货名称	甲材料	乙材料	丙材料
9	最优订货批量Q*			
10	采购成本	225000	500000	1520000
11	储存成本	0	0	0
12	订货成本	#DIV/0!	#DIV/0!	#DIV/0!
13	每种材料成本合计			
14	综合成本			
15	最佳订货次数			
16	最佳订货周期(月)			
17	经济订货量占用资金			

图 7-34

Step4 接着计算甲、乙、丙三种材料的每种材料的成本合计。选择 B13 单元格,在编辑栏中输入"=B10+B11+B12",或输入"=SUM(B10:B12)",然后按"回车"键。再次选中 B13 单元格,鼠标移动到 B13 单元格右下角,出现黑色"十"字形,按住鼠标左键,向右拖动鼠标至 D13 单元格,然后松开鼠标,如图 7-35 所示。

Step5 接着计算甲、乙、丙三种材料的综合成本。选择 B14 单元格,在编辑栏中输入"=B13+C13+D13",或输入"=SUM(B13:D13)",然后按"回车"键,如图 7-36 所示。

Step6 选择"数据"选项卡,在"数据"选项卡下面的功能区内,单击最右边的"规划求解"按钮,如图 7-37 所示。

Step7 此时弹出"规划求解参数"对话框。在"设置目标(T)"后面选中"$B$14"选项;单击"最小值(N)"单选按钮;在"通过更改可变单元格:(B)"后面选中"$B$9:$D$9"选项;在"遵守约束:(U)"下面添加"$B$9>=500""$C$9>=450""$D$9>=700"选项,具体的操作步骤可以参考 7.1.2 小节,基于存货模式(鲍莫模型)的现金最佳持有量的规划求解的 Step4、Step5、Step6,得到的结果如图 7-38 所示。

	B13	▼	fx	=B10+B11+B12
	A	B	C	D
1	存货名称	甲材料	乙材料	丙材料
2	材料年需要量D	15000	25000	38000
3	每次订货成本O	30	30	30
4	单位储存成本C	3	7	4
5	材料单价P	15	20	40
6				
7				
8	存货名称	甲材料	乙材料	丙材料
9	最优订货批量Q*			
10	采购成本	225000	500000	1520000
11	储存成本	0	0	0
12	订货成本	#DIV/0!	#DIV/0!	#DIV/0!
13	每种材料成本合计	#DIV/0!	#DIV/0!	#DIV/0!
14	综合成本			
15	最佳订货次数			
16	最佳订货周期(月)			
17	经济订货量占用资金			

图 7-35

	B14	▼	fx	=SUM(B13:D13)
	A	B	C	D
1	存货名称	甲材料	乙材料	丙材料
2	材料年需要量D	15000	25000	38000
3	每次订货成本O	30	30	30
4	单位储存成本C	3	7	4
5	材料单价P	15	20	40
6				
7				
8	存货名称	甲材料	乙材料	丙材料
9	最优订货批量Q*			
10	采购成本	225000	500000	1520000
11	储存成本	0	0	0
12	订货成本	#DIV/0!	#DIV/0!	#DIV/0!
13	每种材料成本合计	#DIV/0!	#DIV/0!	#DIV/0!
14	综合成本		#DIV/0!	
15	最佳订货次数			
16	最佳订货周期(月)			
17	经济订货量占用资金			

图 7-36

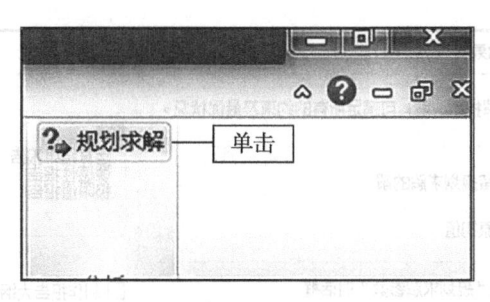

图 7-37

图 7-38

Step8 单击"求解(S)"按钮,弹出"规划求解结果"对话框,如图 7-39 所示。

Step9 单击"确定"按钮,回到"存货的经济订货批量规划求解"工作表。在 B14 单元格中得到了"综合成本"为"2252903";同时在 B9、C9、D9 单元格中分别得到了甲、乙、丙三种材料的最优订货批量(Q^*),分别为"548""463""755",如图 7-40 所示。

图 7-39

	A	B	C	D
1	存货名称	甲材料	乙材料	丙材料
2	材料年需要量D	15000	25000	38000
3	每次订货成本O	30	30	30
4	单位储存成本C	3	7	4
5	材料单价P	15	20	40
6				
7				
8	存货名称	甲材料	乙材料	丙材料
9	最优订货批量Q*	548	463	755
10	采购成本	225000	500000	1520000
11	储存成本	822	1620	1510
12	订货成本	822	1620	1510
13	每种材料成本合计	226643	503240	1523020
14	综合成本	2252903		
15	最佳订货次数			
16	最佳订货周期(月)			
17	经济订货量占用资金			

图 7-40

Step10 接着计算甲、乙、丙三种材料的最佳订货次数。选择 B15 单元格，在编辑栏中输入"=ROUNDUP(B2/B9,0)"，然后按"回车"键。再次选中 B15 单元格，鼠标移动到 B15 单元格右下角，出现黑色"十"字形，按住鼠标左键，向右拖动鼠标至 D15 单元格，然后松开鼠标。这时 B15、C15、D15 单元格中分别填充了甲、乙、丙三种材料的最佳订货次数，分别为："28""55""51"，如图 7-41 所示。

	A	B	C	D
		B15	fx	=ROUNDUP(B2/B9, 0)
1	存货名称	甲材料	乙材料	丙材料
2	材料年需要量D	15000	25000	38000
3	每次订货成本O	30	30	30
4	单位储存成本C	3	7	4
5	材料单价P	15	20	40
6				
7				
8	存货名称	甲材料	乙材料	丙材料
9	最优订货批量Q*	548	463	755
10	采购成本	225000	500000	1520000
11	储存成本	822	1620	1510
12	订货成本	822	1620	1510
13	每种材料成本合计	226643	503240	1523020
14	综合成本		2252903	
15	最佳订货次数	28	55	51
16	最佳订货周期(月)			
17	经济订货量占用资金			

图 7-41

Step11 接着计算甲、乙、丙三种材料的最佳订货周期。选择 B16 单元格，在编辑栏中输入"=12/B15"，然后按"回车"键。再次选中 B16 单元格，鼠标移动到 B16 单元格右下角，出现黑色"十"字形，按住鼠标左键，向右拖动鼠标至 D16 单元格，然后松开鼠标。这时 B16、C16、D16 单元格中分别填充了甲、乙、丙三种材料的最佳订货周期(月)，分别为："0.43""0.22""0.24"，如图 7-42 所示。

	A	B	C	D
		B16	fx	=12/B15
1	存货名称	甲材料	乙材料	丙材料
2	材料年需要量D	15000	25000	38000
3	每次订货成本O	30	30	30
4	单位储存成本C	3	7	4
5	材料单价P	15	20	40
6				
7				
8	存货名称	甲材料	乙材料	丙材料
9	最优订货批量Q*	548	463	755
10	采购成本	225000	500000	1520000
11	储存成本	822	1620	1510
12	订货成本	822	1620	1510
13	每种材料成本合计	226643	503240	1523020
14	综合成本		2252903	
15	最佳订货次数	28	55	51
16	最佳订货周期(月)	0.43	0.22	0.24
17	经济订货量占用资金			

图 7-42

第8章

财务预算

财务预算是一系列专门反映企业未来一定预算期内预计财务状况和经营成果,以及现金收支等价值指标的各种预算总称,具体包括反映现金收支的现金预算表,反映企业财务状况的预计年末的资产负债表,反映企业财务成果的预计利润表等内容。财务预算是全面预算的一部分,它与其他预算是联系在一起的,整个全面预算是一个数字相互衔接的整体。

假设 A 公司的 20X1 年末的资产负债表如表 8-1 所示,需要根据具体的情况做相关的财务预算。

表 8-1　A 公司 20X1 年末的资产负债表(20X1 年 12 月 31 日)

(单位:元)

资产	金额	负债与所有者权益	金额
库存现金	16000	应付账款	4700
应收账款	12400	长期借款	18000
直接材料	3000	普通股	40000
存货	1800	未分配利润	32500
固定资产	70000		
累计折旧	8000		
资产合计	95200	负债与所有者权益合计	95200

8.1　编制销售预算表

预计 A 公司 20X2 第一、二、三、四季度的销售量分别为 200 件、300 件、400 件和 360 件,预计销售单价为 200 元。据估计,每季度的销售收入中 60% 能于当期收到现金,其中 40% 要到下季收回(不考虑坏账因素)。

根据上面的资料,编制20X2年销售预算表的具体操作步骤如下。

Step1 打开"第8章/1 销售预算表.xlsx"文件。首先计算A公司20X2年的预计销售额。在"销售预算表"工作表中选择B5单元格,在编辑栏中输入"=B3*B4",然后按"回车"键。再次选中B5单元格,将鼠标移动到B5单元格右下角,出现黑色"十"字形,按住鼠标左键向右拖动鼠标至F5单元格,然后松开鼠标。这时B5、C5、D5、E5、F5单元格中分别填充了第一、二、三、四季度以及年度的预计销售额,分别为:"40000""60000""80000""72000""252000",如图8-1所示。

图8-1

Step2 接着计算A公司20X2年各个季度的现销收入。选择B6单元格,在编辑栏中输入"=B5*60%",然后按"回车"键。再次选中B6单元格,将鼠标移动到B6单元格右下角,出现黑色"十"字形,按住鼠标左键向右拖动鼠标至F6单元格,然后松开鼠标。这时B6、C6、D6、E6、F6单元格中分别填充了第一、二、三、四季度以及年度的本期现销收入,分别为:"24000""36000""48000""43200""151200",如图8-2所示。

图8-2

Step3 接着计算A公司20X2年各个季度收回前期的欠款。从A公司20X1年年末的资产负债表可以找到,A公司20X1年年末的应收账款余额为12400元,在20X2年第一季度收回。在B7单元格中输入"12400";选中C7单元格,在编辑栏中输入"=B5*40%",然后按"回车"键。再次选中C7单元

格，将鼠标移动到 C7 单元格右下角，出现黑色"十"字形，按住鼠标左键向右拖动鼠标至 E7 单元格，然后松开鼠标。选中 F7 单元格，在编辑栏中输入"=SUM(B7:E7)"，然后按"回车"键。这时 B7、C7、D7、E7、F7 单元格中分别填充了第一、二、三、四季度以及年度的收回前期欠款，分别为："12400""16000""24000""32000""84400"，如图 8-3 所示。

	A	B	C	D	E	F
1	表1		A公司20X2年销售预算表			
2	项目	第一季度	第二季度	第三季度	第四季度	年度
3	预计销售量(件)	200	300	400	360	1260
4	预计单价(元)	200	200	200	200	200
5	预计销售额(元)	40000	60000	80000	72000	252000
6	本期现销收入(元)	24000	36000	48000	43200	151200
7	收回前期欠款(元)	12400	16000	24000	32000	84400
8	合计					

图 8-3

Step4 接着计算 A 公司 20X2 年各个季度的现金收入的合计数。选中 B8 单元格，在编辑栏中输入"=B6+B7"，然后按"回车"键。再次选中 B8 单元格，将鼠标移动到 B8 单元格右下角，出现黑色"十"字形，按住鼠标左键，向右拖动鼠标至 F8 单元格，然后松开鼠标。这时 B8、C8、D8、E8、F8 单元格中分别填充了第一、二、三、四季度以及年度的现金收入合计额，分别为："36400""52000""72000""75200""235600"，如图 8-4 所示。

	A	B	C	D	E	F
1	表1		A公司20X2年销售预算表			
2	项目	第一季度	第二季度	第三季度	第四季度	年度
3	预计销售量(件)	200	300	400	360	1260
4	预计单价(元)	200	200	200	200	200
5	预计销售额(元)	40000	60000	80000	72000	252000
6	本期现销收入(元)	24000	36000	48000	43200	151200
7	收回前期欠款(元)	12400	16000	24000	32000	84400
8	合计	36400	52000	72000	75200	235600

图 8-4

8.2 编制生产预算表

假设 A 公司 20X1 年年末存货数量为 20 件，20X2 年度每季末存货量按下一季销售量的 10% 预计，预计 20X3 年第一季度销量为 400 件。

根据上面的资料，编制 20X2 年生产预算表的具体操作步骤如下。

Step1 打开"第 8 章 /2 生产预算表 .xlsx"文件。在"生产预算表"工作表中，

首先计算 A 公司 20X2 年每季度预计的期末存货数量。选择 B4 单元格,在编辑栏中输入"=C3*10%",然后按"回车"键;再次选中 B4 单元格,将鼠标移动到 B4 单元格右下角,出现黑色"十"字形,按住鼠标左键向右拖动鼠标至 D4 单元格,然后松开鼠标;选中 E4 单元格,在编辑栏中输入"=400*10%",(因为预计 20X3 年第一季度销量为 400 件),按"回车"键;选中 F4 单元格,在编辑栏中输入"=E4"(因为 20X2 年度末的预计存货数量就是 20X2 年第四季度末的存货数量),按"回车"键。这时 B4、C4、D4、E4、F4 单元格中分别填充了第一、二、三、四季度以及年度的预计期末存货,分别为:"30""40""36""40""40",如图 8-5 所示。

图 8-5

Step2 接着计算 A 公司 20X2 年预计的期初存货数量。假设 A 公司 20X1 年年末存货数量为 20 件。选择 B5 单元格,在编辑栏中输入"20"(因为 A 公司 20X2 年第一季度期初的存货数量等于 20X1 年年末的存货数量),然后按"回车"键;选择 C5 单元格,在编辑栏中输入"=B4",(因为下季度的预计期初存货数量等于上季度的预计期末存货数量),然后按"回车"键;再次选中 C5 单元格,将鼠标移动到 C5 单元格右下角,出现黑色"十"字形,按住鼠标左键,向右拖动鼠标至 E5 单元格,然后松开鼠标;选中 F5 单元格,在编辑栏中输入"=B5"(因为 20X2 年 A 公司年度的期初存货数量等于 20X2 年第一季度期初的存货数量),按"回车"键。这时 B5、C5、D5、E5、F5 单元格中分别填充了第一、二、三、四季度以及年度的预计期初存货,分别为:"20""30""40""36""20",如图 8-6 所示。

图 8-6

Step3 接着计算 A 公司 20X2 年的预计生产量。选择 B6 单元格,在编辑栏中输入"=B3+B4-B5",然后按"回车"键;再次选中 B6 单元格,将鼠标移动到

B6 单元格右下角,出现黑色"十"字形,按住鼠标左键向右拖动鼠标至 F6 单元格,然后松开鼠标。这时 B6、C6、D6、E6、F6 单元格中分别填充了第一、二、三、四季度以及年度的预计生产量,分别为:"210""310""396""364""1280",如图 8-7 所示。

	A	B	C	D	E	F
1	表2	A公司20X2年生产预算表			单位:件	
2	项目	第一季度	第二季度	第三季度	第四季度	年度
3	预计销售量	200	300	400	360	1260
4	预计期末存货	30	40	36	40	40
5	预计期初存货	20	30	40	36	20
6	预计生产量	210	310	396	364	1280

图 8-7

8.3 编制直接材料消耗及采购预算表

假定 A 公司生产的甲产品只耗用一种材料,材料单价为 5 元/千克,每个产品耗材 10 千克。其希望每季度末的材料库存量为下季度材料耗用量的 20%,预计 20X3 年第一季度的材料耗用量为 4000 千克。20X1 年年末库存材料 600 千克。另材料的采购货款有 50% 在本季度付清,剩余的 50% 在下季度付清。

根据上面的资料,编制 A 公司 20X2 年直接材料消耗及采购预算表的具体操作步骤如下。

Step1 打开"第 8 章 /3 直接材料消耗及采购预算表 .xlsx"文件。在"直接材料消耗及采购预算表"工作表中,首先,根据 8.2 编制生产预算表,获取 A 公司 20X2 年各个季度的预计生产量;从上述条件中获取每个产品的耗材数量。

接着计算 A 公司 20X2 年每季度的产品生产消耗量。选择 B5 单元格,在编辑栏中输入"=B3*B4",然后按"回车"键;再次选中 B5 单元格,将鼠标移动到 B5 单元格右下角,出现黑色"十"字形,按住鼠标左键向右拖动鼠标至 F5 单元格,然后松开鼠标。这时 B5、C5、D5、E5、F5 单元格中分别填充了第一、二、三、四季度以及年度的产品生产消耗量,分别为:"2100""3100""3960""3640""12800",如图 8-8 所示。

Step2 接着计算 A 公司 20X2 年各个季度的预计期末材料存货数量。因为 A 公司希望每季度末的材料库存量为下季度材料耗用量的 20%。选择 B6 单元格,在编辑栏中输入"=C5*20%",然后按"回车"键;再次选中 B6 单元格,将鼠标移动到 B6 单元格右下角,出现黑色"十"字形,按住鼠标左键向右拖动鼠

图 8-8

表3	A公司20X2年直接材料消耗及采购预算				
项目	第一季度	第二季度	第三季度	第四季度	年度
预计生产量(件)	210	310	396	364	1280
单位产品材料消耗量(千克)	10	10	10	10	10
生产消耗量(千克)	2100	3100	3960	3640	12800
预计期末材料存货(千克)					
预计期初材料存货(千克)					
预计采购量(千克)					
预计单价(元)					
预计采购成本(元)					
支付本期采购款(元)					
支付前期采购款(元)					
合计					

标至 D6 单元格,然后松开鼠标;选中 E6 单元格,在编辑栏中输入"=4000*20%"(因为预计 A 公司 20X3 年第一季度的材料耗用量为 4000 千克),按"回车"键;选中 F6 单元格,在编辑栏中输入"=E6",(因为 20X2 年度末的预计材料存货数量就是 20X2 年第四季度末的材料存货数量),按"回车"键。这时 B6、C6、D6、E6、F6 单元格中分别填充了第一、二、三、四季度以及年度的预计期末材料存货,分别为:"620""792""728""800""800",如图 8-9 所示。

图 8-9

表3	A公司20X2年直接材料消耗及采购预算				
项目	第一季度	第二季度	第三季度	第四季度	年度
预计生产量(件)	210	310	396	364	1280
单位产品材料消耗量(千克)	10	10	10	10	10
生产消耗量(千克)	2100	3100	3960	3640	12800
预计期末材料存货(千克)	620	792	728	800	800
预计期初材料存货(千克)					
预计采购量(千克)					
预计单价(元)					
预计采购成本(元)					
支付本期采购款(元)					
支付前期采购款(元)					
合计					

Step3 接着计算 A 公司 20X2 年各个季度的预计期初材料存货数量。因为 20X1 年年末库存材料 600 千克。选择 B7 单元格,在编辑栏中输入"600"(因为 A 公司 20X2 年第一季度期初的材料存货数量等于 20X1 年年末的材料存货数量),然后按"回车"键;选择 C7 单元格,在编辑栏中输入"=B6"(因为下季度的预计期初材料存货数量等于上季度的预计期末材料存货数量),然后按"回车"键;再次选中 C7 单元格,将鼠标移动到 C7 单元格右下角,出现黑色"十"字形,按住鼠标左键向右拖动鼠标至 E7 单元格,然后松开鼠标;选中 F7 单元格,在编辑栏中输入"=B7"(因为 20X2 年 A 公司年度的期初材料存货数量等于

20X2 年第一季度期初的材料存货数量），按"回车"键。这时 B7、C7、D7、E7、F7 单元格中分别填充了第一、二、三、四季度以及年度的预计期初材料存货，分别为："600""620""792""728""600"，如图 8-10 所示。

	A	B	C	D	E	F
1	表3	A公司20X2年直接材料消耗及采购预算				
2	项目	第一季度	第二季度	第三季度	第四季度	年度
3	预计生产量(件)	210	310	396	364	1280
4	单位产品材料消耗量(千克)	10	10	10	10	10
5	生产消耗量(千克)	2100	3100	3960	3640	12800
6	预计期末材料存货(千克)	620	792	728	800	800
7	预计期初材料存货(千克)	600	620	792	728	600
8	预计采购量(千克)					
9	预计单价(元)					
10	预计采购成本(元)					
11	支付本期采购款(元)					
12	支付前期采购款(元)					
13	合计					

图 8-10

Step4 接着计算 A 公司 20X2 年各个季度的预计材料采购量。选择 B8 单元格，在编辑栏中输入"=B5+B6–B7"，然后按"回车"键；再次选中 B8 单元格，将鼠标移动到 B8 单元格右下角，出现黑色"十"字形，按住鼠标左键向右拖动鼠标至 F8 单元格，然后松开鼠标。这时 B8、C8、D8、E8、F8 单元格中分别填充了第一、二、三、四季度以及年度的预计采购量，分别为："2120""3272""3896""3712""13000"，如图 8-11 所示。

	A	B	C	D	E	F
1	表3	A公司20X2年直接材料消耗及采购预算				
2	项目	第一季度	第二季度	第三季度	第四季度	年度
3	预计生产量(件)	210	310	396	364	1280
4	单位产品材料消耗量(千克)	10	10	10	10	10
5	生产消耗量(千克)	2100	3100	3960	3640	12800
6	预计期末材料存货(千克)	620	792	728	800	800
7	预计期初材料存货(千克)	600	620	792	728	600
8	预计采购量(千克)	2120	3272	3896	3712	13000
9	预计单价(元)					
10	预计采购成本(元)					
11	支付本期采购款(元)					
12	支付前期采购款(元)					
13	合计					

图 8-11

Step5 接着计算 A 公司 20X2 年各个季度的预计材料采购成本。因为材料单价为 5 元 / 千克，在 B9:F9 单元格中输入"5"。接着选中 B10 单元格，在编辑栏中输入"=B8*B9"。再次选中 B10 单元格，将鼠标移动到 B10 单元格右下角，出现黑色"十"字形，按住鼠标左键向右拖动鼠标至 F10 单元格，然后松开

鼠标。这时 B10、C10、D10、E10、F10 单元格中分别填充了第一、二、三、四季度以及年度材料的预计采购成本，分别为："10600""16360""19480""18560""65000"，如图 8-12 所示。

图 8-12

Step6 接着计算 A 公司 20X2 年各个季度当期应该支付的采购款。选中 B11 单元格，在编辑栏中输入"=B10*50%"。再次选中 B11 单元格，将鼠标移动到 B11 单元格右下角，出现黑色"十"字形，按住鼠标左键向右拖动鼠标至 F11 单元格，然后松开鼠标。这时 B11、C11、D11、E11、F11 单元格中分别填充了第一、二、三、四季度以及年度的支付本期采购款，分别为："5300""8180""9740""9280""32500"，如图 8-13 所示。

图 8-13

Step7 接着计算 A 公司 20X2 年各个季度应该支付的前期采购款。从 A 公司 20X1 年年末的"资产负债表"中可以找到，A 公司 20X1 年年末的应付账款余额为 4700 元，在 20X2 年第一季度支付。在 B12 单元格中输入"4700"；选中 C12 单元格，在编辑栏中输入"=B10*50%"，然后按"回车"键。再次选中

C12 单元格,将鼠标移动到 C12 单元格右下角,出现黑色"十"字形,按住鼠标左键向右拖动鼠标至 E12 单元格,然后松开鼠标;选中 F12 单元格,在编辑栏中输入"=SUM(B12:E12)",然后按"回车"键。这时 B12、C12、D12、E12、F12 单元格中分别填充了第一、二、三、四季度以及年度的支付前期采购款,分别为:"4700""5300""8180""9740""27920",如图 8-14 所示。

	A	B	C	D	E	F
1	表3	A公司20X2年直接材料消耗及采购预算				
2	项目	第一季度	第二季度	第三季度	第四季度	年度
3	预计生产量(件)	210	310	396	364	1280
4	单位产品材料消耗量(千克)	10	10	10	10	10
5	生产消耗量(千克)	2100	3100	3960	3640	12800
6	预计期末材料存货(千克)	620	792	728	800	800
7	预计期初材料存货(千克)	600	620	792	728	600
8	预计采购量(千克)	2120	3272	3896	3712	13000
9	预计单价(元)	5	5	5	5	5
10	预计采购成本(元)	10600	16360	19480	18560	65000
11	支付本期采购款(元)	5300	8180	9740	9280	32500
12	支付前期采购款(元)	4700	5300	8180	9740	27920
13	合计					

图 8-14

Step8 接着计算 A 公司 20X2 年各个季度应该支付的采购款合计额。选中 B13 单元格,在编辑栏中输入"=B11+B12",然后按"回车"键。再次选中 B13 单元格,将鼠标移动到 B13 单元格右下角,出现黑色"十"字形,按住鼠标左键向右拖动鼠标至 F13 单元格,然后松开鼠标。这时 B13、C13、D13、E13、F13 单元格中分别填充了第一、二、三、四季度以及年度应该支付的采购款合计额,分别为:"10000""13480""17920""19020""60420",如图 8-15 所示。

	A	B	C	D	E	F
1	表3	A公司20X2年直接材料消耗及采购预算				
2	项目	第一季度	第二季度	第三季度	第四季度	年度
3	预计生产量(件)	210	310	396	364	1280
4	单位产品材料消耗量(千克)	10	10	10	10	10
5	生产消耗量(千克)	2100	3100	3960	3640	12800
6	预计期末材料存货(千克)	620	792	728	800	800
7	预计期初材料存货(千克)	600	620	792	728	600
8	预计采购量(千克)	2120	3272	3896	3712	13000
9	预计单价(元)	5	5	5	5	5
10	预计采购成本(元)	10600	16360	19480	18560	65000
11	支付本期采购款(元)	5300	8180	9740	9280	32500
12	支付前期采购款(元)	4700	5300	8180	9740	27920
13	合计	10000	13480	17920	19020	60420

图 8-15

8.4 编制直接人工成本预算表

假设 A 公司 20X2 年单位产品工时定额为每件 10 小时,每小时人工工资为 2 元。

根据上面的资料,编制 A 公司 20X2 年直接人工成本预算表的具体操作步骤如下。

Step1 打开"第 8 章 /4 直接人工成本预算表 .xlsx"文件。在"直接人工成本预算表"工作表中,根据 8.2 编制生产预算表,获取 A 公司 20X2 年各个季度的预计生产量,从上述条件中获取单位产品工时。

Step2 接着计算 A 公司 20X2 年每季度的人工总工时。选择 B5 单元格,在编辑栏中输入"=B3*B4",然后按"回车"键;再次选中 B5 单元格,将鼠标移动到 B5 单元格右下角,出现黑色"十"字形,按住鼠标左键向右拖动鼠标至 F5 单元格,然后松开鼠标。这时 B5、C5、D5、E5、F5 单元格中分别填充了第一、二、三、四季度以及年度的人工总工时,分别为:"2100""3100""3960""3640""12800",如图 8-16 所示。

	A	B	C	D	E	F
1	表4	A公司20X2年直接人工成本预算表				
2	项目	第一季度	第二季度	第三季度	第四季度	年度
3	预计生产量(件)	210	310	396	364	1280
4	单位产品工时(小时/件)	10	10	10	10	10
5	人工总工时(小时)	2100	3100	3960	3640	12800
6	每小时工资(元)					
7	人工总成本(元)					

图 8-16

Step3 接着计算 A 公司 20X2 年每季度的人工总成本。从上述条件中获取每小时人工工资为 2 元。在 B6:F6 单元格中输入每小时人工工资为"2";选择 B7 单元格,在编辑栏中输入"=B5*B6",然后按"回车"键;再次选中 B7 单元格,将鼠标移动到 B7 单元格右下角,出现黑色"十"字形,按住鼠标左键向右拖动鼠标至 F5 单元格,然后松开鼠标。这时 B7、C7、D7、E7、F7 单元格中分别填充了第一、二、三、四季度以及年度的人工总成本,分别为:"4200""6200""7920""7280""25600",如图 8-17 所示。

	A	B	C	D	E	F
1	表4		A公司20X2年直接人工成本预算表			
2	项目	第一季度	第二季度	第三季度	第四季度	年度
3	预计生产量(件)	210	310	396	364	1280
4	单位产品工时(小时/件)	10	10	10	10	10
5	人工总工时(小时)	2100	3100	3960	3640	12800
6	每小时工资(元)	2	2	2	2	2
7	人工总成本(元)	4200	6200	7920	7280	25600

图 8-17

8.5 编制制造费用预算表

假设 A 公司 20X2 年单位产品应负担的变动制造费用中：第一、二、三、四季度的间接人工、间接材料和水电费均分别为：210 元、310 元、396 元和 364 元，第一、二、三、四季度的修理费分别为：420 元、620 元、792 元和 728 元；应负担的固定制造费用中：第一、二、三、四季度的修理费分别为 2000 元、2280 元、1800 元和 1800 元，第一、二、三、四季度的保险费分别为 150 元、170 元、220 元和 380 元，每季度折旧为 2000 元；每季度管理人员工资为 400 元；每季度的财产税为 200 元。

根据上面的资料，编制 A 公司 20X2 年制造费用预算表的具体操作步骤如下。

Step1 打开"第 8 章 /5 制造费用预算表 .xlsx"文件。在"制造费用预算表"工作表中，根据上述条件获取 A 公司 20X2 年各个季度的变动制造费用和变动制造费用。

Step2 接着计算 A 公司 20X2 年每季度的变动制造费用合计数。选择 B8 单元格，在编辑栏中输入"=SUM(B4:B7)"，然后按"回车"键；再次选中 B8 单元格，将鼠标移动到 B8 单元格右下角，出现黑色"十"字形，按住鼠标左键向右拖动鼠标至 F8 单元格，然后松开鼠标。这时 B8、C8、D8、E8、F8 单元格中分别填充了第一、二、三、四季度以及年度的变动制造费用小计，分别为："1050""1550""1980""1820""6400"，如图 8-18 所示。

Step3 接着计算 A 公司 20X2 年每季度的固定制造费用合计数。选择 B15 单元格，在编辑栏中输入"=SUM(B10:B14)"，然后按"回车"键；再次选中 B15 单元格，将鼠标移动到 B15 单元格右下角，出现黑色"十"字形，按住鼠标左键向右拖动鼠标至 F15 单元格，然后松开鼠标。这时 B15、C15、D15、E15、F15 单元格中分别填充了第一、二、三、四季度以及年度的固定制造费用小计，分别为："4750""5050""4620""4780""19200"，如图 8-19 所示。

第8章 财务预算

	A	B	C	D	E	F
		B8	fx	=SUM(B4:B7)		
1	表5	A公司20X2年制造费用预算表			单位:元	
2	项目	第一季度	第二季度	第三季度	第四季度	年度
3	变动制造费用					
4	间接人工	210	310	396	364	1280
5	间接材料	210	310	396	364	1280
6	修理费	420	620	792	728	2560
7	水电费	210	310	396	364	1280
8	小计	1050	1550	1980	1820	6400
9	固定制造费用					
10	修理费	2000	2280	1800	1800	7880
11	折旧	2000	2000	2000	2000	8000
12	管理人员工资	400	400	400	400	1600
13	保险费	150	170	220	380	920
14	财产税	200	200	200	200	800
15	小计					
16	合计					
17	现金支出费用					

图 8-18

	A	B	C	D	E	F
		B15	fx	=SUM(B10:B14)		
1	表5	A公司20X2年制造费用预算表			单位:元	
2	项目	第一季度	第二季度	第三季度	第四季度	年度
3	变动制造费用					
4	间接人工	210	310	396	364	1280
5	间接材料	210	310	396	364	1280
6	修理费	420	620	792	728	2560
7	水电费	210	310	396	364	1280
8	小计	1050	1550	1980	1820	6400
9	固定制造费用					
10	修理费	2000	2280	1800	1800	7880
11	折旧	2000	2000	2000	2000	8000
12	管理人员工资	400	400	400	400	1600
13	保险费	150	170	220	380	920
14	财产税	200	200	200	200	800
15	小计	4750	5050	4620	4780	19200
16	合计					
17	现金支出费用					

图 8-19

Step4 接着计算A公司20X2年每季度的变动制造费用和固定制造费用的合计数。选择B16单元格,在编辑栏中输入"=B8+B15",然后按"回车"键;再次选中B16单元格,将鼠标移动到B16单元格右下角,出现黑色"十"字形,按住鼠标左键,向右拖动鼠标至F16单元格,然后松开鼠标。这时B16、C16、D16、E16、F16单元格中分别填充了第一、二、三、四季度以及年度的变动制造费用和固定制造费用的合计,分别为:"5800""6600""6600""6600""25600",如图8-20所示。

	A	B	C	D	E	F
1	表5	A公司20X2年制造费用预算表			单位：元	
2	项目	第一季度	第二季度	第三季度	第四季度	年度
3	变动制造费用					
4	间接人工	210	310	396	364	1280
5	间接材料	210	310	396	364	1280
6	修理费	420	620	792	728	2560
7	水电费	210	310	396	364	1280
8	小计	1050	1550	1980	1820	6400
9	固定制造费用					
10	修理费	2000	2280	1800	1800	7880
11	折旧	2000	2000	2000	2000	8000
12	管理人员工资	400	400	400	400	1600
13	保险费	150	170	220	380	920
14	财产税	200	200	200	200	800
15	小计	4750	5050	4620	4780	19200
16	合计	5800	6600	6600	6600	25600
17	现金支出费用					

图 8-20

Step5 接着计算 A 公司 20X2 年每季度的现金支出费用额。选择 B17 单元格，在编辑栏中输入"=B16-B11"（因为现金费用支出额中需要扣除对应的折旧费），然后按"回车"键；再次选中 B17 单元格，将鼠标移动到 B17 单元格右下角，出现黑色"十"字形，按住鼠标左键向右拖动鼠标至 F17 单元格，然后松开鼠标。这时 B17、C17、D17、E17、F17 单元格中分别填充了第一、二、三、四季度以及年度的现金支出费用，分别为："3800""4600""4600""4600""17600"，如图 8-21 所示。

	A	B	C	D	E	F
1	表5	A公司20X2年制造费用预算表			单位：元	
2	项目	第一季度	第二季度	第三季度	第四季度	年度
3	变动制造费用					
4	间接人工	210	310	396	364	1280
5	间接材料	210	310	396	364	1280
6	修理费	420	620	792	728	2560
7	水电费	210	310	396	364	1280
8	小计	1050	1550	1980	1820	6400
9	固定制造费用					
10	修理费	2000	2280	1800	1800	7880
11	折旧	2000	2000	2000	2000	8000
12	管理人员工资	400	400	400	400	1600
13	保险费	150	170	220	380	920
14	财产税	200	200	200	200	800
15	小计	4750	5050	4620	4780	19200
16	合计	5800	6600	6600	6600	25600
17	现金支出费用	3800	4600	4600	4600	17600

图 8-21

8.6 编制销售及管理费用预算表

假设 A 公司 20X2 年第一、二、三、四季度的销售人员工资分别为 2800 元、3000 元、3200 元和 2000 元,第一、二、三、四季度的广告费分别为 2000 元、2500 元、3000 元和 2500 元,第一、二、三、四季度的包装运输分别为 1500 元、1800 元、2000 元和 1700 元,每季度管理人员工资为 2000 元、办公费为 700 元,保险费为 300 元。

根据上面的资料,编制 A 公司 20X2 年销售及管理费用预算表的具体操作步骤如下。

Step1 打开"第 8 章 /6 制造费用预算表 .xlsx"文件。在"制造费用预算表"工作表中,根据上述条件获取 A 公司 20X2 年各个季度的销售人员工资、广告费、包装运输费、管理人员工资、办公费及保险费。

Step2 接着计算 A 公司 20X2 年每季度的变动销售及管理费用合计数。选择 B7 单元格,在编辑栏中输入"=SUM(B4:B6)",然后按"回车"键;再次选中 B7 单元格,将鼠标移动到 B7 单元格右下角,出现黑色"十"字形,按住鼠标左键向右拖动鼠标至 F7 单元格,然后松开鼠标。这时 B7、C7、D7、E7、F7 单元格中分别填充了第一、二、三、四季度以及年度的变动销售及管理费用小计,分别为:"6300""7300""8200""6200""28000",如图 8-22 所示。

图 8-22

Step3 接着计算 A 公司 20X2 年每季度的固定销售及管理费用合计数。选择 B12 单元格,在编辑栏中输入"=SUM(B9:B11)",然后按"回车"键;再次选中 B12 单元格,将鼠标移动到 B12 单元格右下角,出现黑色"十"字形,

按住鼠标左键向右拖动鼠标至 F12 单元格,然后松开鼠标。这时 B12、C12、D12、E12、F12 单元格中分别填充了第一、二、三、四季度以及年度的固定销售及管理费用小计,分别为:"3000""3000""3000""3000""12000",如图 8-23 所示。

图 8-23

Step4 接着计算 A 公司 20X2 年每季度的变动销售及管理费用和固定销售及管理费用的合计数。选择 B13 单元格,在编辑栏中输入"=B7+B12",然后按"回车"键;再次选中 B13 单元格,将鼠标移动到 B13 单元格右下角,出现黑色"十"字形,按住鼠标左键向右拖动鼠标至 F13 单元格,然后松开鼠标。这时 B13、C13、D13、E13、F13 单元格中分别填充了第一、二、三、四季度以及年度的变动销售、管理费用、固定销售及管理费用的合计,分别为:"9300""10300""11200""9200""40000",如图 8-24 所示。

图 8-24

8.7 编制现金流量表

假设 A 公司 20X2 年每季度末保持现金余额为 16000 元,若现金不足或多余,可以以 2000 元为单位向银行借款或还款,借款年利率为 10%,每期期初借入,每期期末归还,借款利息与偿还本金时一起支付。A 公司有长期借款余额为 18000 元,年利率为 12%,预计在第四季度末支付利息。同时,假定公司于第二季度准备投资购买设备 20000 元,第二季度和第四季度支付现金股利各 16000 元,每季度预交所得税 8000 元。

根据上面的资料,编制 A 公司 20X2 年现金流量表的具体操作步骤如下。

Step1 打开"第 8 章 /7 现金流量表 .xlsx"文件。在"现金流量表"工作表中,根据上述条件获取 A 公司 20X2 年第一季度的期初现金余额从 20X1 年末的"资产负债表"获取,为 16000,在 B3 单元格中输入"16000"。

Step2 导入各个季度的销货现金收入。选择 B3 单元格,在编辑栏中输入"=VLOOKUP('1 销售预算表'!$A$8,'1 销售预算表'!$A$8:$F$8,COLUMN( ),0)",(其中 COLUMN( ) 函数表示返回当前单元格的列数),按"回车"键;选中 B4 单元格,将鼠标移动到 B4 单元格右下角,出现黑色"十"字形,按住鼠标左键,向右拖动鼠标至 F4 单元格,然后松开鼠标。这时 B4、C4、D4、E4、F4 单元格中分别填充了第一、二、三、四季度以及年度的销货现金收入,分别为:"36400""52000""72000""75200""235600",如图 8-25 所示。

图 8-25

Step3 计算每个季度可以使用的现金额度。选择 B5 单元格,在编辑栏中输入"=B3+B4",按"回车"键;再次选中 B5 单元格,将鼠标移动到 B5 单元格右下角,出现黑色"十"字形,按住鼠标左键向右拖动鼠标至 F5 单元格,然后松开鼠标。这时 B5、C5、D5、E5、F5 单元格中分别填充了第一、二、三、四季度以及年度的可使用现金的额度,分别为:"52400""52000""72000""75200""235600",如图 8-26 所示。

	A	B	C	D	E	F
1	表7	A公司20X2年现金流量表			单位:元	
2	项目	第一季度	第二季度	第三季度	第四季度	年度
3	期初现金余额	16000				
4	加:销货现金收入	36400	52000	72000	75200	235600
5	可使用现金	52400	52000	72000	75200	235600
6	减各项支出:					
7	直接材料					
8	直接人工					
9	制造费用					
10	销售及管理费用					
11	所得税费用					
12	购买设备					
13	发放股利					
14	支出合计					
15	现金溢余或不足					
16	向银行借款					
17	还银行借款					
18	短期借款利息(10%)					
19	长期借款利息(12%)					
20	期末现金余额					

图 8-26

Step4 导入各个季度的直接材料费用。选择 B7 单元格,在编辑栏中输入"=VLOOKUP('3 直接材料消耗及采购预算表'!$A$13,'3 直接材料消耗及采购预算表'!$A$13:$F$13,COLUMN( ),0)",按"回车"键;再次选中 B7 单元格,将鼠标移动到 B7 单元格右下角,出现黑色"十"字形,按住鼠标左键向右拖动鼠标至 F7 单元格,然后松开鼠标。这时 B7、C7、D7、E7、F7 单元格中分别填充了第一、二、三、四季度以及年度的直接材料费用,分别为:"10000""13480""17920""19020""60420",如图 8-27 所示。

Step5 导入各个季度的直接人工费用。选择 B8 单元格,在编辑栏中输入"=VLOOKUP('4 直接人工成本预算表'!$A$7,'4 直接人工成本预算表'!$A$7:$F$7,COLUMN( ),0)",按"回车"键;再次选中 B8 单元格,将鼠标移动到 B8 单元格右下角,出现黑色"十"字形,按住鼠标左键向右拖动鼠标至F8单元格,然后松开鼠标。这时 B8、C8、D8、E8、F8 单元格中分别填充了第一、二、三、四季度以及年度的直接人工费用,分别为:"4200""6200""7920""7280""25600",如图 8-28 所示。

第8章 财务预算

	A	B	C	D	E	F
		B7		fx	=VLOOKUP('3直接材料消耗及采购预算表'!$A$13)	
1	表7	A公司20X2年现金流量表			单位：元	
2	项目	第一季度	第二季度	第三季度	第四季度	年度
3	期初现金余额	16000				
4	加：销货现金收入	36400	52000	72000	75200	235600
5	可使用现金	52400	52000	72000	75200	235600
6	减各项支出：					
7	直接材料	10000	13480	17920	19020	60420
8	直接人工					
9	制造费用					
10	销售及管理费用					
11	所得税费用					
12	购买设备					
13	发放股利					
14	支出合计					
15	现金溢余或不足					
16	向银行借款					
17	还银行借款					
18	短期借款利息(10%)					
19	长期借款利息(12%)					
20	期末现金余额					

图 8-27

	A	B	C	D	E	F
		B8		fx	=VLOOKUP('4直接人工成本预算表'!$A$7,'4直接	
1	表7	A公司20X2年现金流量表			单位：元	
2	项目	第一季度	第二季度	第三季度	第四季度	年度
3	期初现金余额	16000				
4	加：销货现金收入	36400	52000	72000	75200	235600
5	可使用现金	52400	52000	72000	75200	235600
6	减各项支出：					
7	直接材料	10000	13480	17920	19020	60420
8	直接人工	4200	6200	7920	7280	25600
9	制造费用					
10	销售及管理费用					
11	所得税费用					
12	购买设备					
13	发放股利					
14	支出合计					
15	现金溢余或不足					
16	向银行借款					
17	还银行借款					
18	短期借款利息(10%)					
19	长期借款利息(12%)					
20	期末现金余额					

图 8-28

Step6 导入各个季度的制造费用。选择 B9 单元格，在编辑栏中输入"=VLOOKUP('5 制造费用预算表'!$A$17,'5 制造费用预算表'!$A$17:$F$17,COLUMN( ),0)"，按"回车"键；再次选中 B9 单元格，将鼠标移动到 B9 单元格右下角，出现黑色"十"字形，按住鼠标左键向右拖动鼠标至 F9 单元格，然后松开鼠标。这时 B9、C9、D9、E9、F9 单元格中分别填充了第一、二、三、四季度以及年

185

度的制造费用,分别为:"3800""4600""4600""4600""17600",如图8-29所示。

	A	B	C	D	E	F
1	表7	A公司20X2年现金流量表			单位:元	
2	项目	第一季度	第二季度	第三季度	第四季度	年度
3	期初现金余额	16000				
4	加:销货现金收入	36400	52000	72000	75200	235600
5	可使用现金	52400	52000	72000	75200	235600
6	减各项支出:					
7	直接材料	10000	13480	17920	19020	60420
8	直接人工	4200	6200	7920	7280	25600
9	制造费用	3800	4600	4600	4600	17600
10	销售及管理费用					
11	所得税费用					
12	购买设备					
13	发放股利					
14	支出合计					
15	现金溢余或不足					
16	向银行借款					
17	还银行借款					
18	短期借款利息(10%)					
19	长期借款利息(12%)					
20	期末现金余额					

图8-29

Step7 导入各个季度的销售及管理费用。选择B10单元格,在编辑栏中输入"=VLOOKUP('6销售及管理费用'!\$A\$13,'6销售及管理费用'!\$A\$13:\$F\$13,COLUMN( ),0)",按"回车"键;再次选中B10单元格,将鼠标移动到B10单元格右下角,出现黑色"十"字形,按住鼠标左键向右拖动鼠标至F10单元格,然后松开鼠标。这时B10、C10、D10、E10、F10单元格中分别填充了第一、二、三、四季度以及年度的销售及管理费用,分别为:"9300""10300""11200""9200""40000",如图8-30所示。

Step8 输入各个季度的所得税。根据上面的条件,A公司20X2年每个季度的所得税为8000元。在B11:E11单元格中输入"8000";选择F11单元格,在编辑栏中输入"=SUM(B11:E11)",按"回车"键,如图8-31所示。

Step9 输入各个季度的购买设备的支出。根据上面的条件,A公司20X2年于第二季度准备投资购买设备20000元。在C12单元格中输入"20000";选择F12单元格,在编辑栏中输入"=SUM(B12:E12)",按"回车"键,如图8-32所示。

Step10 输入各个季度的发放股利支出。根据上面的条件,A公司20X2年于第二季度和第四季度支付现金股利各16000元。在C13和E13单元格中分别输入"16000";选择F13单元格,在编辑栏中输入"=SUM(B13:E13)",按"回车"键,如图8-33所示。

第8章 财务预算

	B10		fx	=VLOOKUP('6销售及管理费用'!$A$13,'6销售及	
	A	B	C	D	E	F
1	表7	A公司20X2年现金流量表			单位：元	
2	项目	第一季度	第二季度	第三季度	第四季度	年度
3	期初现金余额	16000				
4	加：销货现金收入	36400	52000	72000	75200	235600
5	可使用现金	52400	52000	72000	75200	235600
6	减各项支出：					
7	直接材料	10000	13480	17920	19020	60420
8	直接人工	4200	6200	7920	7280	25600
9	制造费用	3800	4600	4600	4600	17600
10	销售及管理费用	9300	10300	11200	9200	40000
11	所得税费用					
12	购买设备					
13	发放股利					
14	支出合计					
15	现金溢余或不足					
16	向银行借款					
17	还银行借款					
18	短期借款利息(10%)					
19	长期借款利息(12%)					
20	期末现金余额					

图 8-30

	F11		fx	=SUM(B11:E11)		
	A	B	C	D	E	F
1	表7	A公司20X2年现金流量表			单位：元	
2	项目	第一季度	第二季度	第三季度	第四季度	年度
3	期初现金余额	16000				
4	加：销货现金收入	36400	52000	72000	75200	235600
5	可使用现金	52400	52000	72000	75200	235600
6	减各项支出：					
7	直接材料	10000	13480	17920	19020	60420
8	直接人工	4200	6200	7920	7280	25600
9	制造费用	3800	4600	4600	4600	17600
10	销售及管理费用	9300	10300	11200	9200	40000
11	所得税费用	8000	8000	8000	8000	32000
12	购买设备					
13	发放股利					
14	支出合计					
15	现金溢余或不足					
16	向银行借款					
17	还银行借款					
18	短期借款利息(10%)					
19	长期借款利息(12%)					
20	期末现金余额					

图 8-31

	A	B	C	D	E	F
1	表7	A公司20X2年现金流量表			单位：元	
2	项目	第一季度	第二季度	第三季度	第四季度	年度
3	期初现金余额	16000				
4	加：销货现金收入	36400	52000	72000	75200	235600
5	可使用现金	52400	52000	72000	75200	235600
6	减各项支出：					
7	直接材料	10000	13480	17920	19020	60420
8	直接人工	4200	6200	7920	7280	25600
9	制造费用	3800	4600	4600	4600	17600
10	销售及管理费用	9300	10300	11200	9200	40000
11	所得税费用	8000	8000	8000	8000	32000
12	购买设备		20000			20000
13	发放股利					
14	支出合计					
15	现金溢余或不足					
16	向银行借款					
17	还银行借款					
18	短期借款利息(10%)					
19	长期借款利息(12%)					
20	期末现金余额					

图 8-32

	A	B	C	D	E	F
1	表7	A公司20X2年现金流量表			单位：元	
2	项目	第一季度	第二季度	第三季度	第四季度	年度
3	期初现金余额	16000				
4	加：销货现金收入	36400	52000	72000	75200	235600
5	可使用现金	52400	52000	72000	75200	235600
6	减各项支出：					
7	直接材料	10000	13480	17920	19020	60420
8	直接人工	4200	6200	7920	7280	25600
9	制造费用	3800	4600	4600	4600	17600
10	销售及管理费用	9300	10300	11200	9200	40000
11	所得税费用	8000	8000	8000	8000	32000
12	购买设备		20000			20000
13	发放股利		16000		16000	32000
14	支出合计					
15	现金溢余或不足					
16	向银行借款					
17	还银行借款					
18	短期借款利息(10%)					
19	长期借款利息(12%)					
20	期末现金余额					

图 8-33

Step11 计算各个季度的支出合计额。选择 B14 单元格，在编辑栏中输入"=SUM（B7:B13）"，按"回车"键；再次选中 B14 单元格，将鼠标移动到 B14 单元格右下角，出现黑色"十"字形，按住鼠标左键，向右拖动鼠标至 F14 单元格，然后松开鼠标。这时 B14、C14、D14、E14、F14 单元格中分别填充了第一、二、三、四季度以及年度的支出合计，分别为："35300""78580""49640""64100"

"227620",如图 8-34 所示。

图 8-34

Step12 计算第一季度的现金余额。选择 B15 单元格,在编辑栏中输入"=B5-B14",按"回车"键。得到第一季度的现金溢余额度为"17100",大于每季度期初所需要的最低现金额度"16000",因此不需要从银行借款。选择 B20 单元格,在编辑栏中输入"=B15",按"回车"键,得到第二季度的期末现金余额为"17100",如图 8-35 所示。

图 8-35

Step13 计算第二季度的现金余额。选择 C3 单元格,在编辑栏中输入 "=B20",按 "回车" 键,得到第二季度期初的现金余额为 "17100";选择 C15 单元格,在编辑栏中输入 "=C5-C14",按 "回车" 键,得到第二季度的现金溢余额度为 "-9480",小于每季度期初所需要的最低现金额度 "16000",因此需要从银行借款 26000 元(因为需要以 2000 元为单位从银行取得借款)才能保证第三季度期初的现金余额大于 "16000"。选择 C16 单元格,在编辑栏中输入 "26000",按 "回车" 键。选择 C20 单元格,在编辑栏中输入 "=C15+C16",按 "回车" 键,得到第二季度期末的现金余额为 "16520",如图 8-36 所示。

	A	B	C	D	E	F
1	表7		A公司20X2年现金流量表		单位:元	
2	项目	第一季度	第二季度	第三季度	第四季度	年度
3	期初现金余额	16000	17100			
4	加:销货现金收入	36400	52000	72000	75200	235600
5	可使用现金	52400	69100	72000	75200	235600
6	减各项支出:					
7	直接材料	10000	13480	17920	19020	60420
8	直接人工	4200	6200	7920	7280	25600
9	制造费用	3800	4600	4600	4600	17600
10	销售及管理费用	9300	10300	11200	9200	40000
11	所得税费用	8000	8000	8000	8000	32000
12	购买设备		20000			20000
13	发放股利		16000		16000	32000
14	支出合计	35300	78580	49640	64100	227620
15	现金溢余或不足	17100	-9480			
16	向银行借款		26000			
17	还银行借款					
18	短期借款利息(10%)					
19	长期借款利息(12%)					
20	期末现金余额	17100	16520			

图 8-36

Step14 计算第三季度的现金余额。选择 D3 单元格,在编辑栏中输入 "=C20",按 "回车" 键,得到第三季度期初的现金余额为 "16520";选择 D15 单元格,在编辑栏中输入 "=D5-D14",按 "回车" 键,得到第三季度的现金溢余额度为 "38880",大于每季度期初所需要的最低现金额度 "16000",因此可以拿出 "20000" 偿还银行借款,拿出 "1000" 偿还银行短期借款利息。选择 D17 单元格,在编辑栏中输入 "20000",按 "回车" 键。选择 D18 单元格,在编辑栏中输入 "=D17*10%*2/4"(因为20000元的借款时间为2个季度,因此要乘以 2/4),按 "回车" 键。选择 D20 单元格,在编辑栏中输入 "=D15-D17-D18",按 "回车" 键,得到第三季度的期末现金余额为 "17880",如图 8-37 所示。

Step15 计算第四季度的现金余额。选择 E3 单元格,在编辑栏中输入 "=D20",按 "回车" 键,得到第四季度的期初现金余额为 "17880";选择 E15 单

第 8 章 财务预算

	A	B	C	D	E	F
1	表7	A公司20X2年现金流量表			单位：元	
2	项目	第一季度	第二季度	第三季度	第四季度	年度
3	期初现金余额	16000	17100	16520		
4	加：销货现金收入	36400	52000	72000	75200	235600
5	可使用现金	52400	69100	88520	75200	235600
6	减各项支出：					
7	直接材料	10000	13480	17920	19020	60420
8	直接人工	4200	6200	7920	7280	25600
9	制造费用	3800	4600	4600	4600	17600
10	销售及管理费用	9300	10300	11200	9200	40000
11	所得税费用	8000	8000	8000	8000	32000
12	购买设备		20000			20000
13	发放股利		16000		16000	32000
14	支出合计	35300	78580	49640	64100	227620
15	现金溢余或不足	17100	-9480	38880		
16	向银行借款		26000			
17	还银行借款			20000		
18	短期借款利息(10%)			1000		
19	长期借款利息(12%)					
20	期末现金余额	17100	16520	17880		

图 8-37

元格，在编辑栏中输入"=E5-E14"，按"回车"键，得到第二季度的现金溢余额度为"28980"，大于每季度期初所需要的最低现金额度"16000"，因此可以偿还剩下的 6000 元银行短期借款及利息，以及银行长期借款利息（18000*12%）。选择 E17 单元格，在编辑栏中输入"6000"，按"回车"键。选择 D18 单元格，在编辑栏中输入"=E17*10%*3/4"（因为 6000 元的借款时间为 3 个季度，因此要乘以 3/4），按"回车"键，得到需要偿还的银行短期借款利息为"450"。选择 D19 单元格，在编辑栏中输入"=18000*12%"，得到需要偿还的银行长期借款利息为"2160"，按"回车"键。选择 E20 单元格，在编辑栏中输入"=E15-E17-E18-E19"，按"回车"键，得到第四季度的期末现金余额为"20370"，如图 8-38 所示。

Step16 计算整个年度的现金余额。选择 F3 单元格，在编辑栏中输入"=B3"，按"回车"键，得到年度的期初现金余额为"16000"；选择 F15 单元格，在编辑栏中输入"=F5-F14"，按"回车"键，得到整个年度的现金溢余额度为"23980"。选择 F16 单元格，在编辑栏中输入"=SUM(B16:E16)"，按"回车"键，得到整个年度向银行的短期借款额度为"26000"。再次选中 F16 单元格，将鼠标移动到 F16 单元格右下角，出现黑色"十"字形，按住鼠标左键向下拖动鼠标至 F19 单元格，然后松开鼠标。这时 F17、F18、F19 单元格中分别填充了"还银行借款""短期借款利息""长期借款利息"的额度，分别为："26000""1450""2160"。选择 F20 单元格，在编辑栏中输入"=F15+F16-F17-F18-F19"，按"回车"键，得到整个季度的期末现金余额为"20370"，如图 8-39 所示。

	A	B	C	D	E	F
					E20	=E15-E17-E18-E19
1	表7	A公司20X2年现金流量表			单位：元	
2	项目	第一季度	第二季度	第三季度	第四季度	年度
3	期初现金余额	16000	17100	16520	17880	
4	加：销货现金收入	36400	52000	72000	75200	235600
5	可使用现金	52400	69100	88520	93080	235600
6	减各项支出：					
7	直接材料	10000	13480	17920	19020	60420
8	直接人工	4200	6200	7920	7280	25600
9	制造费用	3800	4600	4600	4600	17600
10	销售及管理费用	9300	10300	11200	9200	40000
11	所得税费用	8000	8000	8000	8000	32000
12	购买设备		20000			20000
13	发放股利		16000		16000	32000
14	支出合计	35300	78580	49640	64100	227620
15	现金溢余或不足	17100	-9480	38880	28980	
16	向银行借款		26000			
17	还银行借款			20000	6000	
18	短期借款利息(10%)			1000	450	
19	长期借款利息(12%)				2160	
20	期末现金余额	17100	16520	17880	20370	

图 8-38

	A	B	C	D	E	F
					F20	=F15+F16-F17-F18-F19
1	表7	A公司20X2年现金流量表			单位：元	
2	项目	第一季度	第二季度	第三季度	第四季度	年度
3	期初现金余额	16000	17100	16520	17880	16000
4	加：销货现金收入	36400	52000	72000	75200	235600
5	可使用现金	52400	69100	88520	93080	251600
6	减各项支出：					
7	直接材料	10000	13480	17920	19020	60420
8	直接人工	4200	6200	7920	7280	25600
9	制造费用	3800	4600	4600	4600	17600
10	销售及管理费用	9300	10300	11200	9200	40000
11	所得税费用	8000	8000	8000	8000	32000
12	购买设备		20000			20000
13	发放股利		16000		16000	32000
14	支出合计	35300	78580	49640	64100	227620
15	现金溢余或不足	17100	-9480	38880	28980	23980
16	向银行借款		26000			26000
17	还银行借款			20000	6000	26000
18	短期借款利息(10%)			1000	450	1450
19	长期借款利息(12%)				2160	2160
20	期末现金余额	17100	16520	17880	20370	20370

图 8-39

8.8 编制产品生产成本预算表

根据上面的资料，编制 A 公司 20X2 年产品生产成本预算表的具体操作步骤如下。

Step1 打开"第8章/8产品成本预算表.xlsx"文件。在"产品成本预算表"工作表中,根据前面资料,在B4单元格中输入"5";在B5单元格中输入"2";选中B6单元格,在编辑栏中输入"=制造费用预算表!F8/直接人工成本预算表!F5",按"回车"键,得到单位的变动制造费用为"0.5";选中B7单元格,在编辑栏中输入"=制造费用预算表!F15/直接人工成本预算表!F5",按"回车"键,得到单位的固定制造费用为"1.5",如图8-40所示。

图 8-40

Step2 输入单位产品的投入量。根据前面的资料,一单位甲产品的直接材料耗用为"10",直接人工为"10"。因此在C4:C7单元格中均输入"10",如图8-41所示。

图 8-41

Step3 计算一单位甲产品的直接材料、直接人工、变动制造费用和固定制造费用的成本。选择D4单元格,在编辑栏中输入"=B4*C4";再次选中D4单元格,将鼠标移动到D4单元格右下角,出现黑色"十"字形,按住鼠标左键向下拖动鼠标至D7单元格,然后松开鼠标。这时D4、D5、D6、D7单元格中分别填充了单位甲产品的"直接材料""直接人工""变动制造费用""固定制造费用"的成本,分别为:"50""20""5""15",如图8-42所示。

Step4 计算A公司20X2年甲产品的生产成本。根据前面的计算,得出A公司20X2年的甲产品生产数量为1280件。选择E4单元格,在编辑

表8 A公司20X2年产品成本预算表

项目	单位成本			生产成本(1280件)	期末存货(40)件	销售成本(1260件)
	每千克或每小时	投入量	成本(元)			
直接材料	5	10	50			
直接人工	2	10	20			
变动制造费用	0.5	10	5			
固定制造费用	1.5	10	15			
合计						

图8-42

栏中输入"=1280*D4";再次选中E4单元格,将鼠标移动到E4单元格右下角,出现黑色"十"字形,按住鼠标左键向下拖动鼠标至E7单元格,然后松开鼠标。这时E4、E5、E6、E7单元格中分别填充了生产甲产品的"直接材料""直接人工""变动制造费用""固定制造费用"的生产成本,分别为:"64000""25600""6400""19200",如图8-43所示。

表8 A公司20X2年产品成本预算表

项目	单位成本			生产成本(1280件)	期末存货(40)件	销售成本(1260件)
	每千克或每小时	投入量	成本(元)			
直接材料	5	10	50	64000		
直接人工	2	10	20	25600		
变动制造费用	0.5	10	5	6400		
固定制造费用	1.5	10	15	19200		
合计						

图8-43

Step5 计算A公司20X2年甲产品的期末存货成本。根据前面的计算,得出A公司20X2年的甲产品的期末存货数量为40件。选择F4单元格,在编辑栏中输入"=40*D4";再次选中F4单元格,将鼠标移动到F4单元格右下角,出现黑色"十"字形,按住鼠标左键向下拖动鼠标至F7单元格,然后松开鼠标。这时F4、F5、F6、F7单元格中分别填充了甲产品的"直接材料""直接人工""变动制造费用""固定制造费用"的期末存货,分别为:"2000""800""200""600",如图8-44所示。

Step6 计算A公司20X2年甲产品的销售成本。根据前面的计算,得出A公司20X2年的甲产品的销售数量为126件。选择G4单元格,在编辑栏中输入"=1260*D4";再次选中G4单元格,将鼠标移动到G4单元格右下角,出现黑色"十"字形,按住鼠标左键,向下拖动鼠标至G7单元格,然后松开鼠标。这时G4、G5、G6、G7单元格中分别填充了甲产品的"直接

第 8 章 财务预算

	A	B	C	D	E	F	G
1	表8		A公司20X2年产品成本预算表				
2	项目	单位成本			生产成本 (1280件)	期末存货 (40) 件	销售成本 (1260件)
3		每千克或每小时	投入量	成本(元)			
4	直接材料	5	10	50	64000	2000	
5	直接人工	2	10	20	25600	800	
6	变动制造费用	0.5	10	5	6400	200	
7	固定制造费用	1.5	10	15	19200	600	
8	合计						

图 8-44

材料""直接人工""变动制造费用""固定制造费用"的销售成本，分别为："63000""25200""6300""18900"，如图8-45所示。

	A	B	C	D	E	F	G
1	表8		A公司20X2年产品成本预算表				
2	项目	单位成本			生产成本 (1280件)	期末存货 (40) 件	销售成本 (1260件)
3		每千克或每小时	投入量	成本(元)			
4	直接材料	5	10	50	64000	2000	63000
5	直接人工	2	10	20	25600	800	25200
6	变动制造费用	0.5	10	5	6400	200	6300
7	固定制造费用	1.5	10	15	19200	600	18900
8	合计						

图 8-45

Step7 计算 A 公司 20X2 年甲产品的成本合计。选择 E8 单元格，在编辑栏中输入"=SUM(E4:E7)"；再次选中 E8 单元格，将鼠标移动到 E8 单元格右下角，出现黑色"十"字形，按住鼠标左键向有拖动鼠标至 G8 单元格，然后松开鼠标。这时 E8、F8、G8 单元格中分别填充了甲产品的"生产成本""期末存货""销售成本"分别为："115200""3600""113400"，如图8-46所示。

	A	B	C	D	E	F	G
1	表8		A公司20X2年产品成本预算表				
2	项目	单位成本			生产成本 (1280件)	期末存货 (40) 件	销售成本 (1260件)
3		每千克或每小时	投入量	成本(元)			
4	直接材料	5	10	50	64000	2000	63000
5	直接人工	2	10	20	25600	800	25200
6	变动制造费用	0.5	10	5	6400	200	6300
7	固定制造费用	1.5	10	15	19200	600	18900
8	合计				115200	3600	113400

图 8-46

8.9 编制预计损益表

根据上面的资料,编制 A 公司 20X2 年预计损益表的具体操作步骤如下。

Step1 打开"第 8 章 /9 预计损益表 .xlsx"文件。在"预计损益表"工作表中,根据销售预算表,预计 A 公司 20X2 年的销售收入为 252000 元,在 B3 单元格中输入"252000";根据产品成本预算表,预计 A 公司 20X2 年的销售成本为 113400 元,在 B4 单元格中输入"113400";根据销售及管理费用预算表,预计 A 公司 20X2 年的销售及管理费用预算为 40000 元,在 B5 单元格中输入"40000";根据现金流量表,预计 A 公司 20X2 年的利息支出为 3610 元,在 B6 单元格中输入"3610"。

Step2 计算利润总额。选择 B7 单元格,在编辑栏中输入"=B3-B4-B5-B6",按"回车"键,得到 20X2 年的利润总额为"94990",如图 8-47 所示。

	A	B
1	表9 A公司20X2年预计损益表(20X2年12月31日)	单位:元
2	项目	金额
3	销售收入(销售预算表)	252000
4	减:销售成本 (产品成本预算表)	113400
5	销售及管理费用(销售及管理费用预算表)	40000
6	财务费用(现金流量表)	3610
7	利润总额	94990
8	减:所得税(估计)(现金流量表)	
9	净利润	

图 8-47

Step3 计算净利润。根据现金流量表,预计 A 公司 20X2 年的所得税为 32000,在 B8 单元格中输入"32000";选择 B9 单元格,在编辑栏中输入"=B7-B8",按"回车"键,得到 20X2 年的净利润"62990",如图 8-48 所示。

	A	B
1	表9 A公司20X2年预计损益表(20X2年12月31日)	单位:元
2	项目	金额
3	销售收入(销售预算表)	252000
4	减:销售成本 (产品成本预算表)	113400
5	销售及管理费用(销售及管理费用预算表)	40000
6	财务费用(现金流量表)	3610
7	利润总额	94990
8	减:所得税(估计)(现金流量表)	32000
9	净利润	62990

图 8-48

8.10 编制20X2年12月31日预计资产负债表

根据上面的资料,编制A公司20X2年12月31日预计资产负债表。

Step1 打开"第8章/10预计损益表.xlsx,计算资产类科目"。

①库存现金。根据"现金流量表",A公司20X2年期末现金余额为20370元,在C3单元格中输入"20370"。

②应收账款。根据"销售预算表",A公司20X2年第四季度的销售额为72000元,其中40%的货款下季度收回,因此20X2年期末的应收账款应为:72000*40%=28800,在C4单元格中输入"28800"。

③直接材料。根据"直接材料消耗及采购预算表",A公司20X2年第四季度的期末材料存货为800千克,单价为5元,则20X2年第四季度的期末材料存货为:800*5=4000元,在C5单元格中输入"4000"。

④存货。根据"产品成本预算表",A公司20X2年期末的存货成本为3600元,在C6单元格中输入"3600"。

⑤固定资产。根据A公司20X2年期初"资产负债表",知道A公司期初的固定资产为70000;根据"现金流量表",A公司20X2年在第二季度拟购入设备,价款为20000元。则A公司20X2年期末的固定资产为:70000+20000=90000元。在C7单元格中输入"90000"。

⑥累计折旧。根据A公司20X2年期初"资产负债表",知道A公司期初的累计折旧为8000元;根据"现金流量表",A公司20X2年每季度的折旧额度为2000元,则20X2年的折旧总额为8000元。则A公司20X2年期末的累计折旧额度为:8000+8000=16000元。在C8单元格中输入"16000"。

选择C9单元格,在编辑栏中输入"=SUM(C3:C7)-C8",然后按"回车"键,得到20X2年期末资产合计额为"130770",如图8-49所示。

Step2 计算负债与所有者权益类科目。

①应付账款。根据"直接材料消耗及采购预算表",A公司20X2年第四季度的预计采购成本为18560元,其中有50%的货款下季度支付,则A公司20X2年末的应付账款应该为:18560*50%=9280元。在F3单元格中输入"9280"。

②长期借款。20X2年未发生变化。在F4单元格中输入"18000"。

③普通股。20X2年未发生变化。在F5单元格中输入"40000"。

④未分配利润。根据"预计损益表",A公司20X2年的净利润为62990元;根据A公司20X2年期初"资产负债表",A公司期初的未分配利润为32500

图 8-49

元；根据"现金流量表"，A公司20X2年在第二季度和第四季度分别支付股利16000元。那么，A公司20X2年末的未分配利润应该为：62990+32500-16000-16000=63490元。在F6单元格中输入"63490"。

选择F9单元格，在编辑栏中输入"=SUM(F3:F6)"，然后按"回车"键，得到20X2年期末负债与所有者权益合计额为"130770"，如图8-50所示。

图 8-50

从结果来看，A公司20X2年期末的资产及负债与所有者权益保持平衡。

第9章

利润和成本规划

9.1 利润最大化的规划求解

一个企业通常会生产多种类型的产品,每种产品所带来的利润不同,这就需要对不同产品之间的生产数量进行规划,在限定的原材料消耗、生产工时的情况下,以达到利润最大化,遇到此类的财务管理问题,可以通过 Excel 的规划求解来解决。

假设 A 公司生产甲、乙、丙、丁四种产品,生产每种产品所需要的原材料消耗、人工工时、单位利润、原材料限额及人工工时限额等信息如表 9-1 所示。

表 9-1

产品	甲产品	乙产品	丙产品	丁产品
原材料消耗（千克）	2	3.5	4	5.8
人工工时（小时）	5.5	7.2	11	15
单位利润（元）	50	75	100	120
原材料限额（千克）	800			
人工工时限额（小时）	2000			

根据上面的资料,我们可以通过 Excel 的规划求解来建立利润最大化的规划模型,具体的操作步骤如下。

Step1 打开"第 9 章 / 利润最大化 .xlsx"文件,建立规划求解的基本模型。在"利润最大化"工作表中,首先计算各产品利润。选择 B7 单元格,在编辑栏中输入"=B5*B6",然后按"回车"键。再次选中 B7 单元格,将鼠标移动到 B7 单元格右下角,出现黑色"十"字形,按住鼠标左键向右拖动鼠标至 E7 单元格,

然后松开鼠标,如图9-1所示。

	A	B	C	D	E
1	利润最大化规划求解				
2	产品	甲产品	乙产品	丙产品	丁产品
3	原材料消耗(千克)	2	3.5	4	5.8
4	人工工时(小时)	5.5	7.2	11	15
5	单位利润(元)	50	75	100	120
6	生产量(件)				
7	各产品利润(元)	0	0	0	0

B7 =B5*B6+C5*C6+D5*D6+E5*E6

图 9-1

Step2 计算原材料用量合计数额。选择 B11 单元格,在编辑栏中输入"=B3*B6+C3*C6+D3*D6+E3*E6",如图 9-2 所示。

	A	B	C	D	E
1	利润最大化规划求解				
2	产品	甲产品	乙产品	丙产品	丁产品
3	原材料消耗(千克)	2	3.5	4	5.8
4	人工工时(小时)	5.5	7.2	11	15
5	单位利润(元)	50	75	100	120
6	生产量(件)				
7	各产品利润(元)	0	0	0	0
8					
9	原材料限额(千克)	800			
10	人工工时限额(小时)	2000			
11	原材料用量合计(千克)	0			
12	人工工时合计(小时)				
13	利润合计(元)				

B11 =B3*B6+C3*C6+D3*D6+E3*E6

图 9-2

Step3 计算人工工时合计数额。选择 B12 单元格,在编辑栏中输入"=B4*B6+C4*C6+D4*D6+E4*E6",如图 9-3 所示。

Step4 计算利润合计数额。选择 B13 单元格,在编辑栏中输入"=SUM(B7:E7)",如图 9-4 所示。

Step5 进行利润最大化规划求解。单击"数据"选项卡,在"数据"选项卡下面的功能区内,单击最右边的"规划求解"按钮,如图 9-5 所示。

Step6 此时弹出"规划求解参数"对话框。在"设置目标(T)"后面输入"$E$13"文本(或选中"$E$13"单元格);单击"最大值(M)"单选按钮;在"通过更改可变单元格:(B)"下面输入"$B$6:$E$6"文本(或选中"$B$6:$E$6"单元格区域),如图 9-6 所示。

第9章 利润和成本规划

	A	B	C	D	E
1	利润最大化规划求解				
2	产品	甲产品	乙产品	丙产品	丁产品
3	原材料消耗(千克)	2	3.5	4	5.8
4	人工工时(小时)	5.5	7.2	11	15
5	单位利润(元)	50	75	100	120
6	生产量(件)				
7	各产品利润(元)	0	0	0	0
8					
9	原材料限额(千克)	800			
10	人工工时限额(小时)	2000			
11	原材料用量合计(千克)	0			
12	人工工时合计(小时)	0			
13	利润合计(元)				

B12　fx =B4*B6+C4*C6+D4*D6+E4*E6

图 9-3

	A	B	C	D	E
1	利润最大化规划求解				
2	产品	甲产品	乙产品	丙产品	丁产品
3	原材料消耗(千克)	2	3.5	4	5.8
4	人工工时(小时)	5.5	7.2	11	15
5	单位利润(元)	50	75	100	120
6	生产量(件)				
7	各产品利润(元)	0	0	0	0
8					
9	原材料限额(千克)	800			
10	人工工时限额(小时)	2000			
11	原材料用量合计(千克)	0			
12	人工工时合计(小时)	0			
13	利润合计(元)	0			

B13　fx =SUM(B7:E7)

图 9-4

规划求解　　单击

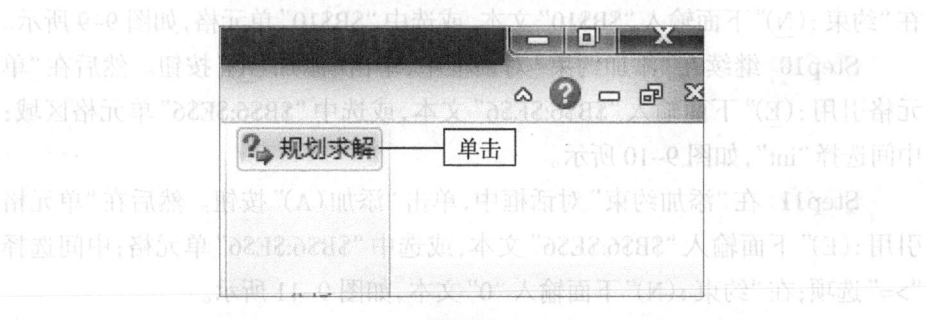

图 9-5

201

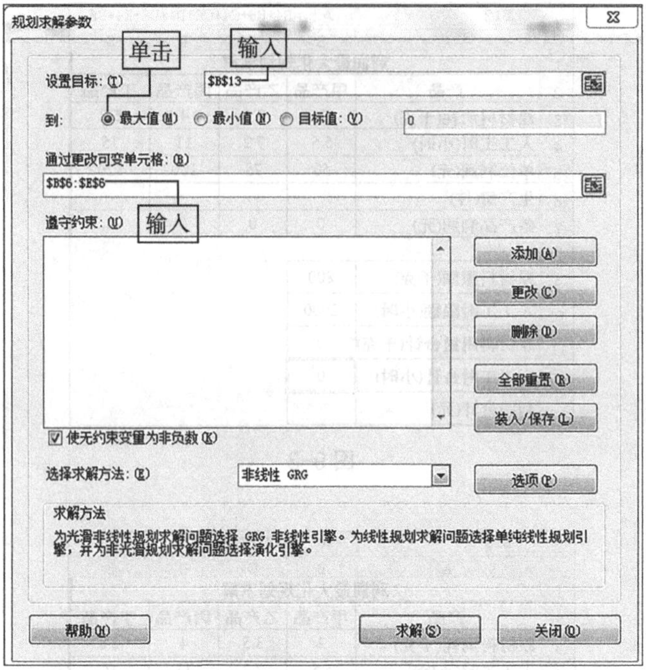

图 9-6

Step7 继续在"规划求解参数"对话框中，单击"添加(A)"按钮，如图9-7所示。

Step8 弹出"添加约束"对话框。在"添加约束"对话框中，在"单元格引用:(E)"下面输入"\$B\$11"文本，或选中"\$B\$11"单元格；中间选择"<="选项；在"约束:(N)"下面输入"\$B\$9"文本，或选中"\$B\$9"单元格，如图9-8所示。

Step9 继续在"添加约束"对话框中，单击"添加(A)"按钮。然后在"单元格引用:(E)"下面输入"\$B\$12"文本，或选中"\$B\$12"单元格；中间选择"<="；在"约束:(N)"下面输入"\$B\$10"文本，或选中"\$B\$10"单元格，如图9-9所示。

Step10 继续在"添加约束"对话框中，单击"添加(A)"按钮。然后在"单元格引用:(E)"下面输入"\$B\$6:\$E\$6"文本，或选中"\$B\$6:\$E\$6"单元格区域；中间选择"int"，如图9-10所示。

Step11 在"添加约束"对话框中，单击"添加(A)"按钮。然后在"单元格引用:(E)"下面输入"\$B\$6:\$E\$6"文本，或选中"\$B\$6:\$E\$6"单元格；中间选择">="选项；在"约束:(N)"下面输入"0"文本，如图9-11所示。

第 9 章　利润和成本规划

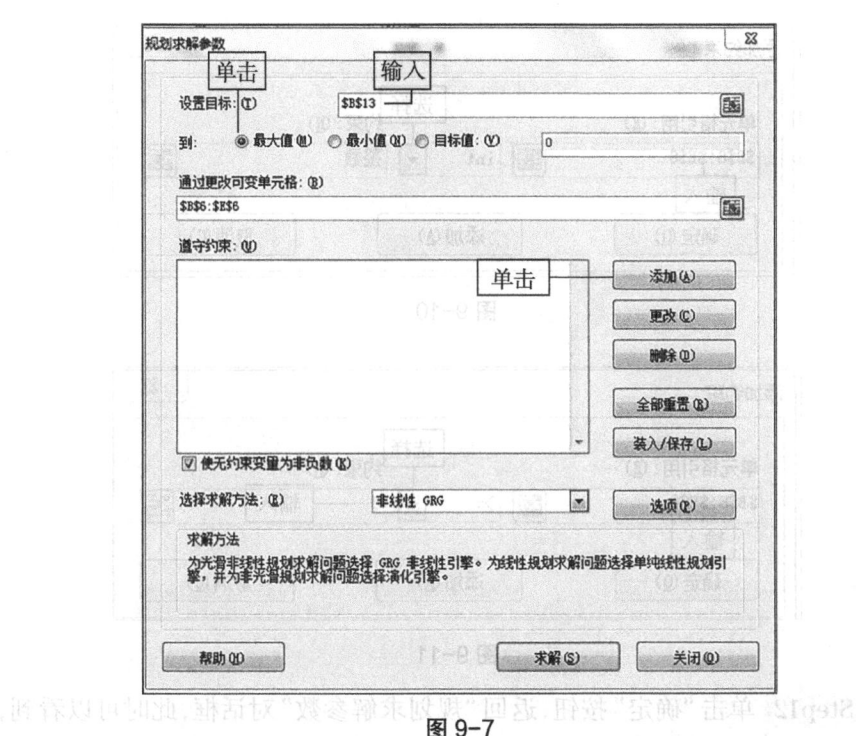

图 9-7

Step2：单击"确定"按钮，返回"添加约束"对话框。在此处，用户可以将第二项效求添加（D）下方右击描述上图下列中条件。如图 9-12 所示

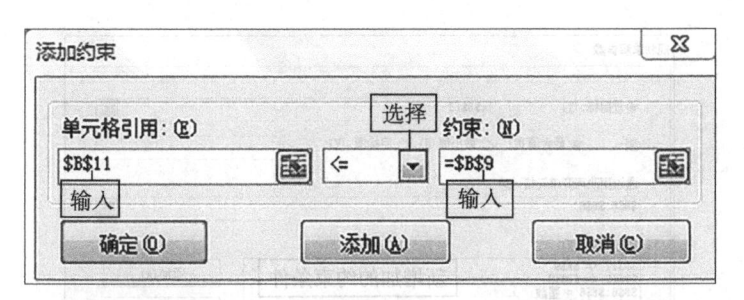

图 9-8

图 9-9

203

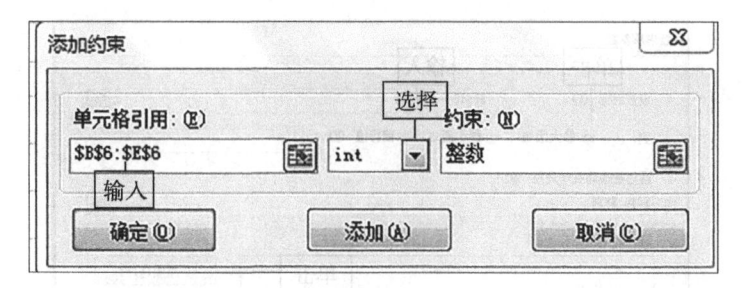

图 9-10

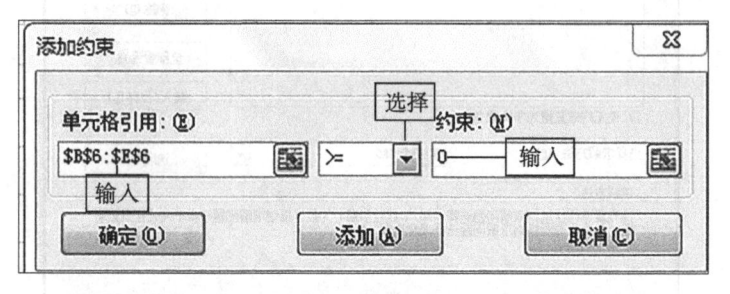

图 9-11

Step12 单击"确定"按钮，返回"规划求解参数"对话框，此时可以看到，在"遵守约束：(U)"下方新增加了四个约束条件，如图 9-12 所示。

图 9-12

Step13 然后单击"求解"按钮,弹出"规划求解结果"对话框,如图9-13所示。

图 9-13

Step14 单击"确定"按钮,回到"利润最大化"工作表。在E13单元格中得到了最大化利润值为"18950";在B6、C6、D6、E6单元格中得到了每种产品的最优生产数量,分别为"240""82""8""0";在B11单元格中,得到原材料用量合计为"799";在B12单元格中,得到人工工时合计为"1998.4",如图9-14所示。

	A	B	C	D	E
1	利润最大化规划求解					
2	产品	甲产品	乙产品	丙产品	丁产品
3	原材料消耗(千克)	2	3.5	4	5.8
4	人工工时时(小时)	5.5	7.2	11	15
5	单位利润(元)	50	75	100	120
6	生产量(件)	240	82	8	0
7	各产品利润(元)	12000	6150	800	0
8					
9	原材料限额(千克)	800			
10	人工工时限额(小时)	2000			
11	原材料用量合计(千克)	799			
12	人工工时合计(小时)	1998.4			
13	利润合计(元)	18950			

图 9-14

9.2 成本最小化的规划求解

成本最小化的规划求解，是在生产者理论中特指在生产要素价格一定的情况下，选择最优的要素组合使生产给定产量的成本最小，即在技术（生产函数）约束下求解使最小的最优生产要素组合。

假设 A 公司生产甲、乙、丙、丁四种产品，生产每种产品所需要的原材料消耗、人工工时、单位利润等信息如表 9-2 所示。

表 9-2

产品	甲产品	乙产品	丙产品	丁产品
原材料消耗（千克）	2	3.5	4	5.8
人工工时（小时）	5.5	7.2	11	15
单位利润（元）	50	75	100	120
各产品每月最低生产量（件）	115	50	36	20
原材料限额（千克）	800			
人工工时限额（小时）	2000			
单位原材料价格（元）	185			
单位人工工时费（元）	40			

如果 A 企业设定的最低利润目标为 18500 元，如何安排各种产品的生产产量，使所消耗的成本最低。

用 Excel 规划求解成本最小化的具体操作步骤如下。

Step1 打开"第 9 章 / 成本最小化 .xlsx"文件。首先建立规划求解的基本模型。在"成本最小化"工作表中，计算各产品的最低生产量。选择 B10 单元格，在编辑栏中输入"=(B3*B4+B5*B6)*B9"，然后按"回车"键。再次选中 B10 单元格，将鼠标移动到 B10 单元格右下角，出现黑色"十"字形，按住鼠标左键向右拖动鼠标至 E10 单元格，然后松开鼠标，如图 9-15 所示。

Step2 计算各产品的利润。选择 B11 单元格，在编辑栏中输入"=B7*B9"，然后按"回车"键。再次选中 B11 单元格，将鼠标移动到 B11 单元格右下角，出现黑色"十"字形，按住鼠标左键向右拖动鼠标至 E11 单元格，然后松开鼠标，如图 9-16 所示。

Step3 计算原材料用量合计数额。选择 B16 单元格，在编辑栏中输入"=B3*B9+C3*C9+D3*D9+E3*E9"，然后按"回车"键，如图 9-17 所示。

Step4 计算人工工时合计数额。选择 B17 单元格，在编辑栏中输入"=B5*B9+C5*C9+D5*D9+E5*E9"，然后按"回车"键，如图 9-18 所示。

第 9 章　利润和成本规划

B10			fx	=(B3*B4+B5*B6)*B9	
	A	B	C	D	E
1	成本最小化规划求解				
2	产品	甲产品	乙产品	丙产品	丁产品
3	原材料消耗(千克)	2	3.5	4	5.8
4	单位原材料价格(元)	185	185	185	185
5	人工工时(小时)	5.5	7.2	11	15
6	单位人工工时费(元)	40	40	40	40
7	单位利润(元)	50	75	100	120
8	各产品最低生产量(件)	115	50	36	20
9	实际生产量(件)				
10	各产品成本和(元)	0	0	0	0
11	各产品利润(元)				

图 9-15

B11			fx	=B7*B9	
	A	B	C	D	E
1	成本最小化规划求解				
2	产品	甲产品	乙产品	丙产品	丁产品
3	原材料消耗(千克)	2	3.5	4	5.8
4	单位原材料价格(元)	185	185	185	185
5	人工工时(小时)	5.5	7.2	11	15
6	单位人工工时费(元)	40	40	40	40
7	单位利润(元)	50	75	100	120
8	各产品最低生产量(件)	115	50	36	20
9	实际生产量(件)				
10	各产品成本和(元)	0	0	0	0
11	各产品利润(元)	0	0	0	0

图 9-16

207

B16		fx	=B3*B9+C3*C9+D3*D9+E3*E9	
	A	B	C	D	E

	A	B	C	D	E
1	成本最小化规划求解				
2	产品	甲产品	乙产品	丙产品	丁产品
3	原材料消耗(千克)	2	3.5	4	5.8
4	单位原材料价格(元)	185	185	185	185
5	人工工时(小时)	5.5	7.2	11	15
6	单位人工工时费(元)	40	40	40	40
7	单位利润(元)	50	75	100	120
8	各产品最低生产量(件)	115	50	36	20
9	实际生产量(件)				
10	各产品成本和(元)	0	0	0	0
11	各产品利润(元)	0	0	0	0
12					
13	原材料限额(千克)	800			
14	人工工时限额(小时)	2000			
15	要求的最低利润(元)	18500			
16	原材料用量合计(千克)	0			
17	人工工时合计(小时)				
18	总成本(元)				
19	实际总利润(元)				

图 9-17

B17		fx	=B5*B9+C5*C9+D5*D9+E5*E9	

	A	B	C	D	E
1	成本最小化规划求解				
2	产品	甲产品	乙产品	丙产品	丁产品
3	原材料消耗(千克)	2	3.5	4	5.8
4	单位原材料价格(元)	185	185	185	185
5	人工工时(小时)	5.5	7.2	11	15
6	单位人工工时费(元)	40	40	40	40
7	单位利润(元)	50	75	100	120
8	各产品最低生产量(件)	115	50	36	20
9	实际生产量(件)				
10	各产品成本和(元)	0	0	0	0
11	各产品利润(元)	0	0	0	0
12					
13	原材料限额(千克)	800			
14	人工工时限额(小时)	2000			
15	要求的最低利润(元)	18500			
16	原材料用量合计(千克)	0			
17	人工工时合计(小时)	0			
18	总成本(元)				
19	实际总利润(元)				

图 9-18

第 9 章 利润和成本规划

Step5 计算实际总成本。选择 B18 单元格,在编辑栏中输入"=SUM(B10:E10)",然后按"回车"键,如图 9-19 所示。

	A	B	C	D	E
1	成本最小化规划求解				
2	产品	甲产品	乙产品	丙产品	丁产品
3	原材料消耗(千克)	2	3.5	4	5.8
4	单位原材料价格(元)	185	185	185	185
5	人工工时(小时)	5.5	7.2	11	15
6	单位人工工时费(元)	40	40	40	40
7	单位利润(元)	50	75	100	120
8	各产品最低生产量(件)	115	50	36	20
9	实际生产量(件)				
10	各产品成本和(元)	0	0	0	0
11	各产品利润(元)	0	0	0	0
12					
13	原材料限额(千克)	800			
14	人工工时限额(小时)	2000			
15	要求的最低利润(元)	18500			
16	原材料用量合计(千克)	0			
17	人工工时合计(小时)	0			
18	总成本(元)	0			
19	实际总利润(元)				

图 9-19

Step6 计算实际总利润。选择 B19 单元格,在编辑栏中输入"=SUM(B11:E11)",然后按"回车"键,如图 9-20 所示。

Step7 进行成本最小化的规划求解。单击"数据"选项卡,在"数据"选项卡下面的功能区内,单击最右边的"规划求解"按钮,如图 9-21 所示。

Step8 弹出"规划求解参数"对话框。在"设置目标:(T)"后面输入"$B$18"文本,或选中"$B$18"单元格;单击"最小值(N)"单选按钮;在"通过更改可变单元格:(B)"下面输入"$B$9:$E$9"文本(或选中"$B$9:$E$9"单元格区域),如图 9-22 所示。

Step9 继续在"规划求解参数"对话框中,单击"添加(A)"按钮,如图 9-23 所示。

Step10 弹出"添加约束"对话框,在该对话框中的"单元格引用:(E)"下面输入"$B$16"文本,或选中"$B$16"单元格;中间选择"<=";在"约束:(N)"下面输入"$B$13"文本,或选中"$B$13"单元格,如图 9-24 所示。

Step11 继续在"添加约束"对话框中,单击下面的"添加(A)"按钮,参照

209

	A	B	C	D	E
1	成本最小化规划求解				
2	产品	甲产品	乙产品	丙产品	丁产品
3	原材料消耗(千克)	2	3.5	4	5.8
4	单位原材料价格(元)	185	185	185	185
5	人工工时(小时)	5.5	7.2	11	15
6	单位人工工时费(元)	40	40	40	40
7	单位利润(元)	50	75	100	120
8	各产品最低生产量(件)	115	50	36	20
9	实际生产量(件)				
10	各产品成本和(元)	0	0	0	0
11	各产品利润(元)	0	0	0	0
12					
13	原材料限额(千克)	800			
14	人工工时限额(小时)	2000			
15	要求的最低利润(元)	18500			
16	原材料用量合计(千克)	0			
17	人工工时合计(小时)	0			
18	总成本(元)	0			
19	实际总利润(元)	0			

图 9-20

图 9-21

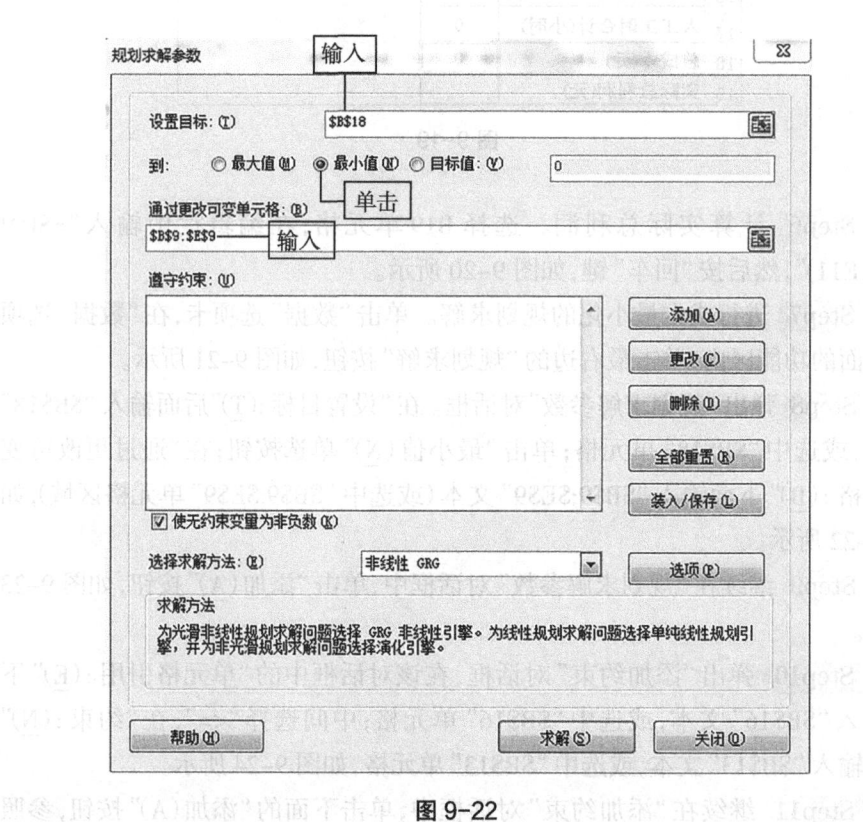

图 9-22

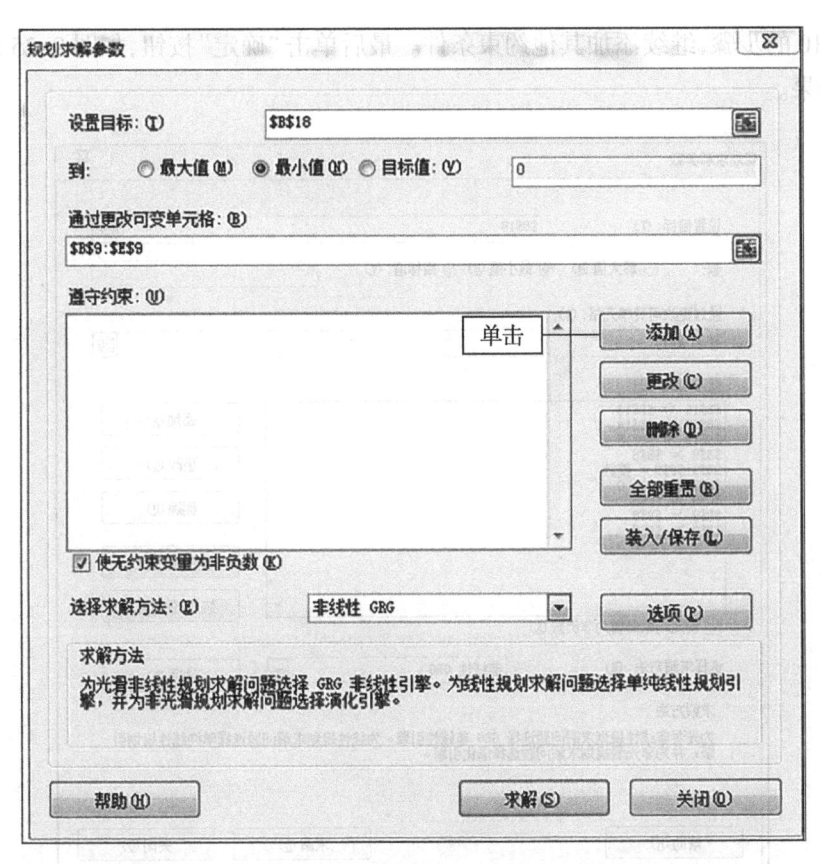

图 9-23

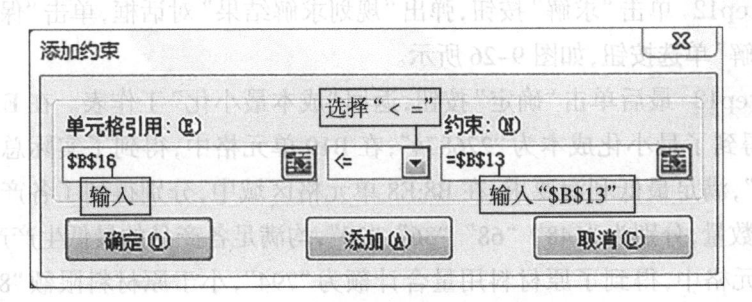

图 9-24

Step10 的步骤,继续添加其他约束条件。最后单击"确定"按钮,如图 9-25 所示的结果。

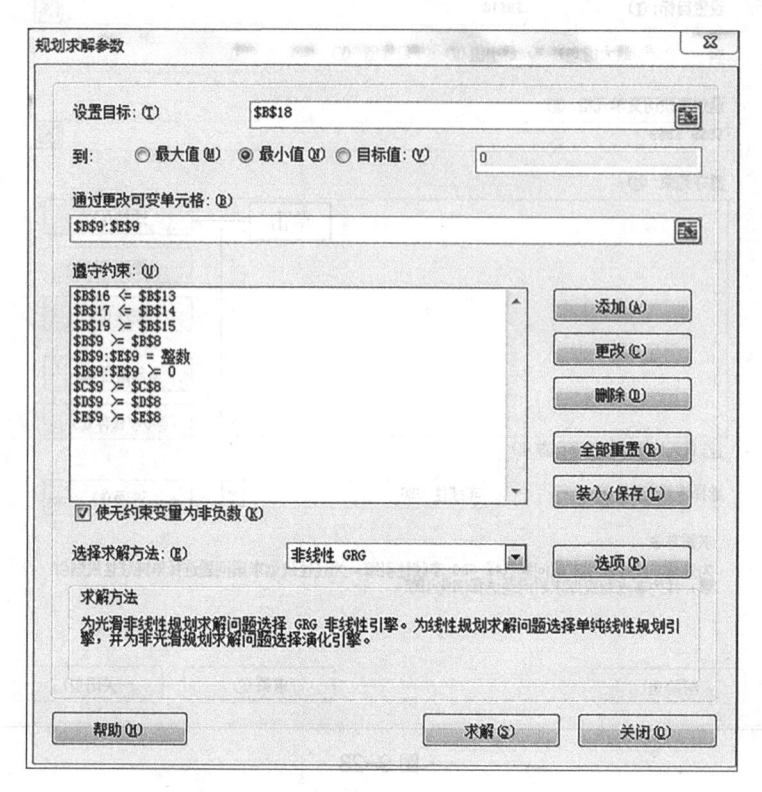

图 9-25

Step12 单击"求解"按钮,弹出"规划求解结果"对话框,单击"保留规划求解的解"单选按钮,如图 9-26 所示。

Step13 最后单击"确定"按钮,返回"成本最小化"工作表。在 E18 单元格中,得到了最小化成本为"226874";在 B19 单元格中,得到了实际总利润为"18500",满足最低利润要求;在 B8:E8 单元格区域中,分别得到了各产品的实际生产数量,分别为"148""68""36""20",均满足各产品的最低生产产量;在 B16 单元格中,得到了原材料用量合计额为"794",小于原材料限额"800",如图 9-27 所示。

第 9 章 利润和成本规划

图 9-26

	A	B	C	D	E
1	成本最小化规划求解				
2	产品	甲产品	乙产品	丙产品	丁产品
3	原材料消耗(千克)	2	3.5	4	5.8
4	单位原材料价格(元)	185	185	185	185
5	人工工时(小时)	5.5	7.2	11	15
6	单位人工工时费(元)	40	40	40	40
7	单位利润(元)	50	75	100	120
8	各产品最低生产量(件)	115	50	36	20
9	实际生产量(件)	148	68	36	20
10	各产品成本和(元)	87320	63614	42480	33460
11	各产品利润(元)	7400	5100	3600	2400
12					
13	原材料限额(千克)	800			
14	人工工时限额(小时)	2000			
15	要求的最低利润(元)	18500			
16	原材料用量合计(千克)	794			
17	人工工时合计(小时)	1999.6			
18	总成本(元)	226874			
19	实际总利润(元)	18500			

图 9-27

213

第10章

财务分析

财务分析以企业财务报告及其他相关资料为主要依据,对企业的财务状况和经营成果进行评价和分析,反映企业在运营过程中的利弊得失和发展趋势,从而为改进企业财务管理工作和优化经济决策提供重要的财务信息。通常采用的方法有趋势分析法、比率分析法和因素分析法。

这里主要对企业主要的财务指标:偿债能力、营运能力、盈利能力进行分析,最后以杜邦财务分析体系为例进行综合分析。

10.1 偿债能力分析

从短期偿债能力和长期偿债能力两个角度进行分析。

10.1.1 短期偿债能力分析

主要包含流动比率、速动比率、现金比率等,具体的操作步骤如下。

Step1 打开"第10章/财务分析.xlsx"文件。在财务分析工作簿里面已经录入了ABC公司20X1年12月31日的"资产负债表"和"利润表"。打开"偿债能力"工作表。

Step2 计算流动比率。选择D3单元格,在编辑栏中输入"=(资产负债表!B10)/资产负债表!E8",然后按"回车"键。再次选中D3单元格,将鼠标移动到D3单元格右下角,出现黑色"十"字形,按住鼠标左键,向右拖动鼠标至E3单元格,然后松开鼠标。这时D3、E3单元格中分别填充了ABC公司20X1年期末和期初的流动比率,分别为:"2.01""2.09"。

Step3 计算速动比率。选择D4单元格,在编辑栏中输入"=(资产负债表!B10-资产负债表!B8)/资产负债表!E8",然后按"回车"键。再次选中D4

单元格,将鼠标移动到 D4 单元格右下角,出现黑色"十"字形,按住鼠标左键,向右拖动鼠标至 E4 单元格,然后松开鼠标。这时 D4、E4 单元格中分别填充了 ABC 公司 20X1 年期末和期初的速动比率,分别为:"0.71""0.91"。

Step4 计算现金比率。选择 D5 单元格,在编辑栏中输入"=(资产负债表 !B4+ 资产负债表 !B5)/ 资产负债表 !E8",然后按"回车"键。再次选中 D5 单元格,将鼠标移动到 D5 单元格右下角,出现黑色"十"字形,按住鼠标左键,向右拖动鼠标至 E5 单元格,然后松开鼠标。这时 D5、E5 单元格中分别填充了 ABC 公司 20X1 年期末和期初的现金比率,分别为:"0.35""0.53",最终的结果如图 10-1 所示。

	A	B	C	D	E
1		一、短期偿债能力分析			
2				期末	期初
3	1	流动比率=	流动资产/流动负债=	2.01	2.09
4	2	速动比率=	(流动资产-存货)/流动负债=	0.71	0.91
5	3	现金比率=	(现金+交易性金融资产)/流动负债=	0.35	0.53

图 10-1

10.1.2 长期偿债能力分析

主要包含资产负债率、产权比率、利息保障倍数等,具体的操作步骤如下。

Step1 计算资产负债率。继续在"偿债能力"工作表中。选择 D7 单元格,在编辑栏中输入"= 资产负债表 !E12/ 资产负债表 !B18",然后按"回车"键。再次选中 D7 单元格,将鼠标移动到 D7 单元格右下角,出现黑色"十"字形,按住鼠标左键,向右拖动鼠标至 E7 单元格,然后松开鼠标。这时 D7、E7 单元格中分别填充了 ABC 公司 20X1 年期末和期初的资产负债率,分别为:"28.26%""27.00%"。

Step2 计算产权比率。选择 D8 单元格,在编辑栏中输入"= 资产负债表 !E12/ 资产负债表 !E17",然后按"回车"键。再次选中 D8 单元格,将鼠标移动到 D8 单元格右下角,出现黑色"十"字形,按住鼠标左键,向右拖动鼠标至 E8 单元格,然后松开鼠标。这时 D8、E8 单元格中分别填充了 ABC 公司 20X1 年期末和期初的产权比率,分别为:"39.39%""36.99%"。

Step3 计算利息保障倍数。选择 D9 单元格,在编辑栏中输入"=(利润表 !B13+ 利润表 !B8)/ 利润表 !B8",然后按"回车"键。再次选中 D9 单元格,将鼠标移动到 D9 单元格右下角,出现黑色"十"字形,按住鼠标左键,向右拖动鼠标至 E9 单元格,然后松开鼠标。这时 D9、E9 单元格中分别填充了 ABC 公司

20X1 年期末和期初的利息保障倍数,分别为:"15.00""21.00",最终的结果如图 10-2 所示。

	A	B	C	D	E
1			一、短期偿债能力分析		
2				期末	期初
3	1	流动比率=	流动资产/流动负债=	2.01	2.09
4	2	速动比率=	(流动资产-存货)/流动负债=	0.71	0.91
5	3	现金比率=	(现金+交易性金融资产)/流动负债=	0.35	0.53
6			二、长期期偿债能力分析		
7	4	资产负债率=	负债总额/资产总额=	28.26%	27.00%
8	5	产权比率=	负债总额/所有者权益总额=	39.39%	36.99%
9	6	利息保障倍数=	息税前绿润总额/利息费用=	15.00	21.00

图 10-2

10.2 营运能力分析

企业的营运能力指标主要包括:存货周转率、应收账款周转率、流动资产周转率、固定资产周转率、总资产周转率等。

具体的操作步骤如下。

Step1 打开"第 10 章 / 财务分析 .xlsx"文件。打开"营运能力"工作表。

Step2 计算存货周转率。在"营运能力"工作表中,选择 D2 单元格,在编辑栏中输入"= 利润表 !B4/AVERAGE(资产负债表 !B8:C8)",然后按"回车"键。这时 D2 单元格中填充了 ABC 公司 20X1 年的存货周转率为:"2.70"。

Step3 计算应收账款周转率。在"营运能力"工作表中。选择 D3 单元格,在编辑栏中输入"= 利润表 !B3/AVERAGE(资产负债表 !B6:C6)",然后按"回车"键。这时 D3 单元格中填充了 ABC 公司 20X1 年的应收账款周转率为:"16.96"。

Step4 计算流动资产周转率。在"营运能力"工作表中。选择 D4 单元格,在编辑栏中输入"= 利润表 !B3/AVERAGE(资产负债表 !B10:C10)",然后按"回车"键。这时 D4 单元格中填充了 ABC 公司 20X1 年的流动资产周转率为:"2.80"。

Step5 计算固定资产周转率。在"营运能力"工作表中。选择 D5 单元格,在编辑栏中输入"= 利润表 !B3/AVERAGE(资产负债表 !B13:C13)",然后按"回车"键。这时 D5 单元格中填充了 ABC 公司 20X1 年的固定资产周转率为:"1.63"。

Step6 计算总资产周转率。在"营运能力"工作表中。选择 D6 单元格,在编辑栏中输入"= 利润表 !B3/AVERAGE(资产负债表 !B18:C18)",然后按"回车"键。这时 D6 单元格中填充了 ABC 公司 20X1 年的总资产周转率为:"0.99",最终的结果如图 10-3 所示。

第10章 财务分析

	A	B	C	D
1		营运能力分析		
2	1	存货周转率=	营业成本/平均存货=	2.70
3	2	应收账款周转率=	营业收入/应收账款平均余额=	16.96
4	3	流动资产周转率=	营业收入/流动资产平均余额=	2.80
5	4	固定资产周转率=	营业收入/固定资产平均余额=	1.63
6	5	总资产周转率=	营业收入/总资产平均余额=	0.99

图 10-3

10.3 盈利能力分析

企业的盈利能力指标主要包括：资产报酬率、资产净利率、净资产报酬率、销售净利率、销售毛利率等。

具体的操作步骤如下。

Step1 打开"第10章/财务分析.xlsx"文件。打开"盈利能力"工作表。

Step2 计算资产报酬率。在"盈利能力"工作表中。选择D2单元格，在编辑栏中输入"=(利润表!B13+利润表!B8)/AVERAGE(资产负债表!B18:C18)"，然后按"回车"键。这时D2单元格中填充了ABC公司20X1年的总资产报酬率为："20.93%"。

Step3 计算资产净利率。在"盈利能力"工作表中。选择D3单元格，在编辑栏中输入"=利润表!B15/AVERAGE(资产负债表!B18:C18)"，然后按"回车"键。这时D3单元格中填充了ABC公司20X1年的资产净利率为："11.72%"。

Step4 计算净资产报酬率。在"盈利能力"工作表中。选择D4单元格，在编辑栏中输入"=利润表!B15/AVERAGE(资产负债表!E17:F17)"，然后按"回车"键。这时D4单元格中填充了ABC公司20X1年的净资产报酬率，为："16.21%"。

Step5 计算销售净利率。在"盈利能力"工作表中。选择D5单元格，在编辑栏中输入"=利润表!B15/利润表!B3"，然后按"回车"键。这时D5单元格中填充了ABC公司20X1年的销售净利率为："11.89%"。

Step6 计算销售毛利率。在"盈利能力"工作表中。选择D6单元格，在编辑栏中输入"=(利润表!B3-利润表!B4)/利润表!B3"，然后按"回车"键。这时D6单元格中填充了ABC公司20X1年的销售毛利率为："41.51%"，最终的结果如图 10-4 所示。

	A	B	C	D
1		盈利能力分析		
2	1	总资产报酬率=	息税前收益/总资产平均余额=	20.93%
3	2	资产净利率=	净利润/总资产平均余额=	11.72%
4	3	净资产报酬率=	净利润/平均净资产=	16.21%
5	4	销售净利率=	净利润/销售收入=	11.89%
6	5	销售毛利率=	(营业收入−营业成本)/销售收入=	41.51%

图 10-4

10.4 杜邦财务分析体系

杜邦财务分析体系(简称杜邦体系)是利用各项财务指标间的内在联系,对企业综合经营理财及经济效益进行系统分析评价的方法。因其最初由美国杜邦公司创立并成功运用而得名。该体系以净资产收益率为核心,将其分解为若干财务指标,通过分析各指标的变动对净资产收益率的影响来揭示企业获利能力及其变动原因。

具体的操作步骤如下。

Step1 打开"第 10 章/财务分析.xlsx"文件。打开"杜邦分析"工作表。

Step2 计算净资产报酬率。选择 G4 单元格,在编辑栏中输入"=利润表!B15/AVERAGE(资产负债表!E17:F17)",然后按"回车"键。这时 G4 单元格中填充了 ABC 公司 20X1 年的净资产报酬率为:"16.21%"。

Step3 计算总资产净利率。选择 E8 单元格,在编辑栏中输入"=利润表!B15/AVERAGE(资产负债表!B18:C18)",然后按"回车"键。这时 E8 单元格中填充了 ABC 公司 20X1 年的总资产报酬率为:"11.72%"。

Step4 计算权益乘数。选择 H8 单元格,在编辑栏中输入"=AVERAGE(资产负债表!B18:C18)/AVERAGE(资产负债表!E17:F17)",然后按"回车"键。这时 H8 单元格中填充了 ABC 公司 20X1 年的权益乘数为:"1.38"。

Step5 计算销售净利率。选择 D12 单元格,在编辑栏中输入"=利润表!B15/利润表!B3",然后按"回车"键。这时 G8 单元格中填充了 ABC 公司 20X1 年的销售净利率为:"11.89"。

Step6 分析净利润的构成。选择 B20 单元格,在编辑栏中输入"=利润表!B3",然后按"回车"键;选择 C20 单元格,在编辑栏中输入"=SUM(利润表!B4:B8)",然后按"回车"键;选择 D20 单元格,在编辑栏中输入"=利润表!B9+利润表!B11−利润表!B12",然后按"回车"键;选择 E20 单元格,在编辑栏中输

入"=利润表!B12",然后按"回车"键。这时B20、C20、D20、E20单元格中填充了ABC公司20X1年的利润构成中的营业利润、营业费用、其他利润及所得税费用,分别为:"21220""16800""-200""1680"。

Step7 分析营业费用的构成。选择B25单元格,在编辑栏中输入"=利润表!B4",然后按"回车"键;选择C25单元格,在编辑栏中输入"=SUM(利润表!B6:B8)",然后按"回车"键;选择D25单元格,在编辑栏中输入"=利润表!B5",然后按"回车"键。这时B25、C25、D25单元格中填充了ABC公司20X1年的利润构成中的营业成本、期间费用和税金及附加,分别为:"12400""3200""1200"。

Step8 计算总资产周转率。选择G12单元格,在编辑栏中输入"=利润表!B3/AVERAGE(资产负债表!B10:C10)",然后按"回车"键。这时G12单元格中填充了ABC公司20X1年的总资产周转率为:"2.80"。

Step9 分析总资产周转率。选择F16单元格,在编辑栏中输入"=利润表!B3",然后按"回车"键;选择H16单元格,在编辑栏中输入"=资产负债表!C18",然后按"回车"键;选择H17单元格,在编辑栏中输入"=资产负债表!B18",然后按"回车"键。这时F16、H16、H17单元格中填充了ABC公司20X1年的营业收入、期初总资产和期末总资产,分别为:"21202""20000""23000"。

Step10 分析流动资产和非流动资产。选择H20单元格,在编辑栏中输入"=资产负债表!C10",然后按"回车"键;选择H21单元格,在编辑栏中输入"=资产负债表!B10",然后按"回车"键;选择K20单元格,在编辑栏中输入"=资产负债表!C15",然后按"回车"键;选择K21单元格,在编辑栏中输入"=资产负债表!B15",然后按"回车"键。这时H20、H21、K20、K21单元格中填充了ABC公司20X1年的期初流动资产、期末流动资产、期初非流动资产和期末非流动资产,分别为:"7100""8050""12900""14950"。

Step11 分析流动资产的构成。选择H25单元格,在编辑栏中输入"=资产负债表!C4",然后按"回车"键;选择I25单元格,在编辑栏中输入"=资产负债表!C6",然后按"回车"键;选择J25单元格,在编辑栏中输入"=资产负债表!C8",然后按"回车"键;选择K25单元格,在编辑栏中输入"=资产负债表!C9",然后按"回车"键。选择H26单元格,在编辑栏中输入"=资产负债表!B4",然后按"回车"键;选择I26单元格,在编辑栏中输入"=资产负债表!B6",然后按"回车"键;选择J26单元格,在编辑栏中输入"=资产负债表!B8",然后按"回车"键;选择K26单元格,在编辑栏中输入"=资产负债

表!B9",然后按"回车"键。这时 H25、I25、J25、K25、H26、I26、J26、K26 单元格中填充了 ABC 公司 20X1 年的期初货币资金、期初应收账款、期初存货、期初其他流动资产、期末货币资金、期末应收账款、期末存货、期末其他流动资产,分别为:"800""1200""4000""60""900""1300""5200""80"。

最终的结果如图 10-5 所示。

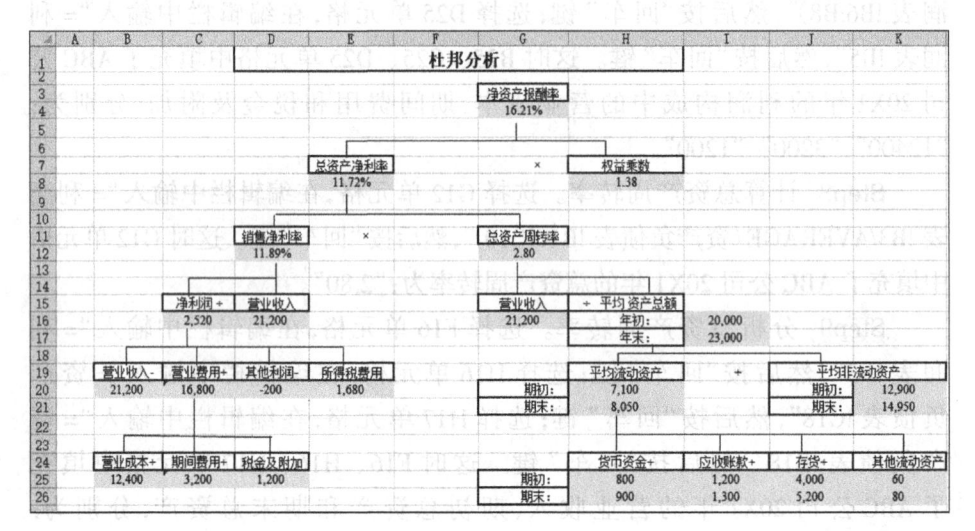

图 10-5

第 11 章

回 归 分 析

财务管理中的回归分析法是在掌握大量数据的基础上,利用数理统计方法建立因变量与自变量之间的回归关系函数表达式(称回归方程式)。回归分析中,当研究的因果关系只涉及因变量和一个自变量时,叫做一元回归分析;当研究的因果关系涉及因变量和两个或两个以上自变量时,叫做多元回归分析。

在做回归分析之前,需要添加"数学分析"工具,具体操作步骤如下。

Step1 打开"第 11 章 / 一元回归分析 .xlsx"文件。单击"文件"选项卡,选中"选项"命令,如图 11-1 所示。

Step2 弹出"Excel 选项"对话框,选中左边的"加载项",再单击"转到(G)..."按钮,如图 11-2 所示。

Step3 此时弹出"加载宏"对话框。在"加载宏"对话框中的"可用加载宏(A)"下面选中"分析工具库"选项,单击"确定"按钮,如图 11-3 所示。

Step4 返回工作表界面,单击"数据"选项卡,可以看到成功添加了"数据分析"工具,如图 11-4 所示。

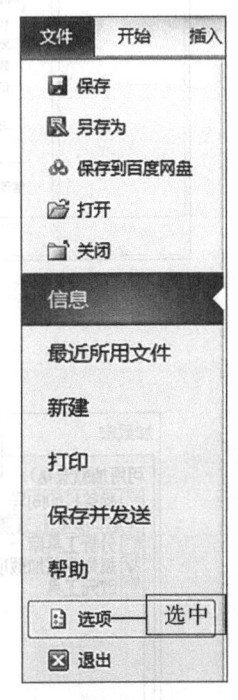

图 11-1

图 11-2

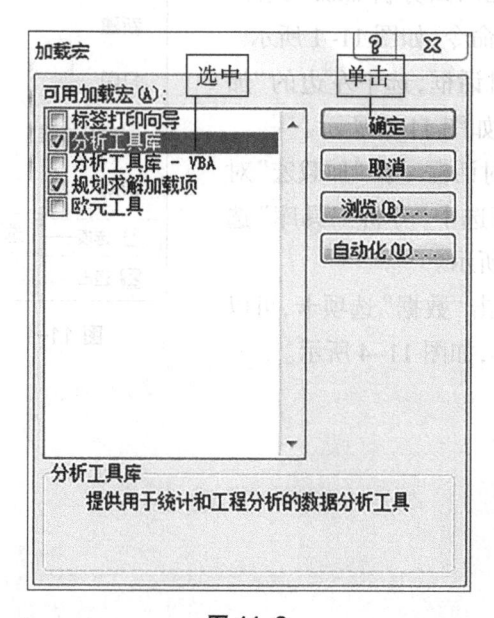

图 11-3

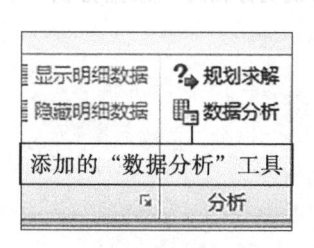

图 11-4

11.1 一元线性回归分析

在下面的表 11-1 中,是某公司的 20X0 年—20X9 年的 10 年间应收账款和营业收入的相关数据,现在需要以营业收入为自变量(X)、以应收账款为因变量(Y)进行直线回归分析。

表 11-1

年份	20X0	20X1	20X2	20X3	20X4	20X5	20X6	20X7	20X8	20X9
营业收入 X	1750	2000	2150	1850	2350	2650	3000	2800	3500	4200
应收账款 Y	330	400	450	350	430	450	520	470	611	710

11.1.1 应用回归参数函数进行实线回归分析

应用回归参数函数实线回归具体的操作步骤如下。

Step1 打开"第 11 章 / 一元回归分析 .xlsx"文件。打开"一元回归分析"工作表,选中任意一个单元格,单击"数据"选项卡,在"数据"选项卡下面功能区中,选中最右边的"数据分析"工具,如图 11-5 所示。

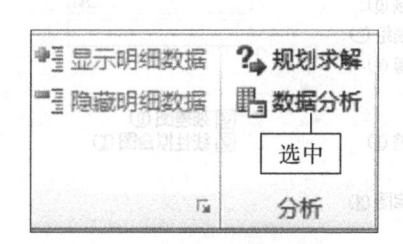

图 11-5

Step2 弹出"数据分析"对话框,选中"回归"选项,单击"确定"按钮,如图 11-6 所示。

Step3 弹出"回归"对话框。在"输入"下面的"Y 值输入区域(Y)"后面的编辑框中输入"$C$2:$C$12",或在工作表中选定 $C$2:$C$12 单元格区域;在"Z 值输入区域(X)"后面的编辑框中输入"$B$2:$B$12",或在工作表中选定 $B$2:$B$12 单元格区域;然后,选中"标志(L)""置信度(F)""新工作表组(P)""残差(R)""残差图(D)""标准残差(T)""线性拟合图(I)""正态概率图(N)",如图 11-7 所示。

223

图 11-6

图 11-7

Step4 最后单击"确定"按钮，生成了新的工作表"Sheet1"，在新工作表"Sheet1"中，得出了"回归统计""方差分析"等统计结果，如图 11-8 所示。同时，得到了"残差图"（如图 11-9 所示）、"线性拟合图"（如图 11-10 所示）、"正态概率图"（如图 11-11 所示）的效果。

从图 11-8 中可以看出，R 的平方值为"0.962461"；从回归的结果能得出直线方程为"Y=0.146X+88.925"。

	A	B	C	D	E	F	G	H	I
3	回归统计								
4	Multiple R	0.981051							
5	R Square	0.962461							
6	Adjusted	0.957768							
7	标准误差	23.85147							
8	观测值	10							
9									
10	方差分析								
11		df	SS	MS	F	gnificance F			
12	回归分析	1	116685.8	116685.8	205.1104	5.51E-07			
13	残差	8	4551.14	568.8926					
14	总计	9	121236.9						
15									
16		Coefficient	标准误差	t Stat	P-value	Lower 95%	Upper 95%	下限 95.0%	上限 95.0%
17	Intercept	88.9255	27.7977	3.199023	0.012631	24.82388	153.0271	24.82388	153.0271
18	营业收入	0.145971	0.010192	14.32167	5.51E-07	0.122468	0.169475	0.122468	0.169475
21									
22	RESIDUAL OUTPUT					PROBABILITY OUTPUT			
23									
24	观测值	预应收账款	残差	标准残差		百分比排位	应收账款Y		
25	1	344.3752	-14.37517	-0.639255		5	330		
26	2	380.868	19.13202	0.850789		15	350		
27	3	402.7637	47.23634	2.100571		25	400		
28	4	358.9723	-8.972289	-0.398992		35	430		
29	5	431.9579	-1.957909	-0.087067		45	450		
30	6	475.7493	-25.74928	-1.145055		55	450		
31	7	526.8392	-6.839215	-0.304136		65	470		
32	8	497.645	-27.64497	-1.229355		75	520		
33	9	599.8248	11.17517	0.496953		85	611		
34	10	702.0047	7.995298	0.355546		95	710		

图 11-8

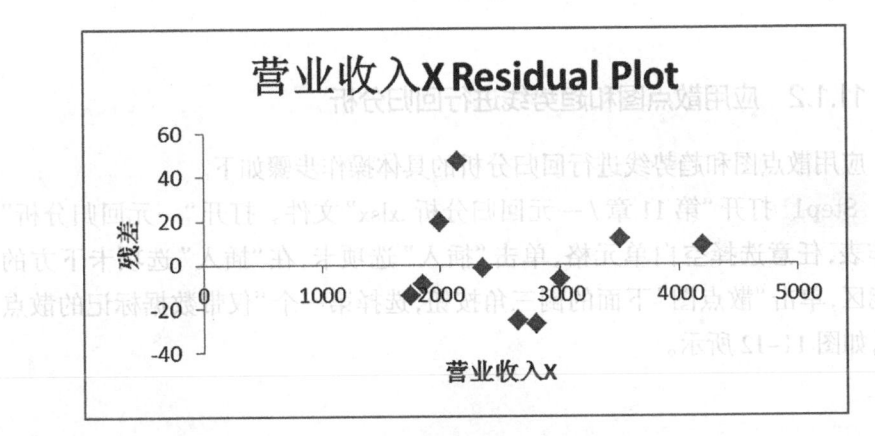

图 11-9

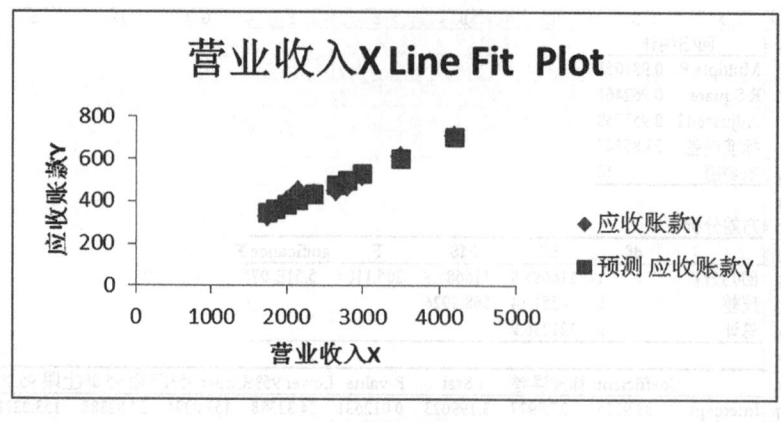

图 11-10

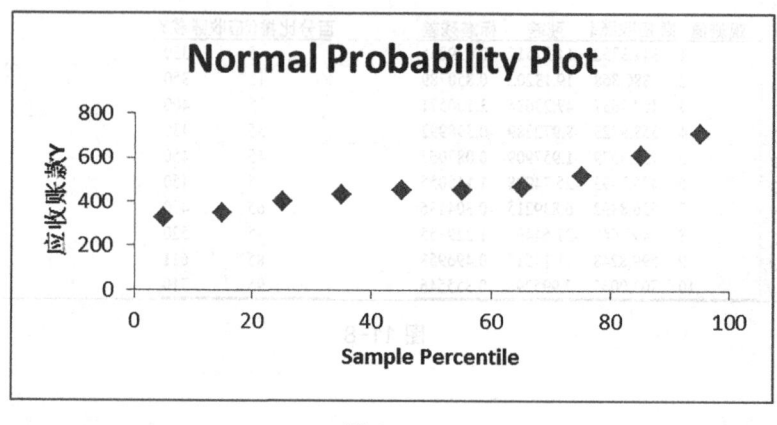

图 11-11

11.1.2 应用散点图和趋势线进行回归分析

应用散点图和趋势线进行回归分析的具体操作步骤如下。

Step1 打开"第 11 章 / 一元回归分析 .xlsx"文件。打开"一元回归分析"工作表,任意选择空白单元格,单击"插入"选项卡,在"插入"选项卡下方的功能区,单击"散点图"下面的倒三角按钮,选择第一个"仅带数据标记的散点图",如图 11-12 所示。

第 11 章 回归分析

图 11-12

Step2 在弹出的空白图表区域的任何位置单击鼠标右键,然后在弹出的快捷菜单中选中"选择数据(E)..."选项,如图 11-13 所示。

Step3 此时弹出"选择数据源"对话框。在"选择数据源"对话框中单击"添加(A)"按钮,如图 11-14 所示。

Step4 弹出"编辑数据系列"对话框。在"编辑数据系列"对话框中的"X 轴系列值(X)"下面的编辑栏中选择"= 直线回归分析 !$B$3:$B$12";在"Y 轴系列值(Y)"下面的编辑栏中选择"= 直线回归分析 !$C$3:$C$12",如图 11-15 所示。

Step5 单击"确定"按钮,返回到工作表中,可以看到生成了散点图,如图 11-16 所示。

Step6 单击图表区域的任意空白位置,在"图表工

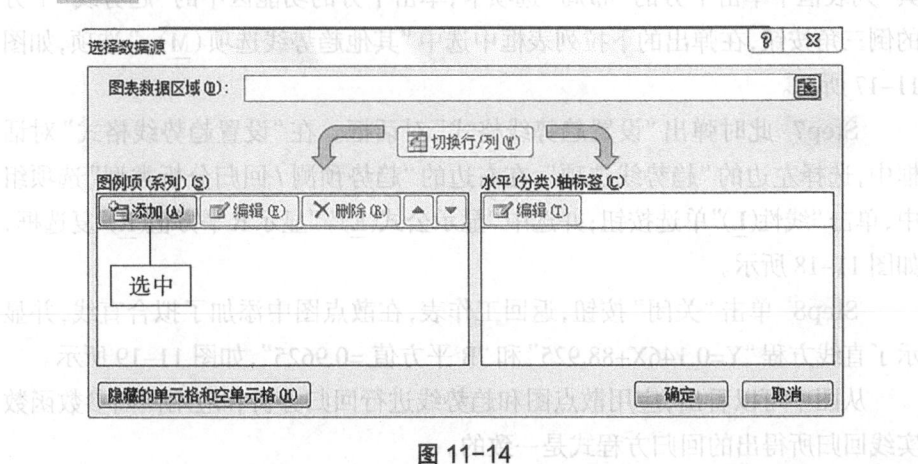

图 11-13

图 11-14

227

图 11-15

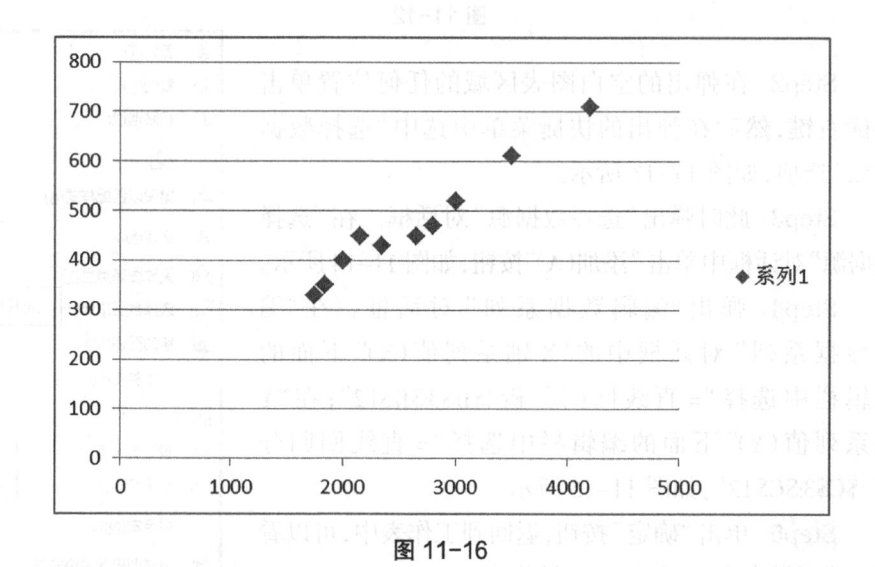

图 11-16

具"列表框中单击下方的"布局"选项卡,单击下方的功能区中的"趋势线"下方的倒三角按钮,在弹出的下拉列表框中选中"其他趋势线选项(M)…"选项,如图 11-17 所示。

Step7 此时弹出"设置趋势线格式"对话框。在"设置趋势线格式"对话框中,选择左边的"趋势线选项",在右边的"趋势预测 / 回归分析类型"选项组中,单击"线性(L)"单选按钮;并选中"显示公式(E)""显示 R 平方值(R)"复选框,如图 11-18 所示。

Step8 单击"关闭"按钮,返回工作表,在散点图中添加了拟合直线,并显示了直线方程"Y=0.146X+88.925"和"R 平方值 =0.9625",如图 11-19 所示。

从图中可以看出,应用散点图和趋势线进行回归分析和应用回归参数函数实线回归所得出的回归方程式是一致的。

第 11 章 回归分析

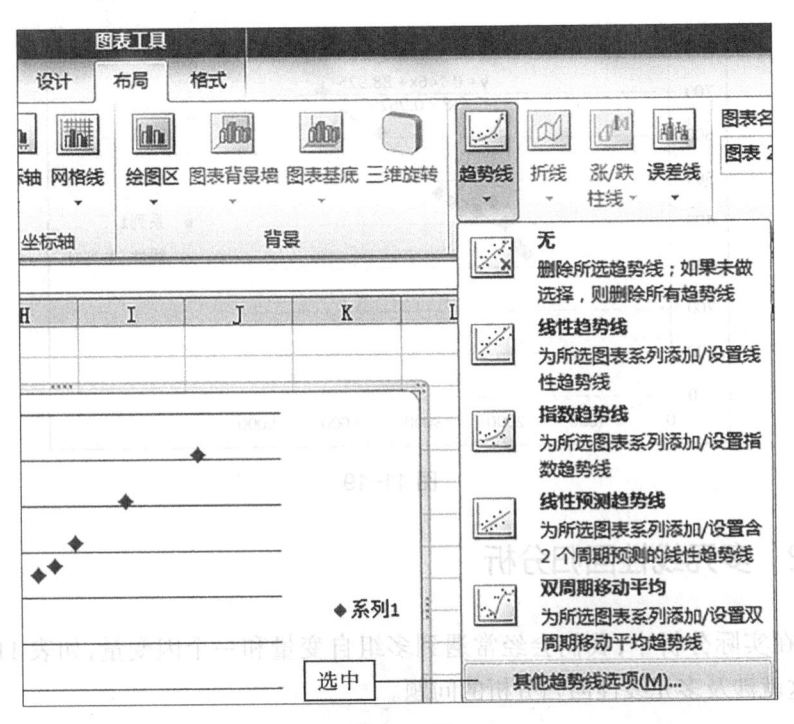

图 11-17

图 11-18

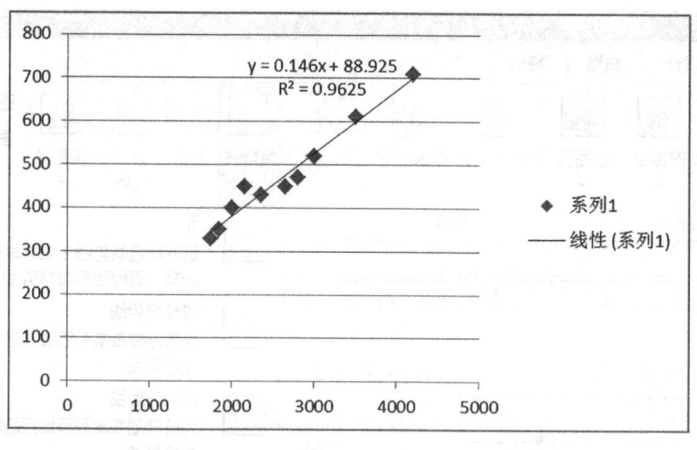

图 11-19

11.2 多元线性回归分析

在实际分析中,我们会经常遇到多组自变量和一个因变量,如表 11-2 所示,这就涉及多元线性回归分析的问题。

表 11-2

公司	规模	市价面值比	现金占资产比	有形资产率	盈利能力
0001	8.6191	5.941	0.1165	0.3767	0.1969
0002	9.0971	1.4075	0.1421	0.2665	0.1054
0003	9.0902	2.6304	0.2401	0.1856	0.1478
0004	8.1493	6.2722	0.098	0.5474	0.0991
0005	9.0331	2.1411	0.3705	0.412	0.2021
0006	8.5718	2.4441	0.1575	0.0797	0.0546
0007	8.2462	4.0393	0.2632	0.3074	0.0911
0008	8.331	3.5782	0.0224	0.4475	0.1751
0009	8.2571	2.8893	0.0843	0.3142	0.0755
0010	9.1056	0.8453	0.0858	0.3152	0.0995

用 Excel 进行多元线性回归的步骤具体如下。

Step1 打开"第 11 章 / 多元线性回归分析 .xlsx"文件。打开"多元回归分析"工作表。选中任意一个单元格,单击"数据"选项卡,在"数据"选项卡下面

第 11 章 回归分析

功能区中,选中最右边的"数据分析"工具,如图 11-20 所示。

Step2 在弹出的"数据分析"对话框中,选中"回归"选项,单击"确定"按钮,如图 11-21 所示。

Step3 此时弹出"回归"对话框。在"输入"下面的"Y 值输入区域(Y)"后面的区域输入"\$F\$2:\$F\$12",或在工作表中选定 \$F\$2:\$F\$12 单元格区域;在"X 值输入区域(X)"后面的区域中输入"\$B\$2:\$E\$12",或在工作表中选定 \$B\$2:\$E\$12 单元格区域;然后选中"标志(L)""置信度(F)""新工作表组(P)""残差(R)""残差图(D)""标准残差(T)""线性拟合图(I)""正态概率图(N)",如图 11-22 所示。

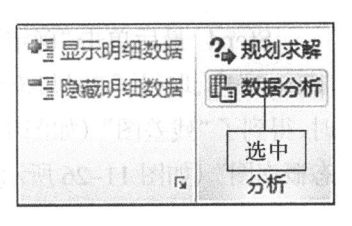

图 11-20

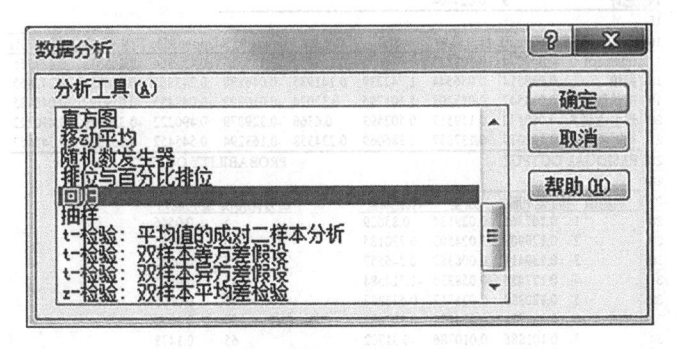

图 11-21

图 11-22

231

Step4 最后单击"确定"按钮,生成了新的工作表"Sheet1",在新的工作表"Sheet1"中,取得了"回归统计""方差分析"等统计结果,如图 11-23 所示。同时,得到了"残差图"(如图 11-24 所示)、"线性拟合图"(如图 11-25 所示)、"正态概率图"(如图 11-26 所示)。

	A	B	C	D	E	F	G	H	I
3	回归统计								
4	Multiple R	0.757022							
5	R Square	0.573083							
6	Adjusted R	0.231549							
7	标准误差	0.045647							
8	观测值	10							
9									
10	方差分析								
11		df	SS	MS	F	Significance F			
12	回归分析	4	0.013985	0.003496	1.67797	0.2897			
13	残差	5	0.010418	0.002084					
14	总计	9	0.024404						
15									
16		Coefficients	标准误差	t Stat	P-value	Lower 95%	Upper 95%	下限 95.0%	上限 95.0%
17	Intercept	-0.849074	0.508227	-1.670658	0.155655	-2.155513	0.457366	-2.155513	0.457366
18	规模	0.098514	0.056544	1.742239	0.141935	-0.046838	0.243865	-0.046838	0.243865
19	市价面值比	0.014547	0.013203	1.101796	0.32074	-0.019392	0.048485	-0.019392	0.048485
20	现金占资产	0.080172	0.159517	0.502593	0.6366	-0.329879	0.490222	-0.329879	0.490222
21	有形资产	0.191079	0.137857	1.386069	0.224358	-0.163294	0.545452	-0.163294	0.545452
25	RESIDUAL OUTPUT					PROBABILITY OUTPUT			
26									
27	观测值	测盈利能	残差	标准残差		百分比排位	盈利能力		
28	1	0.167766	0.029134	0.85629		5	0.0546		
29	2	0.129903	-0.024503	-0.720185		15	0.0755		
30	3	0.139411	0.008389	0.246557		25	0.0911		
31	4	0.157436	-0.058336	-1.714584		35	0.0991		
32	5	0.180383	0.021717	0.638287		45	0.0995		
33	6	0.058774	-0.004174	-0.122687		55	0.1054		
34	7	0.101886	-0.010786	-0.31702		65	0.1478		
35	8	0.110997	0.064103	1.884063		75	0.1751		
36	9	0.073188	0.002312	0.067959		85	0.1969		
37	10	0.127354	-0.027854	-0.818678		95	0.2021		

图 11-23

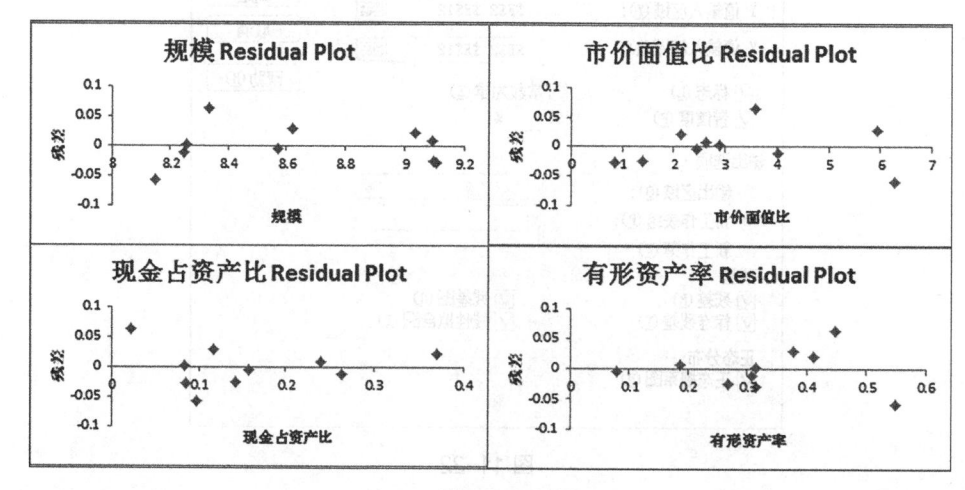

图 11-24

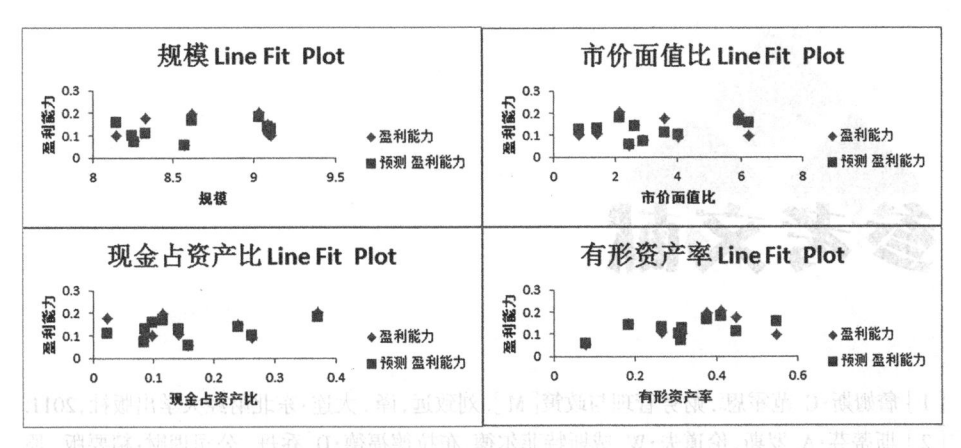

图 11-25

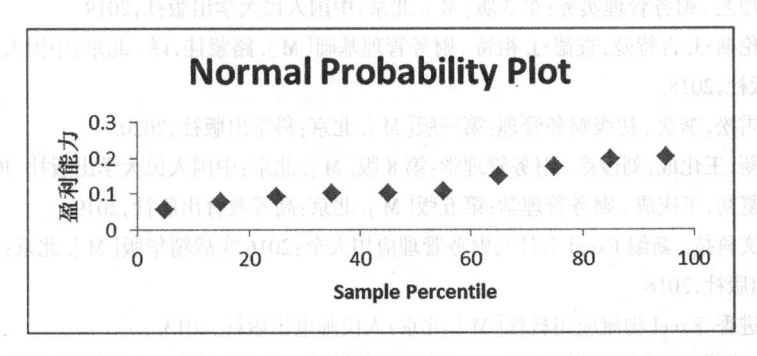

图 11-26

参考文献

[1] 詹姆斯·C.范霍恩.财务管理与政策[M].刘致远,译.大连:东北财经大学出版社,2011.

[2] 斯蒂芬·A.罗斯,伦道夫·W.威斯特菲尔德,布拉德福德·D.乔丹.公司理财:精要版.原书第12版[M].崔方南,谭跃,周卉,译.北京:机械工业出版社,2020.

[3] 孔德兰.财务管理实务:第3版[M].北京:中国人民大学出版社,2019.

[4] 劳伦斯·J.吉特曼,查德·J.祖特.财务管理基础[M].路蒙佳,译.北京:中国人民大学出版社,2018.

[5] 姜雪松,李欢.初级财务管理:第三版[M].北京:科学出版社,2020.

[6] 荆新,王化成,刘俊彦.财务管理学:第8版[M].北京:中国人民大学出版社,2018.

[7] 郭复初,王庆成.财务管理学:第五版[M].北京:高等教育出版社,2019.

[8] 华文科技.新编Excel会计与财务管理应用大全:2016实战精华版[M].北京:机械工业出版社,2016.

[9] 彭进香.Excel物流应用教程[M].北京:人民邮电出版社,2013.

[10] 格莱葛·W.霍顿.财务管理——以Excel为分析工具:第4版[M].赵德银,张华,谢竹云,等,译.北京:机械工业出版社,2014.

[11] 塞贝尔资讯.高效随身查——Excel高效办公应用技巧:2016版[M].北京:清华大学出版社,2017.

[12] 神龙工作室.Excel在会计与财务管理日常工作中的应用[M].北京:人民邮电出版社,2015.